立法理论与实务研究丛书

地方立法
实务与案例

刘广明　张培林　著

DIFANG LIFA
SHIWU YU ANLI

法律出版社
LAW PRESS · CHINA
北京

图书在版编目(CIP)数据

地方立法实务与案例 / 刘广明, 张培林著. -- 北京:
法律出版社, 2023
(立法理论与实务研究丛书)
ISBN 978 - 7 - 5197 - 8416 - 4

Ⅰ. ①地… Ⅱ. ①刘… ②张… Ⅲ. ①地方法规-立法-案例-中国 Ⅳ. ①D927

中国国家版本馆 CIP 数据核字(2023)第 190301 号

地方立法实务与案例
DIFANG LIFA SHIWU YU ANLI

刘广明　张培林 著

责任编辑 李沂蔚
装帧设计 鲍龙卉

出版发行 法律出版社
编辑统筹 法律应用出版分社
责任校对 王晓萍　王语童
责任印制 刘晓伟
经　　销 新华书店

开本 710 毫米×1000 毫米　1/16
印张 14.75　　**字数** 203 千
版本 2023 年 11 月第 1 版
印次 2023 年 11 月第 1 次印刷
印刷 北京虎彩文化传播有限公司

地址:北京市丰台区莲花池西里 7 号(100073)
网址:www. lawpress. com. cn
投稿邮箱:info@ lawpress. com. cn
举报盗版邮箱:jbwq@ lawpress. com. cn

销售电话:010 - 83938349
客服电话:010 - 83938350
咨询电话:010 - 63939796

书号:ISBN 978 - 7 - 5197 - 8416 - 4
定价:62. 00 元

凡购买本社图书,如有印装错误,我社负责退换。电话:010 - 83938349

《立法理论与实务研究丛书》
出版说明

党的十八大以来，社会主义法治国家建设深入推进，全面依法治国总体格局基本形成，中国特色社会主义法治体系加快建设，司法体制改革取得重大进展，社会公平正义保障更为坚实，法治中国建设开创新局面。法治中国，立法为先。在党中央集中统一领导下，形成了党委领导、人大主导、政府依托、各方参与的立法工作格局，深入推进科学立法、民主立法、依法立法，立法质量和效率显著提升，中国特色社会主义法律体系进一步完善，为全面建设社会主义现代化国家提供了更为完备的法律保障。适应新阶段新形势新任务，党的二十大报告强调指出，“加强重点领域、新兴领域、涉外领域立法，统筹推进国内法治和涉外法治，以良法促进发展、保障善治。推进科学立法、民主立法、依法立法，统筹立改废释纂，增强立法系统性、整体性、协同性、时效性”。高质量立法离不开一支德才兼备的高素质法治人才队伍。高校是法治人才培养的“第一责任人”，法学教育和法学理论研究承担着为法治中国建设培养高素质法治人才、提供科学理论支撑的光荣使命，在推进全面依法治国中具有重要地位和作用。

作为河北省最早创建法学专业的高等学校，河北大学已经建成涵盖学士—硕士—博士—博士后的全链条、完整性法治人才培养体系，是河北省法学教育的“排头兵”，全国卓越法治人才教育培养基地。河北大学高度重视立法人才的教育培养，不仅在法学专业本科教育中开设立法学等相关课程，在研究生教育中设置立法学研究方向，而且在国内首创

“立法理论与实务”微专业，贯通立法理论与实践，积极探索立法专门人才培养的新机制新路径。河北大学立法专门人才培养坚持德法兼修、知行并重，持续深化与立法机关及相关部门的交流和合作，迄今已完成京津冀水源涵养保护、生态环境支撑、白洋淀水环境治理与保护、地理标志保护、专利保护与冬奥知识产权保护、文明行为促进等 100 余项委托地方立法、立法后评估和立法论证项目，30 余项成果获省领导肯定性批示，产生重要反响。2021 年河北大学获批教育部首批新文科研究与改革实践项目“政产学研协同育人模式下的立法人才培养机制研究”，为深化立法人才培养提供了新契机。本项目拟通过调查研究和改革创新，有针对性地解决我国现行立法人才教育培养体制机制存在的突出问题，为教育培养高素质立法专门人才提供系统性解决方案。

作为教育的核心要素，教材建设事关“培养什么人、怎样培养人、为谁培养人”这个根本问题，直接关乎人才培养质量。深化高等学校人才培养模式改革需以高质量教材建设为要。为了适应新时代高素质立法专门人才培养的新形势、新任务、新要求，提升立法学教材建设的针对性、实用性、系统性、时效性，河北大学法学院、河北大学国家治理法治化研究中心依托“政产学研协同育人模式下的立法人才培养机制研究”这一新文科项目，充分发挥高等学校与立法实务部门的协同机制，与法律出版社共同策划出版了包括但不限于《立法理论与制度》《比较立法研究》《地方立法技术与规范》《地方立法实务与案例》等构成的《立法理论与实务研究丛书》。本丛书的突出特色和亮点就是坚持以习近平法治思想为根本遵循，落实立德树人根本任务，贯彻政产学研协同育人理念，与立法机关全方位深度协同，共商研发计划、共建编写团队、共定写作大纲、共享信息资源，合作编写、集体审定，以期切实提高丛书的质量和时代性，最大限度地满足立法专门人才培养的实际需求。同时，也真诚期待学界和实务界同人不吝赐教，提出宝贵意见和建议。

《立法理论与实务研究丛书》编辑委员会

2023 年 4 月 26 日

目　录 Contents

第一章　地方立法理论概述

一、地方立法的概念与特征

（一）地方立法的概念界定

作为重要的思维工具，概念是基于概括事物本质而提炼的基本范畴，是人类心智或思维的产物，[1]而概念的科学界定则是理论有序展开的基本前提。虽然宪法和法律对地方立法并没有作出明确、统一的界定，但理论界和实务界对地方立法的概念界定展开了深入的探讨。周旺生教授认为，所谓地方立法，是指特定的地方政权机关，依据一定职权和程序，运用一定技术，制定、认可、修改、补充和废止效力不超过本行政区域范围的规范性法律文件的活动。[2] 胡戎恩教授认为，地方立法是指特定的国家政权机关，依法制定和变动效力不超过本行政区域范围的规范性法律文件活动的总称。[3] 谢勇教授认为，地方立法是由合格的地方立法主体，根据法定或委托授权的立法权限，经由一定的程序或过程，制定、认可或变动适用于本区域内的规范性法律文

---

〔1〕参见谢勇主编：《地方立法学》，法律出版社2019年版，第1页。

〔2〕参见周旺生：《立法论》，北京大学出版社1994年版，第410页。

〔3〕参见胡戎恩：《中国地方立法研究》，法律出版社2018年版，第1页。

件的活动。[1] 张淑芳教授认为，地方立法是指地方国家机关在行使监督权和行政管理权的过程中，制定地方性法规和地方政府规章的行为。[2] 李高协主任认为，地方立法有广义和狭义之分：广义的地方立法是指法定的地方国家机关依照宪法、法律和行政法规的规定，制定、修改、解释或者废止规范性法律文件的活动；狭义的地方立法仅指人大及其常委会制定地方性法规的活动。[3]

综上所述，所谓地方立法，是指相对于中央立法而言，由享有地方立法权的主体在其法定职权范围内，依照宪法、法律、行政法规及相关上位法的规定，遵循法定程序，运用相应技术，制定、修改、补充和废止仅适用于本行政区域内的规范性法律文件的专门活动。地方立法在维护法治统一，确保宪法、法律和行政法规在本行政区域实施，推动改革开放和社会主义现代化建设以及社会各项事业健康发展等方面起到至关重要的作用。[4] 对地方立法或可作进一步解读：首先，地方立法的主导者是享有地方立法权的地方人大及其常委会，还包括地方政府；其次，地方立法活动的开展一定要严格限于法定范围内，既不能超越其立法权限，也需遵循法定程序；再次，地方立法是运用相应技术、包括立改废释多种形式的专门活动；最后，地方立法成果即规范性法律文件仅适用于特定行政区域内。

（二）地方立法的特征分析

一般认为，地方立法具有以下特征：

1. 从属性

从属性是地方立法的首要特征。所谓从属性，是指地方立法活动的开展要以宪法、法律、行政法规及相关上位法为基本遵循，不能与之相抵

---

〔1〕 参见谢勇：《地方立法学》，法律出版社2019年版，第7页。

〔2〕 参见张淑芳：《地方立法客体的选择条件及基本范畴研究》，载《法律科学（西北政法大学学报）》2015年第1期。

〔3〕 参见李高协：《地方立法工作研究》，甘肃人民出版社2015年版，第29页。

〔4〕 参见董皞主编：《地方立法教程》，中国政法大学出版社2020年版，第1页。

触,法律效力次之,且不能超越法定地方立法权限。地方立法的从属性特征是由地方立法的地位所决定的。正如有的研究者所指出的那样,地方立法权来源于宪法和法律的授予,先有中央立法权,然后再通过宪法和法律赋予地方一定的立法权限;地方立法定位于补充、执行中央立法的地位。[1]

2. 地方性

地方性是地方立法的核心特征。所谓地方性,是指地方立法活动的开展要立足于地方实际情况,要反映地方经济社会发展的法制需求。研究者认为,地方性主要表现在以下几方面:(1)立法主体的地方性。地方立法主体只能是享有立法权的地方国家权力机关和地方政府。(2)立法内容的地方性。地方立法主要是解决地方问题,所涉内容为地方性事务,应根据本地方实际而开展地方立法活动,尤其是注重解决中央立法不能或不便解决的问题。(3)适用范围的地方性。地方立法的效力仅限于本行政区域,超出本行政区域,即没有法律效力,也就没有约束力。[2]

3. 自主性

自主性是地方立法的关键特征。所谓自主性,是指在法定权限内、在法定程序下,地方立法得以根据地方实际情况,尤其是回应地方经济社会发展的法制需求而开展活动,可以对中央立法未涉及的领域、问题有所作为。在国家治理的视域中,地方立法是地方治理的重要方式和有效途径。[3] 基于此,依法自主地、积极地解决应当由地方自行解决的问题,尤其是解决中央立法不能、不便解决的问题,发挥国家立法"试验田"的作用,[4]是地方立法的使命所在。恪守自主性而创造性地开展活

---

〔1〕 参见董皞主编:《地方立法教程》,中国政法大学出版社 2020 年版,第 5－6 页。

〔2〕 相关论述参见董皞主编:《地方立法教程》,中国政法大学出版社 2020 年版,第 5－6 页;李高协:《地方立法工作研究》,甘肃人民出版社 2015 年版,第 32 页;谢勇主编:《地方立法学》,法律出版社 2019 年版,第 8－10 页。

〔3〕 参见谢勇主编:《地方立法学》,法律出版社 2019 年版,第 8 页。

〔4〕 参见董皞主编:《地方立法教程》,中国政法大学出版社 2020 年版,第 6 页。

动也是地方立法的价值所在。

4. 多层次性

多层次性是地方立法的重要特征。所谓多层次性，是指相对于中央立法而言，地方立法由多元地方立法主体的制度安排所决定，在构成和内容上较为丰富，并呈现层次性的显著特征。例如，从效力层级来看，地方立法有省级地方立法和设区的市级地方立法之分。

二、地方立法的类型与功能

（一）地方立法的类型梳理

分类是指按照事物的一定特征（如性质、等级等）分别归类，其能够使事物呈现出一定规律性，进而有助于更好地认识事物。地方立法形式多样，依据不同标准，可将其划分为不同类型。

1. 普通地方立法、民族自治地方立法、经济特区立法和特别行政区立法

根据立法权限、立法内容的不同，地方立法可以分为普通地方立法、民族自治地方立法、经济特区立法和特别行政区立法四种类型。所谓普通地方立法，又称一般地方立法，是指存在于民族自治地方、经济特区和特别行政区之外的其他地方，由享有地方立法的主体依据法定权限、遵循法定程序，立足地方实际、回应法制需求而开展的地方立法活动。从体量来看，普通地方立法所取得的成果最多，也最为常见。所谓民族自治地方立法，是指在民族自治地区，享有地方立法权的主体依法制定以民族自治条例、单行条例等典型代表的规范性法律文件的专门活动。所谓经济特区立法，是指在经济特区，基于充分发挥特区立法先行先试和开拓创新功能的考虑，享有经济特区立法权的主体依法制定相关规范性法律文件的专门活动。所谓特别行政区立法，是指在特别行政区，享有特别行政区地方立法权的主体依法制定相关规范性法律文件的专门活动。

2. 实施性地方立法和创制性地方立法

根据立法功能的不同，地方立法可以分为实施性地方立法和创制性

地方立法。所谓实施性地方立法，又称执行性地方立法，是指为了执行法律、行政法规及相关上位法的规定，享有地方立法权的主体根据本地实际情况和法制需求制定相关规范性法律文件的专门活动。实施性地方立法的核心任务在于通过细化法律、行政法规及相关上位法的相关规定以更好贯彻落实上位法的立法精神和制度安排。具有明确的上位法根据是实施性地方立法的突出特征所在。从地方立法实践来看，很多实施性地方立法是以《××法实施办法》的方式命名的，但并不绝对，也有部分实施性地方立法是以《××条例》的方式命名的。所谓创制性地方立法，是指享有地方立法权的主体为了弥补法律、行政法规等上位法的空白或不足，解决地方出现的具体问题或满足经济社会的法制需求，针对不存在上位法或上位法尚未规定的事项，制定地方性法规或政府规章，创制新的权利义务规范的地方立法活动或地方立法形式。从地方立法实践来看，创制性地方立法多以《××条例》的方式命名。随着国家法律体系的日益健全，创制性地方立法将逐渐成为地方立法发展的重点所在。有研究者认为，创制性地方立法又可进一步细分为自主性地方立法和先行性地方立法。所谓自主性地方立法，又称职权性地方立法，是地方立法主体依照法定权限和程序，就地方性事务自主制定的地方性法规。就表现形式来看，自主性地方立法要么没有对应的上位法，要么所涉事务具有典型的地方性，如规范事项是地方性的环境资源保护与文教卫生等，其名称多冠以“条例”“规定”等表述。所谓先行性地方立法，又称试验性地方立法，是指依据《立法法》的规定，就国家尚未制定法律或行政法规的非法律保留至事项所先行制定的地方性法规。先行性地方立法的核心价值在于，通过开拓性的制度试验，为中央立法积累经验。〔1〕

3. 地方立法机关立法与地方行政机关立法

根据立法主体的不同，地方立法可以分为地方立法机关立法与地方行政机关立法。所谓地方立法机关立法，是指享有立法权的地方立法机

〔1〕 参见谢勇主编：《地方立法学》，法律出版社2019年版，第13页。

关依法制定回应本地经济社会发展需求的规范性法律文件的专门活动，其立法成果在性质上为地方性法规；所谓地方行政机关立法，是指享有立法权的地方行政机关依法制定回应本地经济社会发展需求的规范性法律文件的专门活动，其立法成果在性质上为地方政府规章。这一分类源于地方立法权的水平或横向分配。

4. 独立性地方立法和批准性地方立法

根据所制定的规范性法律文件在生效上是否需要其他国家机关（以上级机关为典型代表）批准，地方立法可以分为独立性地方立法和批准性地方立法。所谓独立性地方立法，是指规范性法律文件制定出台后无须其他国家机关批准即可生效的地方立法形式，如地方政府规章、省级地方性法规等；所谓批准性地方立法，又称需补充地方立法，是指规范性法律文件制定出台后并不当然生效，而需其他国家机关批准后才能生效的地方立法形式，如设区的市人大及其常委会所制定的地方性法规。[1]

另有研究者基于全球视角来探讨地方立法分类问题，提出根据国家结构形式以及立法地位的不同，将地方立法分为联邦制地方立法和单一制地方立法。在联邦制下，受"二元主权"之权力体制的影响，地方立法权事实上与联邦立法权是平行、并立的，地方立法权被认为是自治地方的"固有权力"，它先于国家立法权存在，并通过社会契约的虚拟机制将部分权力让渡给了国家这一"利维坦"；在单一制下，虽然地方立法是国家法律体系不可分割的组成部分，但其相对于中央立法只能居于次要的或从属的地位，不得与上位法相抵触、冲突。[2]

（二）地方立法的功能阐释

"功能"这一概念被用于多个学科，但在社会学中得到了最为广泛的应用。在社会学研究者看来，功能是事实得以存在的依靠：社会事实之所以存在，是由于它们以某种方式维持着社会的存在，或者说，社会事

〔1〕 参见石佑启等：《地方立法学》（第2版），高等教育出版社2019年版，第24－25页。
〔2〕 参见谢勇主编：《地方立法学》，法律出版社2019年版，第13页。

实之所以存在,是因为它们具有功能。[1] J.威尔逊认为,所谓功能,是指属于总体活动一部分的某种活动对总体活动所作的贡献。[2] 在不同学科之中、在不同语境之下,"功能"一词虽有不同的解读,但整体上而言,其又有会通之处。根据《现代汉语词典》《中华现代汉语大词典》《中华词典》的定义,所谓功能,是指"事物或方法所发挥的有利的作用、效能"[3]。据此,地方立法功能是指地方立法所具有的促进经济社会发展的有利作用和效能。

一方面,地方立法具有普通立法所具有的一般功能,主要包括:(1)指引功能。通过立法活动的开展,尤其是立法成果的形成,地方立法可以为法律关系主体指示明确的、法定的行为模式,即可以做什么、应当做什么和禁止做什么。(2)评价功能。法律具有惩恶扬善之功用,亦因此成为评价社会行为之重要准则。地方立法可以为判断、衡量法律关系主体行为的合法或违法,提供法律上的标准、依据。(3)预测功能。地方立法可以使法律关系主体预先估计到自己或他人的行为所导致的法律后果,进而可以促进人们理性筹划日常事务,保障人类之间的正常交往与互动活动。[4] (4)教育功能。地方立法可以引导法律关系主体依法而为、循法而行,有利于增强其法律意识。(5)强制功能。同中央立法一样,地方立法亦具有相应的强制力,进而迫使法律关系主体遵守各项法律规则。

另一方面,因地方立法的性质和地位,其还具有相应的特殊功能,主要包括:(1)试验功能。地方立法实践不仅可以减少立法活动的试错成本,以避免发生全局性的立法失效,而且有助于为中央立法积累经验。(2)实施功能。地方立法实践,尤其是实施性地方立法活动的开展,能

---

〔1〕 参见付子堂:《社会学视野中的法律功能问题》,载《郑州大学学报(哲学社会科学版)》1999年第5期。

〔2〕 [美]J.威尔逊:《功能分析介绍》,罗述勇译,载《国外社会科学》1986年第10期。

〔3〕 中国社会科学院语言研究所词典编辑室:《现代汉语词典》(第5版),商务印书馆2005年版,第475页。《中华现代汉语大词典》(吉林文史出版社2008年版,第386页)、《中华词典》(中华书局2009年版,第276页)亦对"功能"一词作出了相同规定。

〔4〕 参见谢勇主编:《地方立法学》,法律出版社2019年版,第18页。

够对中央立法起到补充、完善、细化和创新的重要作用，增强法律的现实针对性和可操作性，进而保证中央立法的有效实施。[1]

三、地方立法的权限

（一）地方立法权限的概念界定

在法治社会中，作为国家的最高权力，立法权也会受到相应限制，地方立法权更是应当在一定范围和限度内依法行使。规范、加强地方立法工作，首先必须要准确把握地方立法权限。目前，对于地方立法权限的概念界定，学界还存在不同认识。但是，一般认为，地方立法权限是指享有地方立法权的主体行使立法权的范围与界限，如地方立法主体可以立何种形式的法以及可以就哪些事项进行立法等。

（二）地方立法权限的意义阐释

确定地方立法权限具有以下重要意义：(1)确定地方立法权限是建设法治国家的应有之义。在法治国家中，立法权会受到限制，立法工作的开展首先要解决立法权的问题，包括立法权的有无、性质、范围、目的和方式等，地方立法活动更应如此。(2)确定地方立法权限是实现立法民主的必然要求。一切权力都应当受到限制，立法权当然也必须受到限制。衡量一个国家或政体是否实行民主制的重要标志之一，就是立法权是否受到必要限制。确定地方立法权限是实现立法民主，尤其是加强社会主义民主法治建设的必然要求。(3)确定地方立法权限是科学有序开展地方立法活动的重要前提。确定地方立法权限能够将地方立法权严格限制在法定范围之内，确保地方立法主体既不越权，也不失职，进而保证地方立法活动的科学有序开展。

---

〔1〕 参见石佑启等：《地方立法学》（第2版），高等教育出版社2019年版，第21页。

(三)地方立法权限的范围释明

1. 地方人大及其常委会的立法权限

依据现行《立法法》的规定,地方性法规可以就下列事项作出规定:(1)为执行法律、行政法规的规定,需要根据本行政区域的实际情况作具体规定的事项;(2)属于地方性事务需要制定地方性法规的事项。

此外,除法律保留事项外,其他事项国家尚未制定法律或者行政法规的,省、自治区、直辖市和设区的市、自治州根据本地方的具体情况和实际需要,可以先制定地方性法规。在国家制定的法律或者行政法规生效后,地方性法规同法律或者行政法规相抵触的规定无效,制定机关应当及时予以修改或者废止。

对于设区的市、自治州,其立法权限还应依法受到一定限制。

经济特区所在地的省、市的人民代表大会及其常务委员会根据全国人民代表大会的授权决定,制定法规,在经济特区范围内实施。

民族自治地方的人民代表大会有权依照当地民族的政治、经济和文化的特点,制定自治条例和单行条例。自治区的自治条例和单行条例,报全国人民代表大会常务委员会批准后生效。自治州、自治县的自治条例和单行条例,报省、自治区、直辖市的人民代表大会常务委员会批准后生效。自治条例和单行条例可以依照当地民族的特点,对法律和行政法规的规定作出变通规定,但不得违背法律或者行政法规的基本原则,不得对《宪法》和《民族区域自治法》的规定以及其他有关法律、行政法规专门就民族自治地方所作的规定作出变通规定。

2. 地方政府的立法权限

依据现行《立法法》的规定,地方政府规章可以就下列事项作出规定:(1)为执行法律、行政法规、地方性法规的规定需要制定规章的事项;(2)属于本行政区域的具体行政管理事项。

应当制定地方性法规但条件尚不成熟的,因行政管理迫切需要,可以先制定地方政府规章。规章实施满 2 年需要继续实施规章所规定的行政措施的,应当提请本级人民代表大会或者其常务委员会制定地方性法规。

没有法律、行政法规、地方性法规的依据,地方政府规章不得设定减损公民、法人和其他组织权利或者增加其义务的规范。

四、地方立法的历程

自中华人民共和国成立以来,我国地方立法发展主要经历了以下发展阶段。

(一)中华人民共和国成立初期的地方立法

新中国成立初期,基于旧法统已废而新法制尚未确立的特定背景,地方享有的立法权较大,涉及地方经济、社会等方面。[1] 1949 年 9 月 29 日,中国人民政治协商会议第一届全体会议通过的《中国人民政治协商会议共同纲领》第 12 条明确规定,人民行使国家政权的机关为各级人民代表大会和各级人民政府。同时,《中国人民政治协商会议共同纲领》第 16 条规定:“中央人民政府与地方人民政府间职权的划分,应按照各项事务的性质,由中央人民政府委员会以法令加以规定,使之既利于国家统一,又利于因地制宜。”1949 年 12 月 16 日,政务院第十一次会议通过的《大行政区人民政府委员会组织通则》第 4 条规定,各大行政区人民政府委员会有权依规拟定与地方政务有关之暂行法令条例,并须报告政务院批准与备案。1950 年,政务院陆续颁布的《省人民政府组织通则》《市人民政府组织通则》《县人民政府组织通则》,分别对省人民政府、直辖市、大行政区直辖市和省辖市人民政府、县人民政府等主体的立法权予以明确规定,如规定省人民政府有权拟定与本省政务有关的暂行法令条例,报主管大行政区人民政府转请政务院批准与备案。

这一时期的地方立法呈现出以下几个显著特征:(1)地方立法活动活跃。因立法权限较大,地方立法活动开展较为活跃。例如,浙江省在

[1] 参见谢勇主编:《地方立法学》,法律出版社 2019 年版,第 30 页。

1950年至1953年制定有关民政、财政、税务、粮食、盐务、实业、交通、工商、公安、司法、教育、卫生等方面的暂行法令条例和单行法规653件，年均立法约163件；内蒙古自治区在1950年至1954年制定各类规范性文件368件，年均立法近74件；上海市在1950年至1954年制定暂行法令条例和单行法规799件，年均立法近160件。[1] 这对巩固当时地方政权、稳定社会秩序、发展地方经济和调整各方面关系发挥了积极的作用。[2] (2)地方政府成为主要立法主体。如上所述，根据《中国人民政治协商会议共同纲领》的规定，这一时期包括地方立法权在内的权力属于各级人民代表大会和各级人民政府。《中国人民政治协商会议共同纲领》同时规定，各级人民代表大会闭会期间，各级人民政府为行使各级政权的机关。因各级人民代表大会工作开展时间受限，地方各级人民政府成为推动地方立法活动的核心力量。(3)立法多具有过渡性质。在中华人民共和国成立初期，地方社会关系发展变化较快，各地出台的地方立法往往需要根据形势与政策发生变化，因而这个时期出台的不少地方立法称"暂行法令条例"，表现出鲜明的过渡性特征。[3] 此外，立法技术较为粗陋，立法程序也比较简单。[4]

(二)计划经济时期的地方立法

为了加强中央对地方的领导，中央于1954年撤销了大行政区一级行政机构，同时增加了中央政府机构的数量，扩大了中央政府机构的职能。政务院各部门对各自职能所辖单位进行垂直领导，形成高度一体化的政治经济体制。自此，中央全面掌握了关系行政管理和经济发展命脉的人、财、物大权。[5] 在高度集中的计划经济体制与行政管理体制之下，地方逐渐成为中央政府机构的延伸，成为中央计划的执行者和中央

---

〔1〕 参见吴大英等：《中国社会主义立法问题》，群众出版社1984年版，第36－37页。
〔2〕 参见谢勇主编：《地方立法学》，法律出版社2019年版，第33页。
〔3〕 参见石佑启等：《地方立法学》(第2版)，高等教育出版社2019年版，第43页。
〔4〕 参见谢勇主编：《地方立法学》，法律出版社2019年版，第33页。
〔5〕 参见石佑启等：《地方立法学》(第2版)，高等教育出版社2019年版，第43页。

向各地企业发布命令的中介。[1] 这种政治体制也直接决定了这一时期中央立法与地方立法的关系格局，中央逐渐垄断了国家立法权，地方立法权限范围随之缩减。[2]

1954 年 9 月 20 日第一届全国人民代表大会第一次会议所通过的新中国首部《宪法》(以下简称 1954 年《宪法》)第 22 条规定："全国人民代表大会是行使国家立法权的唯一机关。"同时，该法第 70 条第 4 款规定："自治区、自治州、自治县的自治机关可以依照当地民族的政治、经济和文化的特点，制定自治条例和单行条例，报请全国人民代表大会常务委员会批准。"据此，除民族自治地区外，无论是地方各级人民代表大会，还是地方各级人民委员会，均不享有地方立法权。1975 年 1 月 17 日中华人民共和国第四届全国人民代表大会第一次会议所通过的《宪法》(以下简称 1975 年《宪法》)除再次明确"修改宪法"和"制定法律"是全国人民代表大会的职权外，[3] 甚至删除了 1954 年《宪法》关于民族自治地方制定自治条例和单行条例的规定，仅规定"民族自治地方的自治机关除行使宪法第二章第三节规定的地方国家机关的职权外，可以依照法律规定的权限行使自治权"[4]。1978 年 3 月 5 日中华人民共和国第五届全国人民代表大会第一次会议所通过的《宪法》重新确立了民族自治地方的地方立法权。该法第 39 条第 2 款规定："民族自治地方的自治机关可以依照当地民族的政治、经济和文化的特点，制定自治条例和单行条例，报请全国人民代表大会常务委员会批准。"其背后的逻辑是，随着高度集中的计划经济体制与行政管理体制的形成，地方的自主性和独立性不断

---

[1] 参见封丽霞：《中央与地方立法关系法治化研究》，北京大学出版社 2008 年版，第 299 页。

[2] 参见石佑启等：《地方立法学》(第 2 版)，高等教育出版社 2019 年版，第 44 页。

[3] 1975 年《宪法》第 17 条规定："全国人民代表大会的职权是：修改宪法，制定法律，根据中国共产党中央委员会的提议任免国务院总理和国务院的组成人员，批准国民经济计划、国家的预算和决算，以及全国人民代表大会认为应当由它行使的其他职权。"

[4] 1975 年《宪法》第 24 条第 2 款。

减退,[1]地方立法也是如此。由这一体制所决定,这一时期地方立法的显著特征就是地方立法成果数量大大减少。

(三)自改革开放以来的地方立法

自改革开放以来,随着法治建设步伐的加快,尤其是地方立法权的强化,地方立法工作获得了长足进展和显著进步。根据不同时期的特点,又可划分为以下阶段:

1. 起步探索阶段

1979 年 7 月 1 日第五届全国人民代表大会第二次会议所通过的《地方各级人民代表大会和地方各级人民政府组织法》第 6 条规定:“省、自治区、直辖市的人民代表大会根据本行政区域的具体情况和实际需要,在和国家宪法、法律、政策、法令、政令不抵触的前提下,可以制订和颁布地方性法规,并报全国人民代表大会常务委员会和国务院备案。”这标志着一般行政区域的地方立法权得以被重新确认。1982 年 12 月 4 日第五届全国人民代表大会第五次会议所通过的《宪法》(以下简称 1982 年《宪法》)第 100 条亦明确规定:“省、直辖市的人民代表大会和它们的常务委员会,在不同宪法、法律、行政法规相抵触的前提下,可以制定地方性法规,报全国人民代表大会常务委员会备案。”1982 年 12 月 10 日第五届全国人民代表大会第五次会议修正通过的《地方各级人民代表大会和地方各级人民政府组织法》又确认了省级人大常委会的地方立法权。该法第 27 条第 1 款规定:“省、自治区、直辖市的人民代表大会常务委员会在本级人民代表大会闭会期间,根据本行政区域的具体情况和实际需要,在和国家宪法、法律、政策、法令、政令不抵触的前提下,可以制定和颁布地方性法规,并报全国人民代表大会常务委员会和国务院备案。”1986 年 12 月 2 日第六届全国人民代表大会常务委员会第十八次会议修正通过的《地方各级人民代表大会和地方各级人民政府组织法》

[1] 参见封丽霞:《中央与地方立法关系法治化研究》,北京大学出版社 2008 年版,第 299 页。

则进一步明确了省、自治区的人民政府所在地的市和经国务院批准的较大的市的人民代表大会及其常务委员会的地方立法权。该法第7条第2款规定:“省、自治区的人民政府所在地的市和经国务院批准的较大的市的人民代表大会根据本市的具体情况和实际需要,在不同宪法、法律、行政法规和本省、自治区的地方性法规相抵触的前提下,可以制定地方性法规,报省、自治区的人民代表大会常务委员会批准后施行,并由省、自治区的人民代表大会常务委员会报全国人民代表大会常务委员会和国务院备案。”同时,该法第38条第2款规定:“省、自治区的人民政府所在地的市和经国务院批准的较大的市的人民代表大会常务委员会,在本级人民代表大会闭会期间,根据本市的具体情况和实际需要,在不同宪法、法律、行政法规和本省、自治区的地方性法规相抵触的前提下,可以制定地方性法规,报省、自治区的人民代表大会常务委员会批准后施行,并由省、自治区的人民代表大会常务委员会报全国人民代表大会常务委员会和国务院备案。”

这一阶段的地方立法呈现以下显著特征:(1)立法数量增长迅速。一方面,党的十一届三中全会之后,随着改革开放的启动和推进,经济社会发展于地方立法的需求越来越大;另一方面,省、市两级人大及其常委会地方立法权的明确,为地方立法工作的有效开展提供了关键制度支撑。这一阶段地方立法的数量实现了快速增长,涉及经济、治安、文化、环境等诸多领域。有研究成果显示,到1992年年末,全国地方性法规已有近3000件。[1] (2)先行先试效果明显。与循序渐进这一改革开放的特质相契合,先行先试成为这一阶段地方立法的突出特征。例如,广东省人民代表大会及其常务委员会获得制定经济特区各项单行经济法规的授权后,出台了土地、税收、投资等多部具有先行先试意义的经济特区立法,其中,1981年制定的《深圳经济特区土地管理暂行规定》(已失效)首次将土地使用权和所有权分开,确立了经济特区土地有偿使用和转让制度,为《土地管理法》的修改提供了参考。又如,1986年制定的《广东

〔1〕 何晓明:《地方立法民主化进程的回顾与展望》,载《人大研究》2005年第7期。

省技术市场管理规定》(已失效),创造性地建立了技术成果商品化等制度。

2. 逐步完善阶段

1993年3月29日第八届全国人民代表大会第一次会议通过的《宪法》第15条在规定"国家实行社会主义市场经济"的基础上,明确提出"国家加强经济立法,完善宏观调控"。1999年3月15日第九届全国人民代表大会第二次会议修正通过的《宪法》第5条第1款明确规定:"中华人民共和国实行依法治国,建设社会主义法治国家。"这一规定将法治的地位上升到新的高度,也推动地方立法进入新的发展阶段。以社会主义市场经济建设为中心是这一阶段地方立法的首要特征所在,市场经济立法成为地方立法的重中之重,相关地方立法成果大量出台。统计显示,仅1998年至1999年两年间,全国地方性法规就增加了1700多件。[1] 除数量大幅增长外,地方立法的质量也得到了显著提高。不少地方开始通过完善立法程序和提升立法技术,以提高地方立法的质量。

3. 规范提高阶段

2000年3月15日第九届全国人民代表大会第三次会议通过了《中华人民共和国立法法》。2000年《立法法》共由6章94条构成,体例规范、结构完整,这一关于立法工作的专门立法为"规范立法活动,健全国家立法制度,建立和完善有中国特色社会主义法律体系,保障和发展社会主义民主,推进依法治国,建设社会主义法治国家"提供了基本遵循。其中,第四章对"地方性法规、自治条例和单行条例、规章"进行了专门规定,主要涉及以下内容:(1)对省、自治区、直辖市的人民代表大会及其常务委员会和较大的市的人民代表大会及其常务委员会的立法权予以确认。第一,"省、自治区、直辖市的人民代表大会及其常务委员会根据本行政区域的具体情况和实际需要,在不同宪法、法律、行政法规相抵触的前提下,可以制定地方性法规"。第二,"较大的市的人民代表大会及其常务委员会根据本市的具体情况和实际需要,在不同宪法、法律、行

[1] 参见石佑启等:《地方立法学》(第2版),高等教育出版社2019年版,第47页。

政法规和本省、自治区的地方性法规相抵触的前提下，可以制定地方性法规，报省、自治区的人民代表大会常务委员会批准后施行”。(2)对地方立法的权限范围进行了规定。例如，地方性法规可就“属于地方性事务需要制定地方性法规的事项”作出规定。(3)对民族自治地方的地方立法问题进行了规定，再次确认“民族自治地方的人民代表大会有权依照当地民族的政治、经济和文化的特点，制定自治条例和单行条例”。其中，自治区的自治条例和单行条例报全国人民代表大会常务委员会批准后生效，而自治州、自治县的自治条例和单行条例则须报省、自治区、直辖市的人民代表大会常务委员会批准后生效。(4)对地方立法程序进行了规定。例如，省、自治区、直辖市的人民代表大会制定的地方性法规应当由大会主席团发布公告予以公布。

这一阶段地方立法的特征主要包括：(1)中央与地方立法权限划分进一步明确；(2)地方立法程序进一步完善；(3)地方经济领域立法与社会领域立法并重。[1]

4. 深入发展阶段

2015 年 3 月 15 日第十二届全国人民代表大会第三次会议修正了《立法法》。2015 年《立法法》共由 6 章 105 条组成。这是《立法法》的第一次重大修改。作为一部重要的宪法性法律，《立法法》的修改不仅是推进全面依法治国之重要步骤，而且体现了国家治理体系和治理能力现代化的必然要求。本次修法亮点颇多，其中最重大的突破是地方立法权的“扩容”，即将地方立法权下放至所有设区的市。[2]

2023 年 3 月 13 日第十四届全国人民代表大会第一次会议对《立法法》再次予以修正，此次修法意义重大。首先，修改《立法法》是新时代加强党对立法工作的全面领导，通过法治保证党的路线方针政策和决策部署贯彻执行的必然要求；其次，修改《立法法》是新时代坚持和发展全过程人民民主，通过法治保障人民当家作主的客观要求；再次，修改《立

---

〔1〕 参见石佑启等：《地方立法学》(第 2 版)，高等教育出版社 2019 年版，第 47－48 页。
〔2〕 参见谢勇主编：《地方立法学》，法律出版社 2019 年版，第 33 页。

法法》是新时代推进全面依法治国、依宪治国，建设社会主义法治国家的重要举措；最后，修改《立法法》是总结新时代正确处理改革和法治关系的实践经验，更好坚持在法治下推进改革和在改革中完善法治相统一的现实需要。[1] 此次修法的核心成果之一就是对地方性法规、规章的权限和程序进行完善：一是关于设区的市可以行使地方立法权的事项，将"环境保护"修改为"生态文明建设"，并增加规定"基层治理"。二是贯彻国家区域协调发展战略，根据地方实践经验，增加规定："省、自治区、直辖市和设区的市、自治州的人民代表大会及其常务委员会根据区域协调发展的需要，可以协同制定地方性法规，在本行政区域或者有关区域内实施。省、自治区、直辖市和设区的市、自治州可以建立区域协同立法工作机制。"三是扩大规章的制定主体，根据有关法律规定和实践需要，在部门规章制定主体中增加规定"法律规定的机构"。

五、地方立法的原则

（一）地方立法的一般原则

1. 依法立法原则

2000 年《立法法》第 4 条明确规定："立法应当依照法定的权限和程序，从国家整体利益出发，维护社会主义法制的统一和尊严。"这被认为是从法律层面上正式确立依法立法原则。2015 年《立法法》对这一规定予以了重述。2017 年 10 月 18 日，习近平总书记在党的十九大报告中指出，要"推进科学立法、民主立法、依法立法，以良法促进发展、保障善治"[2]。2023 年《立法法》第 5 条进一步规定，"立法应当符合宪法的规定、原则和精神，依照法定的权限和程序，从国家整体利益出发，维护社会主义法制的统一、尊严、权威"。

---

[1] 参见王晨：《关于〈中华人民共和国立法法（修正草案）〉的说明》，载中国人大网，http://www.npc.gov.cn/npc/kgfb/202303/8ba9248350cd4407999df275c53d5b9b.shtml。

[2] 习近平：《决胜全面建成小康社会　夺取新时代中国特色社会主义伟大胜利——在中国共产党第十九次全国代表大会上的报告》，载共产党员网，https://www.12371.cn/2017/10/27/ARTI1509103656574313.shtml。

依法立法的内涵主要包括:(1)按照法定立法权限立法。所谓按照法定立法权限立法,是指立法要依照宪法、法律关于立法权限的划分制度,即立法体制和立法事项的规定进行。我国制定《立法法》的重要目的之一,就是要解决和防止因为越权立法而造成的立法冲突、法制不统一的问题。[1] 立法是公权力行使的表现,同样必须遵循"法无授权不可为"的公权力行使原则,按照立法职权法定的要求进行。立法职权法定包括立法主体法定和不同立法主体的立法权限法定。超越法定权限的越权行为,是违法的、无效的。[2] (2)按照法定程序立法。所谓按照法定程序立法,是指立法要依照宪法、法律和有关规范性文件规定的程序进行。[3]《立法法》对立法程序进行了系统性规定,如《立法法》第二章第二节、第三节分别对全国人民代表大会立法程序和全国人民代表大会常务委员会立法程序进行了明确规定。遵守法定程序是实施法治的基本要求,严格遵守法定程序是国家机关的行为具有合法性不可或缺的条件。[4] 立法程序是具有立法权限的国家机关创制规范性法律文件所遵循的制度化的正当过程,是限制立法恣意进而使立法活动彰显和实现程序正义的制度设置,也是国家通过立法手段协调利益冲突、规制社会秩序及配置社会资源的合法路径和正当程序。立法程序明确规定了立法各环节的工作,规范了立法行为,保障了立法过程的科学化,可以防止和克服立法工作中的随意性,广泛吸纳民意、协调利益冲突,有利于提高立法的规范化水平,进而制定出具有实质性正义的法律规范。严格遵循立法程序是立法工作中坚持社会主义民主原则、保障立法体现人民意志、保障人民群众以多种途径参与立法活动的要求。(3)以维护社会主义法制的统一和尊严为根本遵循。这是我国立法在形式方面所要追求的

---

〔1〕 参见朱力宇、叶传星主编:《立法学》(第4版),中国人民大学出版社2015年版,第60页。

〔2〕 参见石佑启等:《地方立法学》(第2版),高等教育出版社2019年版,第56页。

〔3〕 参见朱力宇、叶传星主编:《立法学》(第4版),中国人民大学出版社2015年版,第61页。

〔4〕 参见石佑启等:《地方立法学》(第2版),高等教育出版社2019年版,第57页。

基本目的。良法是法治和善治的前提,法制的统一和尊严是我国法治的基本要求。[1] 按照依法立法原则的要求,无论是制定法律,还是制定行政法规、地方性法规、自治条例和单行条例、部门规章和地方政府规章,都必须依法而为、循法而行。因此,依法立法原则也是地方立法活动开展所必须遵循的基本原则之一,立法应当严格按照法定的权限和程序而为之,[2]维护社会主义法制的统一和尊严。

2. 民主立法原则

现行《立法法》第6条明确规定:"立法应当坚持和发展全过程人民民主,尊重和保障人权,保障和促进社会公平正义。立法应当体现人民的意志,发扬社会主义民主,坚持立法公开,保障人民通过多种途径参与立法活动。"这意味着民主立法是立法活动开展所需遵循的基本原则和法定原则之一。所谓民主立法原则,是指立法要反映人民的意志和利益,保障人民的权利。民主立法的核心是立法要为了人民、依靠人民,使法律真正反映广大人民群众的共同意愿、充分保障广大人民的各项权利和根本利益。[3] 在现代法治国家,民主立法是普遍遵循的原则。我国是人民民主专政的社会主义国家,立法权源于人民,立法活动理应尽可能地吸纳广大人民群众参与,使不同的利益诉求在立法程序中得以表达与交流,以保证立法成果既反映人民的共同意志和利益,又能体现对少数群体的尊重,减少因法律变化产生的利益格局调整所引起的社会矛盾,确保社会的和谐与稳定。[4] 更为关键的是,在立法活动中贯彻和遵循民主原则是保障公民的民主权利、实现人民当家作主管理国家的重要体现。[5]

民主立法的内涵主要包括:(1)立法应当体现人民意志。"中华人

---

[1] 参见朱力宇、叶传星主编:《立法学》(第4版),中国人民大学出版社2015年版,第62页。

[2] 参见谢勇主编:《地方立法学》,法律出版社2019年版,第46页。

[3] 参见李高协:《地方立法工作研究》,甘肃人民出版社2015年版,第124页。

[4] 参见石佑启等:《地方立法学》(第2版),高等教育出版社2019年版,第58页。

[5] 参见谢勇主编:《地方立法学》,法律出版社2019年版,第48页。

民共和国的一切权力属于人民。”人民民主专政的社会主义国家性质,决定了我国立法活动的开展必须要恪守“立法为民”的基本理念,必须真正反映最广大人民的共同意志和利益。(2)坚持立法公开。公开是法治的基本原则。实现民主立法,应当确保利益相关方充分获得立法信息,知晓立法过程,了解立法进度。立法权源于人民,对人民负责,受人民监督。没有立法公开,就没有立法监督。同时,立法公开为公众直接参与和行使立法权打开了一扇门,保障了人民对立法过程和内容的知情权。(3)扩大公众有序参与。公众参与立法是一国公民政治参与的重要组成部分,对健全民主政治、提高立法质量、推进法律实施有重要作用。扩大公众有序参与,可以广泛听取各方面意见,以求集思广益,而且具有发现事实、求得真相、传递信息等功用,能够使立法更好地体现民情、汇聚民意、集中民智。公众有序参与立法,要求立法机关根据不同立法环节的需求和目的,选用合理的参与形式,并细化参与程序。[1] 在立法活动中扩大公众有序参与,实际上是我们党的群众路线在社会主义新时期的体现和发展,只有实现坚持群众路线的民主立法,才有可能做到科学正确,才有可能确实反映广大人民群众的最大利益和共同意志。但是,在立法活动中坚持群众路线、扩大公众参与不等于就要实行“群众立法”。[2] 由上述内容可知,地方立法活动亦应以民主立法原则为基本遵循。

3. 科学立法原则

现行《立法法》第 7 条明确规定:“立法应当从实际出发,适应经济社会发展和全面深化改革的要求,科学合理地规定公民、法人和其他组织的权利与义务、国家机关的权力与责任。法律规范应当明确、具体,具有针对性和可执行性。”由该规定可知,科学立法原则是立法活动开展所

---

〔1〕 参见《科学立法、民主立法、依法立法的理论与实践》,载中国人大网 2021 年 8 月 24 日,http://www.npc.gov.cn/npc/dzlfxzgcl70nlflc/202108/8c0d06ee73ca46abb79847846189358b.shtml。

〔2〕 参见朱力宇、叶传星主编:《立法学》(第 4 版),中国人民大学出版社 2015 年版,第 63 页。

需遵循的又一重要法定原则。所谓科学立法原则,是指立法要符合理性,准确反映和体现所调整社会关系的客观规律,同时遵循法律体系的内在规律。科学立法要求立法活动应当在科学的理论指导下,尊重和体现规律,避免立法的主观随意性与盲目性,减少立法失误,提高立法质量。[1] 科学立法是保证法规质量的重要基础和前提。[2] 科学立法的核心在于尊重和体现客观规律,包括尊重和体现社会发展的客观规律、尊重和体现法律所调整的社会关系的客观规律以及法律体系的内在规律。[3]

科学立法的内涵主要包括:(1)要尊重经济社会发展的客观规律。法律作为一种社会规范,是经济社会关系的反映。立法是立法者有目的、有意识的自觉活动,而法律所调整的经济社会关系则是有其内在规律且客观的,要想使二者统一起来,立法者就必须使自己的主观活动符合客观规律。[4] 立法者要对社会关系作出规范,必须准确地认识、把握和反映社会关系的客观规律,不能任性、随意地创造,必须受客观规律的影响和制约,不符合客观规律的法律终究会被淘汰。立法是否科学的重要判断标准就是立法在多大程度上尊重和体现了它所调整领域内的经济社会关系的客观规律。要做到科学立法,必须不能超越经济社会的发展现状,不能违背经济社会的发展规律,不能盲目地制定不合实际、无法实施的法律,而是要把符合规律的东西,通过实践证明的好的做法固定下来。[5] 不顾客观规律,超越社会发展的实际,不考虑经济社会成本,都是不科学的立法。(2)要反映法律体系的立法工作的内在规律。我国法律体系的内在规律包括三方面的内容:一是在法律体系的内部,通过划分立法权限,用不同位阶的法调整和规范不同的领域和不同的事

---

〔1〕 参见石佑启等:《地方立法学》(第2版),高等教育出版社2019年版,第59页。

〔2〕 参见田成有:《立良法——地方立法的困局与突围》,法律出版社2019年版,第63页。

〔3〕 参见李高协:《地方立法工作研究》,甘肃人民出版社2015年版,第123页。

〔4〕 参见朱力宇、叶传星主编:《立法学》(第4版),中国人民大学出版社2015年版,第66页。

〔5〕 参见田成有:《立良法——地方立法的困局与突围》,法律出版社2019年版,第65页。

项。二是宪法具有最高的法律效力，下位法不得抵触上位法，法制的内容是统一的。三是不同位阶、不同门类的法，应当保持协调性、系统性、逻辑性，避免法律体系的混乱、冲突和失调。立法贵在衡一，法度不齐，则守法者惑。[1] 要做到科学立法，必须要反映法律体系的内在规律，确保法律体系的完整统一、协调衔接、内在和谐。唯有此，才能有效地规制社会生活，调整社会关系，建构起理想的社会秩序。同时，要反映立法工作的内在规律，遵循立法程序，注重立法技术，努力实现立法过程的科学化。[2] (3)要妥善解决权利与义务、权力与责任之间的关系。检验一项立法是否科学的重要标准就是这项立法是否能够科学合理地规范公民、法人和其他组织的权利与义务，是否能够科学合理地规范国家机关的权力与责任，是否符合公平正义精神。[3] 妥善解决权利与义务关系，就要求在立法工作中高度重视公民、法人和其他组织等私权主体的权利保障问题，慎重对待公民、法人和其他组织等私权主体的义务限制问题；妥善解决权力与责任关系，就要求在赋予公权主体权力时一定要确保符合我国宪法规定和体制要求，符合基本的人权保障需要；就要求通过对责任的妥适安排来消除部门保护、地方保护等私弊。总之，要立良善之法，立管用之法，要使每一项立法都能科学合理地规范公权主体的权力和责任，规范公民、法人和其他组织的权利与义务。[4] 对于地方立法而言，要做到科学立法，关键是要在反映法律体系和立法工作内在规律的基础上，使立法符合本地经济社会发展的实际，做到一切从实际出发，搞好调查研究，深入广泛地了解本地经济社会发展的法制需要，并自觉接受实践的检验。

(二)地方立法的特有原则

地方立法具有相对独立性，除需遵循国家立法的原则外，还要遵循

---

[1] 参见田成有：《立良法——地方立法的困局与突围》，法律出版社2019年版，第65页。
[2] 参见李高协：《地方立法工作研究》，甘肃人民出版社2015年版，第123页。
[3] 参见田成有：《立良法——地方立法的困局与突围》，法律出版社2019年版，第66页。
[4] 参见李高协：《地方立法工作研究》，甘肃人民出版社2015年版，第123页。

其特有的原则：

1. 不抵触原则

不抵触原则是地方立法所应秉持的首要原则。依据现行《立法法》的规定，一方面，省级地方立法不得同上位法相抵触，即“省、自治区、直辖市的人民代表大会及其常务委员会根据本行政区域的具体情况和实际需要，在不同宪法、法律、行政法规相抵触的前提下，可以制定地方性法规”。另一方面，设区的市地方立法也不得同上位法相抵触，即“设区的市的人民代表大会及其常务委员会根据本市的具体情况和实际需要，在不同宪法、法律、行政法规和本省、自治区的地方性法规相抵触的前提下，可以对城乡建设与管理、生态文明建设、历史文化保护、基层治理等方面的事项制定地方性法规，法律对设区的市制定地方性法规的事项另有规定的，从其规定。设区的市的地方性法规须报省、自治区的人民代表大会常务委员会批准后施行”。由现行规定可知，不抵触是地方立法的基本前提。

从性质上来讲，作为地方立法的特有原则，不抵触是维护法制统一的应有之义，是依法立法原则的具体表现。不抵触是由地方立法的地位所决定的。相较于宪法、法律、行政法规以及其他上位法，地方立法属于下位法，其效力要弱于前者。按照上位法优于下位法的基本规则，地方立法自然不得与宪法、法律、行政法规以及其他上位法相抵触。不过对于不抵触原则的具体内涵，《立法法》没有作出明确规定，学界也存在不同认知。例如，关于“抵触”与“不一致”的关系，学者的认识就有所不同。一种观点认为，“抵触”与“不一致”基本意思是一样的，两者是量的区别，“抵触”是严重的“不一致”，两者经常混用或者交替使用。另一种观点认为，两者是纵横关系，“抵触”一般用于纵向，“不一致”一般用于横向。从这个角度来理解，所谓“抵触”是关于同一事项，下位法违反了上位法的规定。所谓“不一致”就是关于同一事项，同位法之间的规定不相同。[1]

---

〔1〕 参见李高协：《地方立法工作研究》，甘肃人民出版社2015年版，第135页。

一般认为,所谓不抵触,是指地方立法不得与宪法、法律、行政法规以及其他上位法的规定相冲突、相违背。不抵触原则至少包括以下两方面内容:(1)地方立法不得与宪法、法律、行政法规以及其他上位法的具体规定相违背,称为“不得直接抵触”。具体来说,若上位法已经作了明确、具体的规定,地方立法不得与上位法的规定不一致甚至相反。(2)地方立法不得与宪法、法律、行政法规以及其他上位法的精神、原则相违背,称为“不得间接抵触”。[1]

有研究者指出,基于现行法律规定、法学理论研究、地方立法实践等多方考察,以下情形涉嫌构成对不抵触原则的违反:(1)上位法有明确的规定,与上位法的规定相反的,或者对同一事项的规定与上位法的规定不一致的;(2)虽然不是与上位法的规定相反,但旨在抵销上位法的规定的,即搞“上有政策下有对策”的;(3)上位法没有明确规定,但与上位法的立法目的和立法精神相反的;(4)违反了立法权限的规定,超越立法权限范围的;(5)下位法超出上位法规定的行政处罚的种类和幅度,或者超越权限设定行政许可、行政强制措施种类的,如上位法对某一事项的行政许可、行政处罚、行政强制措施作了规定,下位法作了增加或减少性变通规定。[2]

在地方立法中贯彻落实不抵触原则,需着重处理好两个关系:(1)不抵触原则与立法创新的关系。地方立法对国家法律、行政法规具有拾遗补阙的重要价值,其旨在解决地方经济社会发展中无法可依的问题。因此,在地方立法工作开展中,要结合本地的实际,尽可能地增加一些具有前瞻性、前沿性的条款,先行先试,使国家法律、行政法规的原则性规定不仅能在本地区得到贯彻落实,而且能实现创造性的贯彻落实。(2)不抵触原则与防止照抄照搬的关系。坚持不抵触原则,并不意味着地方立法要照抄照搬上位法的具体规定。[3] 地方立法是对上位法的补充,不能

---

〔1〕 参见董皞主编:《地方立法教程》,中国政法大学出版社2020年版,第39-40页。
〔2〕 参见李高协:《地方立法工作研究》,甘肃人民出版社2015年版,第133-134页。
〔3〕 参见董皞主编:《地方立法教程》,中国政法大学出版社2020年版,第41页。

且也不需要搞“大而全”“小而全”的法律。地方立法机关既要防止“小法抄大法”，法繁扰民；又要方式“小法架空大法”，难以操作。[1]

2. 有特色原则

有特色原则是地方立法所应秉持的核心原则。地方立法之所以要体现地方特色，是由地方立法的特性所决定的。地方立法的主要任务之一，就是要用地方立法的形式，弥补中央立法之不足，反映地方之需求，解决好地方的特殊问题。[2] 地方特色是地方立法存在的基础，没有地方特色，地方立法就会失去存在的意义和价值。地方立法只有根据地方的具体和实际需要，有针对性地解决地方改革、发展和稳定中存在的问题，才能充分发挥地方立法应有的作用。[3] 学界对于有特色原则之于地方立法的重要价值进行了全面阐释，并一致认为特色是地方立法的生命。没有特色，地方立法就失去了灵魂；没有特色，地方立法将被束之高阁、弃而不用，只能成为文本上的法律，而不能成为生活中的法律。是否具有地方特色，能不能解决当地实际问题，是衡量地方立法质量优劣的关键。特色构成了一个地方的独特资源和独有优势，有特色的地方立法有利于解决国家暂时无法解决或不宜解决的问题，有利于丰富中国特色的社会主义法治体系。[4]

从地方立法实践来看，在有特色原则的贯彻落实上，总体成效还有待提高。例如，有研究者指出，在地方立法工作中对有特色原则的贯彻落实存在以下问题：立项选择普遍缺乏特色和新意，针对性、可行性不强；一些地方出现了相互攀比的现象，立法大搞形式主义，大干快上，造成了不必要的资源浪费；不少地方在起草法规时大量照搬上位法，适合区域管理与发展的创制性立法还不多。[5] 还有研究者认为，地方立法

---

〔1〕 参见高绍林：《地方立法的地位、特点和基本原则》，载《天津人大》2013年第9期。

〔2〕 参见石佑启等：《地方立法学》（第2版），高等教育出版社2019年版，第63页。

〔3〕 参见董皞主编：《地方立法教程》，中国政法大学出版社2020年版，第41页。

〔4〕 参见田成有：《立良法——地方立法的困局与突围》，法律出版社2019年版，第152页。

〔5〕 参见田成有：《立良法——地方立法的困局与突围》，法律出版社2019年版，第111页。

存在的通病之一就是没有体现地方特色，缺乏对实践经验的总结和提炼，同一调整范围和事项的法规，与上位法、同位法、下位法之间，尤其是各省区市之间，出现了体例上趋同、结构上趋同、内容上趋同、风格上趋同的现象。[1] 地方立法不是点缀或装饰，其目的和用意是赋权各地结合本地实际情况，制定更接地气、具有特色、解决问题的“干货”，以弥补法律规定过于原则、缺少可操作性的弊端。地方立法没有特色，就好比穿上了上位法这双不合脚的大鞋，不好走路。[2] 其结果必然是通用性强、差异性小，缺乏个性和特点，失去了地方立法创新的价值意义。[3]

特色是衡量地方性法规质量高低的重要标准，也是检验地方立法能力水平的“试金石”。[4] 一般认为，所谓有特色，是指相对于中央立法而言，应当基于本地实际，通过立法来解决经济社会发展中所存在的地方法律问题。简言之，所谓特色，就是“人无我有、人有我优”，展现出立法的差异性或与众不同的品格。[5] 对于地方立法而言，若要做到有特色，就应当将本地经济社会发展的差别化、多样化、特殊性作为工作的切入点和着力点，充分考虑本地经济社会、地理环境、自然条件、风土人情、民族习惯等情况，因地制宜，创造性地解决地方事务中的问题。[6] 有特色原则要求地方立法精准反映本地的经济、政治、文化、风俗、民情等实际情况、具体需求，根据本地发展的需要，以问题为导向，注重解决本地的突出问题。要做到有特色，地方立法权的行使必须结合本地的实际需要，针对所要解决的主要矛盾和问题，坚持少而精的原则，认真选好、选准立法项目，在拾遗补阙上下功夫。[7]

---

〔1〕 参见李高协：《地方立法工作研究》，甘肃人民出版社 2015 年版，第 137 页。
〔2〕 参见田成有：《立良法——地方立法的困局与突围》，法律出版社 2019 年版，第 112 页。
〔3〕 参见李高协：《地方立法工作研究》，甘肃人民出版社 2015 年版，第 138 页。
〔4〕 参见田成有：《立良法——地方立法的困局与突围》，法律出版社 2019 年版，第 152 页。
〔5〕 参见谢勇主编：《地方立法学》，法律出版社 2019 年版，第 52 页。
〔6〕 参见李高协：《地方立法工作研究》，甘肃人民出版社 2015 年版，第 138 页。
〔7〕 参见田成有：《立良法——地方立法的困局与突围》，法律出版社 2019 年版，第 115 页。

是否有特色，反映出地方立法的制度创新和地方立法者的立法水平；如何体现特色，是地方立法中必须面对和破解的重大命题。有研究者指出，对于有特色原则的贯彻落实，可以从以下方面着手：第一，对本地特定区域内的具体问题作出规定，调整区域性特殊关系；第二，坚持从本地实际出发，力求与当地的经济与社会发展水平相适应，既考虑可能性又考虑可行性，对条件不成熟、执行又有困难的措施不急于出台；第三，将实践中有独创性的好政策、好经验，尽量吸收到法规条款中来；第四，涉及产业发展的法规，一定要充分反映行业的规律和特点；第五，涉及民族地区的立法时，尽量反映民族的传统和文化，在政策上给予一定的倾斜，增加一些服务内容和扶持条款。[1] 还有研究者认为，地方立法有特色主要体现在两个方面：一是地方性。地方立法要从本地区实际出发，充分考虑本地经济社会、地理环境、自然条件、风土人情、民族习惯等情况，充分把握本地区特点和规律，有效解决本地方的具体事务。二是差异性，当上位法有规定时，地方性法规不得再重复、照抄照搬，而是应有自己的细化和补充内容；当上位法无规定时，地方立法应在法定权限内有自己的创新性或自主性。[2] 另有研究者指出，地方立法要形成特色，应当着重把握好以下几点：其一，以问题为导向。地方立法应有问题意识，即以解决地方经济社会发展中遇到的“瓶颈”问题为先，着眼于抓住主要矛盾和关键问题，思考解决问题的立法方案和策略。地方立法若能有效地解决地方发展过程中的具体问题，那么就足以展现其鲜明的地方特色。其二，应立足于实际。地方特色原则与立足于实际的科学原则紧密相连。只有立足于实际，真正把握住地方的实际情况和现实需求，才能凝练出正确的问题，并提出有针对性的立法对策。为此，地方立法应强化各种社会调查活动，加强立法的调研活动，密切观察本行政区域内的经济社会发展状况。[3]

---

〔1〕 参见李高协：《地方立法工作研究》，甘肃人民出版社2015年版，第138页。
〔2〕 参见田成有：《立良法——地方立法的困局与突围》，法律出版社2019年版，第153页。
〔3〕 参见谢勇主编：《地方立法学》，法律出版社2019年版，第54页。

有研究者指出,在贯彻有特色原则的过程中,地方活动的开展需要防止本位主义。地方立法虽然可以先试先行,但有特色原则必须与不抵触原则统一适用。仅仅满足有特色原则而不符合不抵触原则的要求的,所立之法为违法之法。因此,切忌在进行地方立法时,把从实际出发原则变为本位主义原则的代名词。[1]

3. 可操作原则

可操作原则(也称可执行原则)是地方立法所应秉持的重要原则。现行《立法法》第7条第2款明确规定:“法律规范应当明确、具体,具有针对性和可执行性。”这一规定同样适用于地方立法。地方性法规的重要使命之一,就是“为执行法律、行政法规的规定”;制定地方政府规章的主要目的之一,则是“为执行法律、行政法规、地方性法规的规定需要”。总之,可操作是地方立法的立基所在,地方立法只有具有可操作性,才能得到有效实施。实践证明,不具有可操作性或者可操作性不强的地方立法,即使立法的出发点再好,立法思路再好,框架设计再好,也是不成熟的,达不到立法要取得实效的目的。[2]

法律法规的生命力在于实施,现代社会法治的标志不仅在于有法可依,而且在于有良法可依,在于所制定的法律法规能够得到普遍遵守和执行。一般认为,所谓可操作,是指地方立法必须要重视立法成果的实用性,要确保其能够为执法、司法和守法提供工作遵循和行为规范,要确保其在实践中行得通、能管用、真好用,规定切实可行,能够解决实际问题。[3] 一方面,地方立法要做到具体化、细致化,“宜细不宜粗”,不盲目追求“成套设备”,不能刻意搞“大而全”,要精准立法、精简立法,[4]着力提高相关条款、规定和制度的针对性。另一方面,地方立

[1] 参见马英娟:《论地方立法的基本原则》,载《河北大学成人教育学院学报》2000年第4期。

[2] 参见石佑启等:《地方立法学》(第2版),高等教育出版社2019年版,第65页。

[3] 参见李高协:《地方立法工作研究》,甘肃人民出版社2015年版,第141页。

[4] 参见田成有:《立良法——地方立法的困局与突围》,法律出版社2019年版,第115页。

法要易于适用,尽可能选择使社会和公民负担最小的手段和措施,重视探索适应本地区经济社会发展的成本最小化和效益最大化的制度设计,[1]做到易于把握、易于理解,最大限度地降低立法、执法、司法和守法的成本,保证地方立法不至于过多增加民众负担,能够真正落到实处。[2]

从实践来看,在有些地方,可操作原则的贯彻落实还不够,立法成果的可操作性还不够强,突出表现在以下几方面:(1)原则性、宏观性、纲要式规定较多,细化量化的规定较少。在条文中大量使用"及时""限期""增强""加大""有关""相关"等不确定表述,规定模棱两可,难以准确适用。(2)提倡性、号召性、宣示性条款较多,实质性、具体化条款较少。在条文中大量使用"积极""鼓励""加强""支持"等抽象表述,无法有效解决复杂的实际问题。(3)法规授权性规定的配套工作相对滞后。部分法规已经实施几年、十几年了,有的甚至已废止,但可授权性规定和配套办法还没有出台,影响了法规的有效实施。[3] 贯彻落实可操作原则须着重把握好以下要点:第一,加强调查研究;第二,完善程序规范;第三,做到条文设计规范;第四,确保立法语言清晰易懂。

4. 不重复原则

不重复原则是地方立法所应秉持的又一重要原则。现行《立法法》第82条第4款明确规定:"制定地方性法规,对上位法已经明确规定的内容,一般不作重复性规定。"地方立法是在已有国家法律、行政法规及其他上位法的基础上,对上位法相关规定的进一步解读、细化和补充,达到拾遗补阙的效果,其核心价值也在于此。

在部分地区的地方立法实践中,不重复原则贯彻落实得还不够好,主要体现为大量重复或者照搬国家法律、行政法规及其上位法的相关规定,使地方立法成了上位法的"复读机"。对上位法的大量重复将产生以下危害:(1)浪费立法资源。将上位法已有的内容编排在地方立法

---

〔1〕 参见李高协:《地方立法工作研究》,甘肃人民出版社2015年版,第141页。
〔2〕 参见董皞主编:《地方立法教程》,中国政法大学出版社2020年版,第44页。
〔3〕 参见李高协:《地方立法工作研究》,甘肃人民出版社2015年版,第142-143页。

中,把本来已经经过上位法制定机关严密审议的条款重新进行逐条检验和审议,既占用了立法者大量时间,带来审议时间的无限拖延,又无形增加了立法技术上的难题。而且,重复立法的偷懒行为,有可能导致立法者出现完全依赖上位法的心理,抑制立法者的创新与发现问题的能力,它带来的后果就是立法者思维固化,不愿多思、不敢多想,只想照抄照搬上位法。大量照抄照搬上位法,看似“高大上”,实则“假虚空”,由此会造成地方立法资源的极大浪费,使地方立法工作陷入低效、归于无效。(2)损害立法权威。大量重复的地方立法抹杀了客观存在的法律等级关系,模糊了中央立法和地方立法的权限边界,涉嫌对立法权限的僭越,造成上位法被架空,严重损害立法的权威性、严肃性和严谨性。大量重复性条款的存在,不仅损害了国家法治形象与尊严,使立法目的无法实现,而且有负于社会大众对立法的期许和对法治的期待。(3)贬抑地方立法功能。无论是实施性立法还是创制性立法,其立足点都是解决地方实际,突出地方特色。重复立法违背了将部分立法权分配给地方以发挥其积极性的原意,混淆了中央与地方的立法权限分配,使本来应当具有灵活性、可操作性,体现地方特殊性的地方立法功能受抑,有损地方立法在中国特色社会主义法律体系中的应有地位,其结果实际上等于没有解决地方的特殊性问题。(4)增加法律适用成本。对于执法者和司法者而言,过多的重复条款,尤其是经过拼凑而成的重复条款,会导致查阅、分析费时费力,学法、用法极为不便,增加法规条款适用的成本;对于守法者而言,重复立法实际上等于要求守法主体进行“二次守法”,也无形中加重了公民“二次守法”的义务。[1]

为什么不重复原则贯彻落实效果不够好?为什么在地方立法中会有大量的重复立法?有研究者指出,其主要原因包括:(1)对立法“政绩”的追求。一些地方为了简单追求速度或相互攀比,将立法数量、立法规模作为自身的“政绩工程”,为了立法而立法。(2)对责任承担的“规

---

〔1〕 参见田成有:《立良法——地方立法的困局与突围》,法律出版社2019年版,第124-125页。

避”。在部分地区，地方立法主体认为，立法创新存在风险，若创新不当，会有撤销甚至问责的风险；相反，以保守的态度照搬、复制、重复法律规定，却不会被追究。为了规避风险与责任，最可靠、最简便、最安全的办法就是进行简单拼凑乃至直接重复上位法。(3)对工作投入得不够。在部分地区，地方立法所需的调查研究工作投入不够，导致对本地区的实际情况不熟悉，加之立法人员的素质、能力、水平有限，经验不足，缺乏对本地事务管理情况的清晰认识和准确把握，从而无法进行以问题为主导的针对性立法创新，只能照抄照搬。[1]

需要强调的是，在地方立法工作中，并非绝对禁止对上位法的重复，必要的、合理的、一定程度上的重复不仅是无法避免的，而且也是必要的。其原因在于，在成文法国家、单一制国家中，地方立法理应与上位法保持一致，加之基于保证立法体例完整性等因素的考虑，地方立法与上位法存在重复是难以避免的。但是，对不宜完全照搬的规定，应当遵循不抵触、不冲突的原则，创造性地予以借鉴吸收，做好衔接、协调与配套方面的规定。[2] 有研究者指出，在地方立法中若要更好贯彻落实不重复原则，尽可能避免不必要的立法重复，需要做好以下工作：(1)认真对待立法资源。要从实际出发，充分考虑“地方性知识”，把地方特色和问题定位放在首位，根据需要和解决问题的逻辑设定法条，走精准化、精干化、精细化的路子。(2)完善相关工作制度。例如，应当探索建立重复比例量化和退回制度，严格执行技术规程，对不符合要求的地方性法规实行退回处理，规定重复上位法的内容达到一定比例的即可退回提报部门，从制度设计上有效克服提案内容的“重复喜好”或“路径依赖”。(3)加强事先介入力度和事后审查效果。(4)强化立法责任约束，杜绝重复立法行为。[3]

---

〔1〕 参见田成有：《立良法——地方立法的困局与突围》，法律出版社2019年版，第125－126页。

〔2〕 参见李高协：《地方立法工作研究》，甘肃人民出版社2015年版，第150页。

〔3〕 参见田成有：《立良法——地方立法的困局与突围》，法律出版社2019年版，第127－129页。

第二章　设区的市立法权的全面赋予与行使保障

一、设区的市立法权全面赋予的历程回顾

在改革开放后，设区的市立法权的赋予经历了一个由重点到全面的逐步探索过程。1982 年《中华人民共和国地方各级人民代表大会和地方各级人民政府组织法》第 27 条第 2 款明确规定："省、自治区的人民政府所在地的市和经国务院批准的较大的市的人民代表大会常务委员会，可以拟订本市需要的地方性法规草案，提请省、自治区的人民代表大会常务委员会审议制定，并报全国人民代表大会常务委员会和国务院备案。"1986 年《中华人民共和国地方各级人民代表大会和地方各级人民政府组织法》第 38 条第 2 款进一步规定："省、自治区的人民政府所在地的市和经国务院批准的较大的市的人民代表大会常务委员会，在本级人民代表大会闭会期间，根据本市的具体情况和实际需要，在不同宪法、法律、行政法规和本省、自治区的地方性法规相抵触的前提下，可以制定地方性法规，报省、自治区的人民代表大会常务委员会批准后施行，并由省、自治区的人民代表大会常务委员会报全国人民代表大会常务委员会和国务院备案。"这标志着省级人民政府所在地的市和经国务院批准的较大的市的人大常委会正式获得了地方立

法权。2000年《立法法》第63条第2款规定:"较大的市的人民代表大会及其常务委员会根据本市的具体情况和实际需要,在不同宪法、法律、行政法规和本省、自治区的地方性法规相抵触的前提下,可以制定地方性法规,报省、自治区的人民代表大会常务委员会批准后施行……"同时,该法第63条第4款规定,"本法所称较大的市是指省、自治区的人民政府所在地的市,经济特区所在地的市和经国务院批准的较大的市"。这意味着深圳、珠海、厦门、汕头四个经济特区所在地的市也正式获得了地方立法权。2015年《立法法》是该部法律15年来的首次修改,此次修法的最大亮点莫过于对设区的市立法权的全面赋予。2015年《立法法》第72条第2款明确规定:"设区的市的人民代表大会及其常务委员会根据本市的具体情况和实际需要,在不同宪法、法律、行政法规和本省、自治区的地方性法规相抵触的前提下,可以对城乡建设与管理、环境保护、历史文化保护等方面的事项制定地方性法规,法律对设区的市制定地方性法规的事项另有规定的,从其规定……"至此,我国设区的市全部获得了地方立法权。

2015年《立法法》对设区的市立法权予以全面赋予是对党中央关于全面依法治国战略部署的贯彻落实。党的十八大以来,以习近平同志为核心的党中央将全面依法治国纳入"四个全面"战略布局统筹推进。2013年11月12日,党的十八届三中全会所通过的《中共中央关于全面深化改革若干重大问题的决定》明确提出,要"逐步增加有地方立法权的较大的市数量"。2014年10月23日,党的十八届四中全会所通过的《中共中央关于全面推进依法治国若干重大问题的决定》不仅对"深入推进科学立法、民主立法"予以专门规定,而且进一步指出,要"依法赋予设区的市地方立法权"。这正是全面赋予设区的市以地方立法权的动因所在。[1]

2018年3月11日第十三届全国人民代表大会第一次会议所修正通

---

〔1〕 参见孙良胜、李艳中:《立法赋权于设区的市——从背景、理论到实践的探究》,载《岭南学刊》2016年第1期。

过的《中华人民共和国宪法》第100条第2款规定："设区的市的人民代表大会和它们的常务委员会，在不同宪法、法律、行政法规和本省、自治区的地方性法规相抵触的前提下，可以依照法律规定制定地方性法规，报本省、自治区人民代表大会常务委员会批准后施行。"这标志着设区的市享有地方立法权获得了宪法确认，具备了宪法基础。[1]

2023年3月13日第十四届全国人民代表大会第一次会议对《立法法》进行再次修正，其亮点之一就是对设区的市的立法权限予以优化和扩大：一是将"环境保护"事项修改为"生态文明建设"事项，二是增加了"基层治理"事项。地方立法权限的边界，决定了地方立法参与社会治理的范围。此次修法对设区的市立法权限的优化和扩大，适应了地方创新治理的实际需要。

二、设区的市立法权全面赋予的权限解读

（一）设区的市立法权限的横向解读

1.城乡建设与管理领域地方立法。根据2015年《立法法》第72条第2款的规定，设区的市有权就"城乡建设与管理"所涉事项开展立法，但是何为"城乡建设与管理"？2015年12月24日中共中央、国务院发布的《关于深入推进城市执法体制改革改进城市管理工作的指导意见》对城市管理的范畴进行了界定，指出城市管理涉及市政管理、环境管理、交通管理、应急管理和城市规划实施管理等方面，具体包括市政公用设施运行管理、市容环境卫生管理、园林绿化管理等方面的全部工作，以及与城市管理密切相关、需要纳入统一管理的公共空间秩序管理、违法建设治理、环境保护管理、交通管理、应急管理等方面的部分工作。举轻以明重，城乡建设与管理所涉事项应当是十分广泛的。有研究者认为，"城乡建设与管理"所涉事项应当包括以下几方面：一是城乡规划类事项，依据《中华人民共和国城乡规划法》的规定，主要包括：城市、镇的发展布

---

〔1〕 参见王世涛、罗云涛：《设区的市立法权的实践反思与制度完善——以辽宁省设区的市立法权为例》，载《山东行政学院学报》2020年第2期。

局、功能分区、用地布局、综合交通体系，农村生产、生活服务设施、公益事业等各项建设的用地布局、建设要求，以及对耕地等自然资源和历史文化遗产保护、防灾减灾等的具体安排，等等。二是基础设施建设类，主要包括：能源供应设施、供水排水设施、交通运输设施、邮电通信设施、环保环卫设施和防卫防灾设施。三是市政管理类，主要包括：城市道路、交通、供水、供电、园林、绿化等市政工程和市政建设。[1]

2. 环境保护（生态文明建设）领域地方立法。根据 2015 年《立法法》第 72 条第 2 款的规定，设区的市有权就环境保护所涉事项开展立法。与城市建设与管理领域不同，环境保护领域的立法范围比较明确。根据 2014 年 4 月 24 日第十二届全国人民代表大会常务委员会第八次会议所修订通过的《中华人民共和国环境保护法》第 2 条的规定，所谓环境，是指影响人类生存和发展的各种天然的和经过人工改造的自然因素的总体，包括大气、水、海洋、土地、矿藏、森林、草原、湿地、野生生物、自然遗迹、人文遗迹、自然保护区、风景名胜区、城市和乡村等。这一规定不仅明确了环境保护所涉事项，为设区的市地方立法工作的开展指明了方向，而且也为设区的市地方立法工作的开展提供了遵循，即不得背离《环境保护法》所确立的立法目的以及基本原则，不得违反环境保护制度。[2]

2023 年《立法法》将“环境保护”调整为“生态文明建设”，是对设区的市地方立法权限的重要调整和必要优化。一般认为，所谓生态文明，是指树立尊重自然、顺应自然和保护自然的理念，遵循人与自然和谐发展的客观规律，实现人与自然和谐共生、良性循环、全面发展、持续繁荣的社会形态，而生态文明建设则是指为实现生态文明而从事的各项建设及其相关活动。显然，将“环境保护”调整为“生态文明建设”意味着设区的市立法权限的进一步扩充。另外，需要补充的是，实际上部分设区

---

〔1〕 参见宋烁：《论设区的市立法权限范围》，载《青海社会科学》2017 年第 2 期。

〔2〕 参见曾文忠、李鼎君：《设区的市人大的立法边界研究》，载《领导科学论坛》2021 年第 5 期。

的市已经开启了生态文明建设的地方立法实践。例如，为了落实新发展理念，促进生态文明建设，保障人与自然和谐共生，实现经济社会可持续发展，建设美丽南阳，南阳市第六届人民代表大会常务委员会第十四次会议于2020年6月30日通过《南阳市生态文明建设促进条例》，该条例于2020年7月31日由河南省第十三届人民代表大会常务委员会第十九次会议批准通过。

3. 历史文化保护领域地方立法。2015年《立法法》虽赋予设区的市历史文化保护地方立法权，但没有对历史文化保护的范围进行明确界定，理论界和实务界对此亦存在不同的认知。但是，一般认为，所谓历史文化，是指一定时期社会精神成果和物质成果的总和。从国家层面来看，在历史文化保护领域已制定的法律法规包括《中华人民共和国文物保护法》(2017年修正)、《中华人民共和国非物质文化遗产法》(2011年制定)、《历史文化名城名镇名村保护条例》(2017年修订)等；从地方层面来看，一些设区的市已在历史文化保护领域进行了富有成效的积极探索，包括《龙岩市客家文化保护条例》(2022年7月通过，2022年11月批准)、《赤峰市红山文化遗址群保护条例》(2022年9月修正，2022年9月批准)、《成都市历史文化名镇名村和传统村落保护条例》(2022年8月通过，2022年9月批准)、《沧州市大运河文化遗产保护若干规定》(2021年10月通过，2022年5月批准)、《阳泉市红色文化资源保护传承条例》(2021年10月通过，2021年11月批准)、《梧州市六堡茶文化保护条例》(2021年9月通过，2021年11月批准)、《哈尔滨市东北抗联文化保护传承条例》(2021年8月通过，2021年10月批准)等。总体来说，围绕中华民族五千年来的物质文化积淀和精神文化积累来推进地方立法工作不仅是设区的市的立法权限所在，也是其使命担当所在。

最后需要补充说明的是，现行《立法法》规定，“设区的市的人民代表大会及其常务委员会根据本市的具体情况和实际需要，在不同宪法、法律、行政法规和本省、自治区的地方性法规相抵触的前提下，可以对城乡建设与管理、生态文明建设、历史文化保护、基层治理等方面的事项制定地方性法规，法律对设区的市制定地方性法规的事项另有规定的，从其规定"。其中，"城乡建设与管理、生态文明建设、历史文化保护、基层治理"之后的"等"字是"等内等"，还是"等外等"？目前，学界对此还存在不同认识，且争议较大。持"等内等"观点的研究者认为，将设区的市的立法权限仅定位于"城乡建设与管理、生态文明建设、历史文化保护、基层治理"符合"谨慎放权"理念要求；持"等外等"观点的研究者认为，依据2000年《立法法》对"较大的市"给予立法权的规定，只要根据本市具体情况和实际需要，在不同宪法、法律、行政法规和本省、自治区的地方性法规相抵触的前提下，就可以制定地方性法规，可见《立法法》不过是对地方立法可能涉及的领域予以列举。[1]

（二）设区的市立法权限的纵向解读

根据现行《立法法》的规定，设区的市可就以下事项制定地方性法规：(1)为执行法律、行政法规的规定，需要根据本行政区域的实际情况作具体规定的事项；(2)属于地方性事务需要制定地方性法规的事项。

同时需要补充的是，《立法法》还规定，除明确规定只能由国家立法机关制定法律予以调整的事项[2]外，其他事项国家尚未制定法律或者行政法规的，省、自治区、直辖市和设区的市、自治州根据本地方的具体情况和实际需要，可以先制定地方性法规。在国家制定的法律或者行政法规生效后，地方性法规同法律或者行政法规相抵触的规定无效，制定机关应当及时予以修改或者废止。

---

〔1〕 参见董皞主编：《地方立法教程》，中国政法大学出版社2020年版，第3页。

〔2〕 理论上将其称为法律保留的事项。所谓法律保留，是指以人民基本权利限制为代表的专属事项，必须由立法机关通过制定法律加以规定，行政机关不得代为规定。一般认为，法律保留理论产生于19世纪初，最早提出该概念的是德国行政法学之父奥托·迈耶。根据迈耶的经典定义，法律保留是指在特定范围内对行政自行作用的排除。因此，法律保留本质上决定着立法权与行政权的界限，从而也决定着行政自主性的大小。

三、设区的市立法权全面赋予的意义阐释

截至2020年8月，我国享有地方立法权的设区的市、自治州共322个，包括289个设区的市、30个自治州和3个不设区的地级市；在2015年《立法法》修改之前，仅有49个较大的市享有地方立法权。也就是说，5年来，我国新赋予273个设区的市地方立法权，而新获得地方立法权的设区的市共制定地方性法规1300多件。[1] 这一连串数字是对地方立法热情和5年改革成效的生动诠释，而全面赋予设区的市立法权的意义实际上更为深远。

（一）设区的市立法权的全面赋予有力促进了地方经济发展

“社会主义市场经济本质上是法治经济。”《中共中央关于全面推进依法治国若干重大问题的决定》明确指出：“使市场在资源配置中起决定性作用和更好发挥政府作用，必须以保护产权、维护契约、统一市场、平等交换、公平竞争、有效监管为基本导向，完善社会主义市场经济法律制度。”经济发展到一定阶段，尤其是市场经济进入较为发达的阶段后，对法治的需求就会异常迫切。设区的市在承接省域发展规划与辐射带动县域经济发展方面具有重要作用。获得地方立法权后，广大的设区的市可以及时构建符合市场要求的有序规则，为本地的经济发展提供有序性与稳定性的行为规范，满足本地各类经济主体的需要。并且，设区的市可以根据本地情况，运用法治手段在经济发展中先行先试，解决本地经济发展中的瓶颈问题，更好保障和促进本地区经济发展。[2] 相关立法例不胜枚举。例如，广西柳州市商务局透露，2021年柳州螺蛳粉全产业链销售收入达到501.6亿元，其中袋装柳州螺蛳粉销售收入达151.97

〔1〕 参见《5年新赋予273个设区的市地方立法权　提高立法精细化》，载光明网，https://m.gmw.cn/baijia/2020-11/10/34354096.html。

〔2〕 参见王春业：《论赋予设区市的地方立法权》，载《北京行政学院学报》2015年第3期。

亿元,同比增长38.23%。[1] 为了规范柳州螺蛳粉生产经营活动,提升柳州螺蛳粉品质和品牌特色,构建具有独特竞争力的柳州螺蛳粉产业体系,促进柳州螺蛳粉产业高质量发展,柳州市第十五届人民代表大会常务委员会第八次会议于2022年9月14日通过《柳州市柳州螺蛳粉产业发展条例》,该条例于2022年9月23日获广西壮族自治区第十三届人民代表大会常务委员会第三十三次会议批准,自2022年11月1日起施行。又如,2022年2月28日辽源市第九届人民代表大会常务委员会第一次会议通过了《辽源市柞蚕产业发展条例》,该条例于2022年7月28日获吉林省第十三届人民代表大会常务委员会第三十五次会议批准,旨在更好地保护和利用地方特色农业资源,促进柞蚕产业持续健康发展,推动产业和生态深度融合。理论和实践均证明,市场经济越发展,对法治的需求越迫切,而得益于设区的市立法权的全面赋予,地方立法正成为促进地方经济高质量发展的有力助推器。

(二)设区的市立法权的全面赋予有力推动了地方改革深化

改革的目的是解放和发展生产力,破除一切束缚生产力发展的体制机制障碍,同时必须确保在法治轨道上推进改革。改革以"破"和"变"求创新发展,这种"破"和"变"必须依法而行,否则就容易变形走样,甚至越轨翻车。改革只有在法治轨道上推进,才能破浪前行、走向深入。[2] 改革要在法治轨道上进行,做到改革和法治同步推进以增强改革的穿透力,其关键则是要善于发挥法治引导、推动、规范、保障改革的作用,确保在法治轨道上推进改革。[3] 改革是经济社会发展的主要推动力,改革的全面深化不仅需要强调变动性、突破性、创新性,更需要强

---

〔1〕 参见周仕兴、王瑾雯:《2021年柳州螺蛳粉销售收入超500亿元》,载光明网,https://m.gmw.cn/baijia/2022-01/20/1302771735.html。

〔2〕 参见吴洁:《在法治下推进改革　在改革中完善法治》,载《红旗文稿》2019年第5期。

〔3〕 参见王敬波:《坚持改革和法治相统一相协调》,载《光明日报》2021年2月23日,第11版。

调系统性、整体性、协调性，而这些特征恰恰是法治可以提供的。[1] 随着改革的深入，地方在立法方面的需求越来越强烈。设区的市是我国改革创新较具活力的区域，也是推动全国性改革的重大引擎。全面赋予设区的市立法权，是更好发挥法治于地方改革中的引领作用的必然要求，[2]其可以通过立法积极调整社会关系，妥善解决本地区事务，着力推动改革创新，更好地释放制度红利；同时，对中央拟推行的重大改革事项，也可以由地方在立法权限范围内先行立法，实现地方改革创新的于法有据，确保在法治轨道上推进改革，并为国家立法提供宝贵的实践经验。[3]

此外，改革成果亦需要法治保护。法治在固定成功的改革范例、巩固改革成果方面具有重要功能、突出优势，其能够把那些相对成熟的政策规定和制度设计上升为具有法律效力的法律法规，进而推动构建系统完备、科学规范、运行有效的制度体系。例如，滨州市第十一届人民代表大会常务委员会第四十一次会议于2021年6月29日审议通过的《滨州市社会治理网格化服务管理条例》就在全国率先确立了包括“全民网格员”在内的多项创新性制度，提出要“建立全民参与网格管理工作机制”，以鼓励村民、居民利用信息化技术手段参与网格化服务管理工作。此举可有效解决网格员人员少，信息采集数量少、质量不高和群众诉求反映渠道不畅、信息提报难等问题。又如，2022年8月24日保定市第十六届人民代表大会常务委员会第十次会议审议通过了《保定市接诉即办工作条例》，该条例紧紧围绕诉求受理与办理、数据应用与治理两大主线，加强设计和制度安排，旨在进一步规范和加强接诉即办工作，对提高为民服务水平、优化营商环境、推进市域社会治理现代化具有重要意义。总之，全面赋予设区的市立法权为改革于法有据提供了关键制度支撑，

---

〔1〕 参见李涛：《国家治理现代化的改革动力与法治路径》，载《广东社会科学》2021年第2期。

〔2〕 参见王春业：《论赋予设区市的地方立法权》，载《北京行政学院学报》2015年第3期。

〔3〕 参见余跃进：《设区的市行使地方立法权的几点思考》，载《人大研究》2015年第10期。

而地方立法工作的有序开展则推动了地方改革的深化。

(三)设区的市立法权的全面赋予有效提升了地方治理水平

作为国家治理的重要组成部分,地方治理是一个国家、一个民族得以繁荣昌盛的基石。地方治理的能力越强,国家治理的全局基础就越牢固。“法律是治国之重器,法治是国家治理体系和治理能力的重要依托。”[1]法治是人类政治文明的重要成果,只有不断完善法治,才能向推进国家治理体系和治理能力现代化的目标迈出更坚实步伐。地方治理任务的地方差异性和极度复杂性,决定了充分发挥地方立法的功能与优势是关键一招。在迈向现代化的关键阶段,亦亟须法治的必要和有力保障,以全面提高地方治理能力和水平。一方面,地方治理方式和治理能力现代化这一动态进程,需要立法予以规范;另一方面,在地方治理方式和治理能力现代化进程节点中所呈现的静态成果,也需要被立法所确认,成为良法善治的成果。[2] 地方立法是地方治理不可或缺的制度性要素。地方立法工作的开展,不仅有助于解决地方存在的特殊问题,而且有助于发挥地方的独特优势,弥补中央立法在可操作性等方面存在的不足。只有实现地方治理的法治化,才能更好地促进地方治理能力水平发展。

对于设区的市而言,在没有赋予立法权以前,如果遇到需要治理的地方问题,常常依靠制定红头文件的方式以解燃眉之急,尽管短期会带来一定效果,但不免带有很强的主观性、随意性和盲目性,[3]且存在“政

---

〔1〕 习近平:《关于〈中共中央关于全面推进依法治国若干重大问题的决定〉的说明》,载中国人大网,http://www.npc.gov.cn/zgrdw/npc/zt/qt/sbjszqh/2014-10/29/content_1883447.htm。

〔2〕 参见吉林省人大常委会:《发挥地方立法作用,推进地方治理方式转变和治理能力提升》,载中国人大网2019年11月19日,http://www.npc.gov.cn/npc/d25cqgdflfgzzth008/201911/e0324e85d77040418ac5b98d2afcc744.shtml。

〔3〕 参见汪俊英:《关于设区的市立法权的若干思考》,载《学习论坛》2016年第3期。

策朝令夕改”“红头文件满天飞”的问题,[1]阻碍了地方治理能力和水平的应有提高。此外,在部分地区,个别红头文件还存在涉嫌违法减损相对人权利、增设相对人义务、扩大政府权力、减轻政府责任的问题,不仅导致地方政府公信力减损,而且造成了对公民合法权益的侵害。与地方政策治理存在显著不同的是,地方立法有着严格的程序要求,在地方立法的制定过程需要广泛听取群众意见、征集民意,需要大量调研、评估、科学论证,程序的严格、规范使地方立法能够有效限制公权的肆意扩张。对所有设区的市赋予地方立法权,是我国政治、经济、社会发展到一定阶段的必然产物,是充分发挥地方积极性、主动性和创造性的需要。[2] 地方立法权的依规行使既可以避免只讲短期效率不计长期后果的短视改革,又能够有效地维护法治的权威,确保地方治理的可持续性。[3] 理论和实践均证明,全面赋予设区的市立法权正是实现地方治理法治化的必要之举,其有助于聚焦地方治理中的突出矛盾,开展针对性立法,以法治思维和法治方式推动地方治理方式转变,从体制机制层面破解地方治理难题;[4]同时,有利于汇聚地方民智,最大限度地发挥地方治理的积极性和创造性,加快实现地方治理现代化的步伐。[5]

四、设区的市立法权行使保障的路径分析

立法是一项政治性、专业性、技术性很强的工作,对于绝大多数设区的市而言,立法权的赋予既是一个重大的机遇,也是一个不小的挑战。为了实现科学立法、民主立法,确保地方立法能够恪守维护法制统一的底线、做到“有权不任性”,并在此基础上制定出高质量、符合当地实际

---

〔1〕 参见秦丛丛:《设区的市行使地方立法权研究——以滨州市为例》,载《大连海事大学学报(社会科学版)》2017 年第 4 期。

〔2〕 参见谢桂山、白利寅:《设区的市地方立法权的制度逻辑、现实困境与法治完善路径》,载《法学论坛》2017 年第 3 期。

〔3〕 参见汪俊英:《关于设区的市立法权的若干思考》,载《学习论坛》2016 年第 3 期。

〔4〕 参见曾庆辉:《以高质量立法推动地方治理现代化》,载《中国社会科学报》2022 年 2 月 22 日,A8 版。

〔5〕 参见汪俊英:《关于设区的市立法权的若干思考》,载《学习论坛》2016 年第 3 期。

的地方立法成果,应当从以下方面着力优化设区的市地方立法权行使路径。

(一)提高立法能力

"小智治事,中智治人,大智立法。"习近平总书记指出:"立法是为国家定规矩、为社会定方圆的神圣工作,立法人员必须具有很高的思想政治素质,具备遵循规律、发扬民主、加强协调、凝聚共识的能力。"[1] 立法是一项复杂的系统性工作,如果说立法质量是立法的生命力之所在,那么立法能力则是立法质量的重要保证。对于地方立法而言,亦是如此,地方立法机关的立法能力直接关乎地方立法工作开展的成效,直接关乎地方立法成果的质量。受立法工作的专业性与复合性等因素所限,在部分地区,一些设区的市在立法能力上尚有不足,由此导致在立法工作中存在照抄照搬等问题,未能充分体现地方立法特色和自主创新精神,造成立法工作成效不高、立法成果质量堪忧。立法能力是行使立法权的前提,也是设区的市行使好立法权的核心和关键因素。[2] 提高立法能力既是解决地方立法现存问题的当务之急,也是确保地方立法权高质量运行的长远之计。

1. 加强立法工作机构建设。在地方立法权的运行中,地方立法工作机构承担关键角色,地方立法工作机关能力的高低在很大程度上影响立法工作成效和立法成果质量。从实践来看,虽然设区的市已经普遍建立了专门的立法工作机构,但部分地区的立法工作机构力量还较为薄弱,尤其是在人员配置、经费保障等方面还存在不少问题,因此制约了立法工作的有效开展。提高地方立法能力的首要之举就是要加强地方立法工作机关的建设,包括整合工作力量、完善工作职责、充实工作人员、增加工作经费以及优化内部机构设置等,进而为地方立法工作的有效开展

---

〔1〕 习近平:《加快建设社会主义法治国家》,载《求是》2015 年第 1 期。

〔2〕 参见余跃进:《设区的市行使地方立法权的几点思考》,载《人大研究》2015 年第 10 期。

提供有力组织保障。此外,在部分地区已经成功实践的立法顾问团、立法专家库等制度可考虑普遍推广,即通过聘请立法顾问、组建立法专家库的方式,在更大范围内汇聚立法力量、整合立法资源,以借助“外脑”的方式提高立法工作机构的能力和水平。

2. 加强立法人员配备培训和学习交流。“国以才立,业以才兴。”立法工作具有特殊性,且专业性比较强,因此,建设一支具备扎实法律专业知识和较高立法水平的立法队伍对提升设区的市的立法质量至关重要。[1] 但是,从实践来看,立法人员数量不足、质量不高几乎是新获得立法权的设区的市所普遍存在的突出问题,也是制约地方立法权高质量运行的重要障碍。在有的设区的市,立法专职人员不仅数量不足,甚至没有一个是法学科班出身的,由此导致立法工作的顺利开展极大受限。

化解现存问题,应当着力做好以下几点:

一是要加强人员配备,在明确立法工作机构专职人员最低人数的基础上,通过招考、遴选、挂职等多种方式,广泛选拔立法人才,加强立法人员配备。在选拔上要严把“用人关”与“进人关”,优选理论知识过硬、实践经验丰富、专业知识够强、综合素质够高的人员,确保选拔的人员能够满足设区的市进行地方立法的人才需求。尤其是要注重对青年立法人才的选拔培养,形成“老人”带“新人”的合理立法人员年龄结构。[2] 对于新招录的人员,应当以获得法律职业资格证书为必要条件。

二是要加强人员培训。将专职人员的立法培训作为一项常态化的工作来抓实抓细,创新培训形式、拓展培训方式、丰富培训内容,不断提高立法人员的理论水平、实操能力和综合素质。不仅要邀请相关的学者进行专门理论知识的培训,还应邀请立法经验丰富的专家进行立法实践方面的培训。注重将培训与考核相结合,培训结束后,通过考核的,才能

---

〔1〕 参见邓佑文、吕林静:《良法视角下设区的市立法质量的提升》,载《浙江师范大学学报(社会科学版)》2018年第6期。

〔2〕 参见韦柏:《分析与研讨:设区的市地方立法的现状、问题与对策——以山东省为例》,载《山东青年政治学院学报》2019年第5期。

开展立法工作。[1] 此外，还要做好统筹工作，将地方立法工作机构专职人员立法能力的培养与人大常委会组成人员、人大代表立法知识的学习进行整体安排，实行协同推进。

三是加强学习交流。一方面，省、自治区人大常委会法制工作机构应当加强对设区的市的学习交流工作的帮助和指导，定期举办全省、自治区地方立法工作交流会；另一方面，新获得立法权的设区的市应当主动向获得立法权较早、立法经验较丰富的原"较大的市"学习。

（二）强化公众参与

法律是人民意志的体现，良法善治离不开有效的公众参与。2015年《立法法》第5条明确规定："立法应当体现人民的意志，发扬社会主义民主，坚持立法公开，保障人民通过多种途径参与立法活动。"一般认为，所谓公众参与立法，是指国家机关以外的自然人、法人或者非法人组织在立法机关组织下，依照法定程序和方式有序参与法律规范的制定、修改、废止的活动。公众参与立法不仅是完善人大制度建设、推进社会主义民主法治进程的应有之义，更是推进立法公开以提高立法科学化、民主化的重要途径，因为只有人民群众自己才最了解社会生活的哪些领域最容易发生问题、最需要立法规制。[2] 让社会公众参与立法，能够在立法主体和社会公众之间搭建起一座桥梁。公众可以通过立法参与来高效表达自身利益诉求，使立法者更加准确全面地了解公众声音和社会关切，从而推动立法的科学决策，促使公平、合理的权利义务机制形成，提高立法质量、实现良法善治。此外，公众参与立法，意味着其角色由法律规范的被动调整者转变为法律规范制定的主动参与者，其对权力与责任、权利与义务的关系的认识和理解将更为深刻，做到知其然、知其所以然，增加其执行法律的主动性和自觉性，提升法律的可实施性，进而推动

---

〔1〕 参见曾焱：《论〈立法法〉修改背景下地方立法权的扩容》，载《东莞理工学院学报》2017年第4期。

〔2〕 参见薛洁：《关于地方立法权主体扩张的反思》，载《内蒙古财经大学学报》2017年第4期。

法律的有效实施。[1] 对于地方立法而言，公众参与亦至关重要，其既是贯彻落实民主立法、科学立法原则的要求，也是有效提高地方立法质量所必需。强化公众在地方立法中的参与，关键是把握好以下几点：

1. 搞好立法调查研究。在开展立法工作的过程中，调查研究是公众参与地方立法的重要途径之一。在部分地区，地方立法陷入形式主义困境的一个重要原因就是立法调查研究工作做得不到位，造成信息收集失真、民情通达受限，公众参与立法的作用未能有效发挥，进而导致地方立法在一定程度上脱离实际，立法成果质量不高。调查研究是发挥公众参与作用的一个主渠道，是做好地方立法工作的一项基本功。要强化公众对立法工作的高效参与，充分发挥公众参与立法的重要作用，就必须要搞好调查研究，做到“接地气、通下情”，进而切实提高地方立法质量。

2. 加强立法工作宣传。立法工作宣传是保障公民在立法中的知情权、参与权、表达权和监督权的重要措施，也是实现公众参与立法的基本前提。只有让公众了解立法工作相关信息，提高公众对立法工作的认知度，让其全面知悉立法工作的重要意义，清楚了解立法工作的利益相关性，才可能保证其参与到立法工作中来。加大立法工作宣传力度，一要提高对立法工作宣传的重视程度，将其作为启动立法的基础性工作予以推进；二要扩大立法宣传内容的范围，不但要向社会公布法规草案文本，还应将法规草案的起草说明、背景资料等公开；三要实现立法工作的全过程宣传，让公众及时了解立法进展，进而实现立法的有序参与。

3. 拓宽公众参与渠道。参与渠道不够通畅是公众参与立法的现存问题之一。“知屋漏者在宇下，知政失者在草野。”畅通民意表达渠道，立法才能做到兼听则明，才能掌握民之所想、民之所需、民之所盼，作出的决策才能汇集民智、体现民意。地方立法主体应当适应信息化时代发展的趋势，拓宽公众参与立法渠道，除继续发挥立法听证、立法座谈及信

---

〔1〕 参见浙江省人大常委会法制工作委员会：《公众参与立法若干问题研究》，载中国人大网，http://www.npc.gov.cn/zgrdw/npc/lfzt/rlyw/2017-09/13/content_2028849.htm。

件、传真、电子邮件等传统途径的作用外,还应当积极发挥网上留言、微博或微信互动、广播电视直播互动等新型途径的作用,[1] 切实提高公众参与立法实效。

4. 做好沟通反馈工作。沟通反馈是公众参与立法的重要环节。所谓沟通反馈,是指在开展地方立法工作的过程中,相关立法主体对公众的立法建议和意见进行整理分析,再将采纳与否等处理情况向公众作出说明。对公众的意见建议予以积极回应,让公众切实感受到自己的发声能够被听到、自己的参与是有意义的,将会极大增加公众的受尊重感、自豪感和使命感,进而有利于提高其参与立法的主动性、积极性和实效性。地方立法主体应当树立积极沟通的理念,将相关情况及时向公众反馈,包括公众参与立法的基本情况、公众意见的听取和研究情况、意见采纳和未采纳情况以及其他需要说明的问题等。同时,应当创新沟通反馈的方式,可以通过书面、电子邮件、说明会、发布会等途径,也可以采用微信、短信等方式;可以向公众个人反馈,也可以整体进行反馈。

5. 探索建立激励机制。公众所提出的立法建议意见被采纳的,地方立法主体应当给予适当奖励。从具体方式来看,既可以是物质奖励,也可以是包括颁发荣誉证书在内的精神奖励。

(三)完善审查批准

自2015年3月第一次修正始,《立法法》虽然全面赋予了设区的市以地方立法权,但并非"一放了之",而是秉持了赋权与限权相统筹的基本思路。现行《立法法》明确规定,"设区的市的地方性法规须报省、自治区的人民代表大会常务委员会批准后施行。省、自治区的人民代表大会常务委员会对报请批准的地方性法规,应当对其合法性进行审查,认为同宪法、法律、行政法规和本省、自治区的地方性法规不抵触的,应当在四个月内予以批准"。这一制度安排的价值主要有二:一是保障设区

---

[1] 参见李敏、李睿:《江苏省设区市立法的现状、问题及对策》,载《淮海工学院学报(人文社会科学版)》2017年第7期。

的市地方立法的质量;二是维护国家法制的统一。

1. 明确审查标准。如上文所述,《立法法》虽然明确规定,省、自治区的人民代表大会常务委员会应当对设区的市报请批准的地方性法规进行合法性审查,但是未对合法性审查的标准作具体细化规定,导致各省、自治区人大常委会对合法性审查的尺度标准掌握不一。一些省、自治区人大常委会把握得过严,在审查报请批准的法规时,实行全过程控制和全面审查,对其合法性、合理性、适当性都提出了修改意见,造成对设区的市地方立法权的不当干预,不仅遏制了设区的市地方立法的创造性、积极性,而且导致省、自治区人大常委会工作量剧增。有的省、自治区人大常委会把设区的市报请批准的地方性法规当作自己制定的地方性法规来审查,不仅审查所报批法规的合法性问题,而且审查所报批法规在合理性、可行性、立法技术等方面的问题,造成审查批准的程序过于复杂,审查批准的时间拖得过长,影响了一些报批的市地方性法规及时出台。[1]

完善审查批准制度须以明确审查标准为基本前提,且应该恪守合法性准则和不抵触原则。有研究者据此认为,应着重从以下方面把握合法性审查标准:一是是否超越地方立法权限;二是是否违反上位法的规定;三是是否违背法定程序。所报批的地方性法规是否符合客观实际、是否具有可操作性(包括是否存在立法技术的缺陷)等均不属于合法性审查的内容,省级人大常委会亦不应当将此作为不予审查批准的理由。[2]《中华人民共和国立法法释义》对此也明确指出:"对于地方性法规的规定是否适当、立法技术是否完美、文字表述是否优美,不作审查。"[3]

2. 补正处置规则。依据《立法法》的规定,经合法性审查认定所报

---

[1] 参见李飞:《加强和改进省(区)人大常委会对设区的市立法工作的审批指导》,载《中国人大》2020年第2期。

[2] 参见陈建新、谭瑟:《浅谈设区的市地方性法规审查批准制度的完善》,载《人大研究》2018年第3期。

[3] 全国人大常委会法制工作委员会国家法室编著:《中华人民共和国立法法释义》,法律出版社2015年版,第7页。

请批准的地方性法规"同宪法、法律、行政法规和本省、自治区的地方性法规不抵触的",省、自治区的人民代表大会常务委员会应当在4个月内予以批准。但是,《立法法》没有对经合法性审查认定所报请批准的地方性法规同宪法、法律、行政法规和本省、自治区的地方性法规相抵触的处置规则进行规定。处置规则体系的不完整导致实践操作进退失据、左右为难。如果采用"不予批准"的方式,仅仅因为所报批法规中的个别条款存在合法性问题而直接退回相关的设区的市并要求其重走程序、重新报批,将会造成宝贵立法资源的极大浪费、降低立法工作效率;如果采"修改后予以批准"的方式,省级人大常委会对所报批的法规径行修改后予以批准,虽简便高效但也存在问题,即涉嫌侵害设区的市所享有的立法自主权。[1]

完善审查批准制度须以补正处置规则为关键环节,一个基本的原则就是在尊重设区的市的立法自主权的基础上尽可能提高立法效率、节约立法资源。在实践中,一些省级人大常委会采取了"附修改意见方式予以批准"的处置方式,这一方式并非对"不予批准"方式和"修改后予以批准"方式的简单折中,而是在尊重设区的市立法自主权的基础上尽可能提高立法效率、节约立法资源的最佳选择,因此,可以作为现有处置规则的最佳补充。在这一处置方式中,所附修改意见是省级人大常委会审查批准的前提。对于报送法规的设区的市人大常委会而言,按所附意见进行修改是一种义务,无须再召开常委会会议来讨论是否进行修改,也无须召开常委会会议再次审议通过修改后的法规。具体可由设区的市的人大常委会法制工作委员会根据省级人大常委会的修改要求进行修改并提交主任会议讨论通过,报请省级人大常委会审核同意。[2]

3. 优化时间设置。依据现行法律规定,对报请批准的地方性法规,省、自治区的人民代表大会常务委员会应当在4个月内完成合法性审查

---

〔1〕 参见陈建新、谭瑟:《浅谈设区的市地方性法规审查批准制度的完善》,载《人大研究》2018年第3期。

〔2〕 参见陈建新、谭瑟:《浅谈设区的市地方性法规审查批准制度的完善》,载《人大研究》2018年第3期。

和批准工作，时间较短。加之，省级人大常委会的人员数量有限、任务较重，设区的市立法项目数量快速增长，由此给省级人大常委会及其工作机构带来了较大压力。因此，完善审查批准制度须以优化时间设置为重要内容。建议进一步优化审查批准时间设置，而非一律为 4 个月，以缓解省级人大常委会及其工作机构的压力，并确保顺利达到审查批准的制度目的。对于确实存在紧急立法需要的情形，应当在 4 个月内完成审查批准程序；其他情形下，可根据实际情况，合理延长审查批准时间。[1]

（四）加强立法评估

一般认为，所谓立法评估，是指相关主体（以立法机关为核心）按照一定标准、应用相关方法，对拟立法项目进行综合评价，然后提出制定、废止或者修改建议的专门性活动。立法评估是进行科学立法的应有之义，对立法质量的保障和提高具有重要意义。于设区的市的地方立法权行使而言，立法评估亦意义重大，是确保地方立法权高质量行使的重要支撑。

1. 完善立法后评估。立法后评估，即在某一立法实施一段时间后而对其实施效果、所起作用等进行的综合评估，属于立法的事后评价、效果评价，具有立法质量监测功能。其目的旨在提高立法质量，增强法律的及时性、系统性、针对性和有效性。在立法评估制度体系中，立法后评估是最为成熟的，也是应用时间最长、实践成效最好的，对提高立法质量十分重要。现行《立法法》明确规定，“全国人民代表大会有关的专门委员会、常务委员会工作机构可以组织对有关法律或者法律中有关规定进行立法后评估。评估情况应当向常务委员会报告”。从实践来看，为了更好地推进地方立法后评估工作，一些设区的市还专门制定了关于立法后评估的规定，如 2020 年 4 月 29 日邯郸市第十五届人民代表大会常务委员会第二十三次会议通过的《邯郸市人大常委会立法后评估办法（试

---

〔1〕 参见曾焱：《论〈立法法〉修改背景下地方立法权的扩容》，载《东莞理工学院学报》2017 年第 4 期。

行)》;但是也存在部分设区的市对立法后评估工作重视程度不够的情形,即使开展立法后评估也只是对法律规范的可操作性进行一定的调研评估,[1]并没有深入展开。[2] 在设区的市地方立法工作开展中,应当在进一步完善制度设计的基础上强化立法后评估制度的地位,明确规定在所制定的地方性法规生效实施一定时间后,就其成效、作用、问题等组织开展立法后评估,以贯彻落实科学立法原则、有效提高地方立法质量。从立法后评估的主体来看,可以是相应的设区的市的人大常委会,也可以是由其委托的第三方;从立法后评估的内容来看,应当包括地方性法规实施的宏观效果及各项制度规则的实际成效;从立法后评估的方式来看,要采用多种方式,包括个别访谈、问卷调查、查看资料、听取汇报、组织座谈、实地考察等;从立法后评估的指标来看,一定要做到合法[3]、合理和规范,以确保真实、客观、公正地反映地方性法规的实施状况[4];从后评估结果的应用来看,一定要将评估结果进行有效运用,作为法规修改完善的依据,或者用以指导法规的更好实施。[5] 有研究者进一步指出,对评估不合格的或不需要再保留立法权的,将暂停地方立法权的行使,由其所在的省级权力机关代为行使,待条件具备之后再继续赋权行使。[6]

2. 健全立法前评估。作为立法评估制度体系的重要构成,立法前评估旨在解决立法必要性问题。立法前评估的核心目的在于,确定该立法项目是否可以进入立法程序。换言之,是要解决该法当立不当立、何时

---

[1] 有的研究者指出,评估周期应当合理,以3年或5年为周期较为适宜。相关论述参见王春业:《设区的市地方立法权运行现状之考察》,载《北京行政学院学报》2016年第6期。

[2] 参见邓佑文、吕林静:《良法视角下设区的市立法质量的提升》,载《浙江师范大学学报(社会科学版)》2018年第6期。

[3] 需要说明的是,合法是最基本的要求,也是设区的市地方立法权行使的底线。

[4] 参见任兰:《设区的市地方立法:实践·问题·对策——以安徽省蚌埠市为例》,载《中共云南省委党校学报》2018年第5期。

[5] 参见任兰:《设区的市地方立法实践分析》,载《中共山西省委党校学报》2018年第4期。

[6] 参见王春业:《论赋予设区市的地方立法权》,载《北京行政学院学报》2015年第3期。

立以及立成什么样的问题。立法前评估将立法质量的关口前移，有利于节约立法资源、慎用立法手段，是提高立法质量的一种有效措施。[1] 在设区的市开展地方立法工作的过程中，应当进一步健全立法前评估制度并深入推进实施，对建议立法项目的依据、必要性、可行性以及法规可能产生的社会影响、社会效果等进行全面的评估论证，即要回答哪些法规项目该立、哪些不该立、哪些先立、哪些缓立等问题。[2] 健全立法前评估，关键是科学设计并合理应用评估指标体系，要坚持定量与定性相结合；同时，应当理性、客观地对待立法前评估结论，不要舍本逐末、过分关注分值的高低，以至于忽视了立法影响力这一立法前评估的核心内容。[3] 有研究者进一步指出，推进立法前评估的关键是要做好民意调查。对立法项目、立法内容以及立法要求，要通过民意调查，深入了解民意民愿，增强立法的群众基础。[4]

3. 推进立法中评估。立法中评估重在解决立法质量问题，其主要关注于制定中的法律是不是科学、能不能管用。在设区的市地方立法工作开展中，有效推进立法中评估，关键是把握好以下两点：一是重视立法听证作用的发挥。对于涉及社会公共利益的立法项目，在起草制定过程中应举行立法听证会，通过听取各方面的不同意见来提高立法项目的科学性。二是要发挥专家作用。可以举办立法咨询会、立法论证会等，邀请相关领域专家就法律草案相关规定的优化提出专业性建议，以确保相关规定更为合理。

---

〔1〕 参见张媛：《地方立法可首先试行立法前评估》，载中国共产党新闻网，http://theory.people.com.cn/n/2013/0131/c49150-20384817.html。

〔2〕 参见闫然、马潇：《设区的市地方立法大数据分析报告（2018）》，载《地方立法研究》2019 年第 6 期。

〔3〕 参见马俊：《设区的市开展地方立法面临的挑战及其应对》，载《重庆理工大学学报（社会科学）》2018 年第 3 期。

〔4〕 参见李良渠：《防止地方立法乱象　完善地方立法机制——设区的市行使地方立法权亟须注意和重视的几个问题》，载《人民之声》2016 年第 9 期。

第三章　地方立法听证制度

一、地方立法听证的缘起回顾与内涵解读

（一）地方立法听证的缘起回顾

一般认为，听证制度最早发端于英国，自然法中的自然公正原则系听证制度的理论依据所在。听证制度的精髓在于，以形式正义来确保实质正义，用程序公正来实现结果公正。作为一项法律制度，听证制度开始仅适用于司法审判领域，属于规范法院审判活动的一项程序性规则，即任何人不能不经审问就受处罚，法官必须听取双方意见才能作出判决。由英国传到美国后，听证制度被移植到立法和行政领域，并逐渐成为普遍适用于立法、行政和司法领域的民主程序。[1]

地方立法听证制度在我国的确立时间较晚。1996年3月17日第八届全国人民代表大会第四次会议通过的《中华人民共和国行政处罚法》在第五章第三节以专节的形式对“听证程序”进行了系统规定，标志着听证制度在我国的基本确立。1999年9月9日，广东省人大常委会举行《广东省建设工程招标投标管理条例（修订草案）》听证会，标志着听证制度在立法领域中的应用。

〔1〕 参见陈家刚：《程序民主的实践——中国地方立法听证规则的比较研究》，载《南京社会科学》2004年第3期。

2000年《立法法》第34条第1款明确规定，“列入常务委员会会议议程的法律案，法律委员会、有关的专门委员会和常务委员会工作机构应当听取各方面的意见。听取意见可以采取座谈会、论证会、听证会等多种形式”；第58条也规定，“行政法规在起草过程中，应当广泛听取有关机关、组织和公民的意见。听取意见可以采取座谈会、论证会、听证会等多种形式”。这标志着立法听证制度的正式确立。随后，浙江、北京、深圳等地和一些有立法权的设区的市先后举行了形式不一的地方立法听证活动，地方立法听证开始逐渐成为地方立法活动中的重要工作之一，地方立法的民主性和公开性也得以进一步提高。例如，2000年7月29日浙江省人大常委会在杭州市就《浙江省实施〈中华人民共和国消费者权益保护法〉办法（修订草案）》举行立法听证会，这也是《立法法》颁行后省级地方立法机关所开展的第一次地方立法听证活动。同时，随着相关规定的出台，地方立法听证的规则体系也日趋健全。例如，早在2002年6月，青海省第九届人民代表大会常务委员会第一百一十九次主任会议就通过了《青海省人大常委会立法听证试行规则》，旨在规范立法听证活动，以扩大立法民主、提高立法质量。

（二）地方立法听证的内涵解读

1. 地方立法听证的概念界定

按照《现代汉语词典》的解释，所谓听证，是指为听取案情或其他特殊事件的真相而听取当事人的说明与证词。[1] 一般认为，所谓听证，是指公权主体在对其他主体作出不利决定时须听取当事人的意见，如进行辩驳、提供证据等。按照不同的标准，听证可以划分为多种类型。例如，按照适用领域的不同，听证可以分为立法听证、行政听证和司法听证。其中，立法听证就是指立法主体为了收集、获取与立法有关的资料、信息，在立法过程中就相关问题征求包括利害关系人、专家学者等在内的

---

〔1〕 参见中国社会科学院语言研究所词典编辑室编：《现代汉语词典》，商务印书馆2022年版，第1258页。

社会公众的意见,并将该意见作为立法参考的一种立法制度设计;地方立法听证则是指地方立法主体在立法过程中就相关问题征求社会公众意见并将该意见作为立法参考的立法制度设计,其目的是使地方立法工作充分反映人民群众的意志,推进地方立法工作的民主化、科学化和规范化,进而提高地方立法的质量。

2. 地方立法听证的特征分析

地方立法听证具有以下显著特征:(1)民主性。地方立法听证实际上是民主立法原则在地方立法工作的贯彻实施,是推进民主立法的重要方式,旨在通过听证给予社会公众,尤其是利害关系人一个陈述意见的机会。民主性突出表现为地方立法听证参加人的广泛性和代表性。其中,听证陈述人既包括利害关系人,也包括专家学者,并且需要兼顾到不同的观点。民主性还表现为在地方立法听证会议举行之时,各听证陈述人可通过事实陈述、辩论质证的方式依法充分表达自己的观点。因此,民主性是地方立法听证的首要特征所在。(2)公开性。作为一种民主立法制度设计,公开性是地方立法听证的突出特征,其体现在很多方面,包括听证事项的公开、听证时间的公开、听证方式的公开、听证主体的公开等,尤以听证公告的制定和发布为典型代表。例如,2010 年 10 月 27 日长沙市第十三届人大常委会第二十六次会议修正通过的《长沙市人民代表大会常务委员会立法听证办法》第 9 条第 2 款规定,“听证公告和涉及听证问题的地方性法规草案应当在长沙人大网和《长沙晚报》上公布”。此外,从实践来看,除涉及国家秘密和商业秘密的,地方立法听证会都会公开举行,并允许旁听和新闻媒体报道。(3)充分性。地方立法听证会的组织者应当在报名参加听证会的公民中选择各种不同意见的代表参加听证会,以使各种不同意见都得到比较充分的反映和表达。[1](4)程序性。立法听证会的参加人员往往比较多,为使参加人员都有平等的机会发表意见,同时提高听证会效率,听证会一般都要制定听证规则,对听证会的发言顺序、发言时间、会场纪律等作出规定,以保证听证

〔1〕 参见李高协:《地方立法工作研究》,甘肃人民出版社 2015 年版,第 221 页。

会有秩序地进行。[1] 总之，地方立法听证的开展有着严格的程序设计，从听证工作的启动到听证活动的筹备，再到听证会议的举行，都需按照规定有序开展。

二、地方立法听证的性质辨析与功能阐释

（一）地方立法听证的性质辨析

现行《立法法》明确规定，“立法应当坚持和发展全过程人民民主，尊重和保障人权，保障和促进社会公平正义。立法应当体现人民的意志，发扬社会主义民主，坚持立法公开，保障人民通过多种途径参与立法活动”。同时，《立法法》还进一步规定，“列入常务委员会会议议程的法律案，宪法和法律委员会、有关的专门委员会和常务委员会工作机构应当听取各方面的意见”，“听取意见可以采取座谈会、论证会、听证会等多种形式”。由此可知，听证会与座谈会、论证会的性质相同，均属于人民参与立法活动、践行民主立法原则的具体形式，有助于在立法过程中发扬人民民主，是深入了解民情，充分反映民意、广泛集中民智的重要途径，是增强立法科学性、民主性的重要措施。

听证会与座谈会、论证会亦存在显著不同，主要体现在以下方面：(1)适用情形不同。依据现行《立法法》的规定，听证会适用于“法律案有关问题存在重大意见分歧或者涉及利益关系重大调整，需要进行听证的”情形。法律对座谈会的适用情形没有作出明确规定，从实践来看，座谈会的适用情形比较宽泛。依据现行《立法法》的规定，论证会适用于“法律案有关问题专业性较强，需要进行可行性评价的”情形。(2)程序要求不同。如上所述，听证会从启动到召开都有着较为严格的程序要求，座谈会和论证会的程序性较弱。例如，为了保证听证陈述人的广泛代表性和平等的发言机会，听证会一般都会制定严格的听证规则，对听证陈述人的遴选、听证会的发言顺序和发言时间等作出明确规定。

---

〔1〕 参见李高协：《地方立法工作研究》，甘肃人民出版社2015年版，第221页。

(3)公开程度不同。听证会的公开程度非常高,会议召开情况和过程一般应当向社会公开,允许公众旁听和媒体报道,透明度较高;座谈会和论证会的公开性要弱很多,无论是会议内容还是会议过程,是否公开多由组织者自主决定。(4)研讨内容不同。依据现行《立法法》的规定,"法律案有关问题存在重大意见分歧或者涉及利益关系重大调整,需要进行听证的,应当召开听证会"。听证会的研讨内容是存在重大意见分歧,或者涉及重大利益调整的法律案有关问题。[1] 此外,从实践来看,听证会研讨内容较为确定且需要提前向社会公开,内容较为明确。对于座谈会的适用情形,法律没有作出明确规定,从实践来看,其研讨内容比较宽泛且议题较为灵活。依据现行《立法法》的规定,"法律案有关问题专业性较强,需要进行可行性评价的,应当召开论证会",但是,论证会的研讨内容在公开性方面要弱于听证会,无须提前向社会公开。(5)参加人员不同。依据现行《立法法》的规定,依法召开听证会的,应当"听取有关基层和群体代表、部门、人民团体、专家、全国人民代表大会代表和社会有关方面的意见",其听证陈述人的确定应当兼顾不同观点,代表性和广泛性特征突出。对于座谈会而言,其参加人员没有明确要求,可由会议组织者自主确定;论证会的参加人员多为专家学者。

总之,较之于座谈会、论证会,听证会在制度构建上更为规范和正式,公开性更强,民主性更为突出。听证会给予社会公众一个发表意见、表达诉求的制度性渠道,给予社会公众参与立法的宝贵机会,有助于更好地收集民情、反映民意。此外,由于三者性质相似,在实践中立法听证会与座谈会、论证会也会发生转换。例如,2018 年 10 月 8 日绵阳市第七届人民代表大会常务委员会第二十二次主任会议通过的《绵阳市人民代表大会常务委员会立法听证办法》第 11 条规定,"报名参加陈述的人数不足公告名额的半数的,听证机构在报经常委会分管领导同意后,可以决定将听证会变更为公开征求意见座谈会;决定变更的,应当发布变更公告或者以其他适当方式通知有关人员"。

---

[1] 参见李高协:《地方立法工作研究》,甘肃人民出版社 2015 年版,第 220 页。

（二）地方立法听证的功能阐释

作为公众参与地方立法机制的核心构成，地方立法听证充分体现了公权对私权的尊重，是实现权力与权利、权利与权利相互尊重的重要方式。[1] 相较于其他立法制度，地方立法听证具有以下重要功能：

1. 信息收集功能

当今社会是一个信息社会，立法工作的开展亦离不开必要的信息支持。从一定意义上讲，立法工作就是在全面收集、系统分析相关信息基础上的科学决策过程，[2]唯有准确、全面收集相关信息方能克服相关立法主体的有限理性，进而推动立法工作的顺利开展。地方立法听证实际上是一个广泛收集立法相关信息的渠道，而信息收集功能也被认为是地方立法听证的基本功能之一。在信息收集方面，立法听证会有着座谈会、论证会等其他方式无可比拟的优势，这突出体现为因立法听证参加人的多元性而能够收集到关于立法案的多渠道信息。其原理在于，通过地方立法听证的开展，经由听证陈述人等相关主体就立法重点、争点和难点问题发表意见、开展辩论、进行举证等，可以使立法主体获得更广泛的信息，弥补其在信息收集方面存在的不足。在地方立法听证活动开展过程中，听证机构一般会邀请相关领域的专家学者参与立法听证会，就相关问题发表专业意见，这更加有助于提高立法的科学性。

2. 利益协调功能

法律与利益的关系密切，利益是法律产生的基础，法律是确认和调整利益的重要规范，而立法的实质则是各种利益的分配和协调，是不同利益主体之间的博弈。在立法过程中，不同的利益诉求如何得到妥适协调是现代社会立法活动所需要解决的重要的问题之一。利益协调的基本前提是利益诉求的充分表达与有效沟通。通过立法对利益予以调整，

---

〔1〕 参见饶世权：《论公众参与视阈中的地方立法听证制度》，载《湖北社会科学》2013 年第 10 期。

〔2〕 参见田玉麒：《地方人大立法听证制度：功能定位、实践经验与发展趋向——基于上海市人大立法听证实践的政治学分析》，载《河北法学》2016 年第 7 期。

必须以理性的沟通为基本前提,必须体现和保障各利益主体不同的正当利益,进而达成共识,达成各方均能接受的方案。立法的过程必须是一个各方利益协调的过程,立法的结果应该是一个各方利益平衡的结果,而立法听证则为各方利益主体提供了一个表达利益诉求、消除利益分歧、达成利益共识的重要平台。听证活动的开展过程,尤其是就立法相关问题持不同观点的听证陈述人在听证主持人的组织下规范有序地发表意见和开展辩论,实际上是一个利益表达和协调的过程,有助于增进相互沟通、相互理解、相互信任。立法听证能够较充分地揭示社会利益关系的真实性、多元性、价值性和层次性,可以让不同主体的利益分歧更充分、更公开地表达出来,并通过辩论实现对不同利益诉求的价值评价,从而为保护谁的利益、牺牲谁的利益提供依据,并最终实现不同主体利益的协调、平衡保护。[1] 因此,地方立法听证的一个重要功能就在于给予代表不同利益的主体制度性表达途径,以理性化沟通实现各种社会利益关系的妥适协调。

3. 法治宣传功能

在法治宣传上,培养社会公众的法律意识无疑是首要和必要的,但如何引导社会公众在实践中正确行使权利、履行义务则更为重要。实践证明,一次成功的法治实践往往胜过千百次雄辩的理论说教。其原因在于,成功的法治实践不仅能够引导社会公众更加深化法律意识的塑造,而且能够更有效地培养社会公众的法律信仰,从而更充分地发挥法治宣传功效、促进法治目标实现。

地方立法听证的开展也是一项重要的法治宣传工作。对于参加立法听证会的社会公众而言,尤其是听证陈述人,为了使自己的利益诉求得以表达、建议主张获得接受,其必然会事前对法律草案及相关法律规定进行系统学习,并在听证过程中,通过交流获得更深入、更全面的认识;对于未参加立法听证会的社会公众而言,其通过新闻媒体的报道,也

〔1〕 参见饶世权:《论公众参与视阈中的地方立法听证制度》,载《湖北社会科学》2013年第10期。

会对所听证的立法项目有一个比较深入的了解。社会公众对地方立法听证的关注和参与,也是进一步认识、认同法律的过程。通过对地方立法听证的关注、参与,社会公众不仅会了解到地方立法的内容,而且能够知悉条文设定的原因。因此,较之于其他法治宣传方式,地方立法听证能够借助新闻媒体推动社会形成学法、守法的良好氛围,其法治宣传功能优势也因此更为凸显。总之,地方立法听证活动的开展,将推动社会公众更为深入地了解立法工作,会吸引更多的社会公众关注法治建设问题,有助于公众法律意识的提高,有助于法律更好地贯彻落实。因此,法治宣传功能是地方立法听证的又一重要功能。

三、地方立法听证的制度构成

(一)地方立法听证参加人

科学确定参加人是地方立法听证实现预期目标的前提所在。一般认为,所谓立法听证参加人,是指通过委派、遴选、邀请等方式参与到立法听证活动中并享有相应权利、履行相应义务的主体。

从外延来看,立法听证参加人主要包括:(1)立法听证人。立法听证人是指受立法听证机构委派参加立法听证活动的主体。例如,2013年6月14日广东省第十二届人民代表大会常务委员会第八次主任会议通过的《广东省人民代表大会常务委员会立法听证规则》第5条规定,听证人是指出席听证会的听证机构的组成人员;听证人由听证机构指定,应当是3人以上的单数,其中1人为听证主持人(负责主持听证会议)。其中,听证机构就是立法听证活动的组织者。在地方性法规制定的立法听证活动中,听证机构一般是地方人大常委会、专门委员会、常委会工作机构。例如,汕头市第十一届人民代表大会常务委员会第三次会议于2003年10月31日通过的《汕头市人民代表大会常务委员会立法听证条例》第3条就规定,听证机构是指举行听证会的常委会、专门委员会或工作委员会。(2)听证陈述人。听证陈述人是指通过遴选等方式参加立法听证活动并就听证会议题发表观点、提出建议的主体。2004年6月4

日甘肃省第十届人民代表大会常务委员会第十次会议通过的《甘肃省人民代表大会常务委员会立法听证规则》第4条规定，听证陈述人是指听证机构确定参加听证会，并在听证会上陈述事实、发表意见的公民或者法人代表。(3)听证旁听人。听证旁听人是指通过报名等方式申请和经听证机构同意参加立法听证活动并按照听证主持人要求行为的主体。

需要补充说明的是，一般认为，书记员等在立法听证中起辅助作用的人不是立法听证参加人，而属于立法听证辅助人员。

(二)地方立法听证的启动

1.地方立法听证的启动事由

提起事由的明确是地方立法听证工作有效开展的重要前提，其旨在解决什么情况下应启动地方立法听证程序。如上所述，依据现行《立法法》的规定，"法律案有关问题存在重大意见分歧或者涉及利益关系重大调整"系立法听证提起的法定事由所在。相关地区据此规定，也就地方立法听证提起的事由进行了相应规定。例如，2021年3月26日宁夏回族自治区第十二届人民代表大会常务委员会第二十五次会议修正通过的《宁夏回族自治区人民代表大会常务委员会立法听证条例》第5条明确规定，听证机构就地方性法规草案涉及的下列事项举行立法听证会：(1)对公民、法人、其他组织切身利益有重大影响的，涉及社会普遍关注的，需要听取各方面意见的事项；(2)意见分歧较大的事项或者涉及重大利益调整的事项；(3)制定地方性法规所依据的事实情况比较复杂的事项；(4)拟设定行政许可的事项或者拟补充设定行政处罚的事项；(5)其他需要举行立法听证会的事项。又如，2004年2月4日哈尔滨市第十二届人民代表大会常务委员会第七次会议通过的《哈尔滨市立法听证规定》第5条规定，地方性法规草案有下列情形之一的，可以举行听证会：(1)设定行政许可事项的；(2)设定对财产采取行政强制措施的；(3)设定收费、补偿项目或者调整标准的；(4)设定较大数额罚款的；(5)需要进一步了解情况、广泛听取意见的。

2. 地方立法听证的启动规则

当规定事由出现后,地方立法听证并不当然启动,还需要经批准后才能真正启动。在地方性法规的制定中,地方立法听证的启动往往须经地方人大常委会主任会议批准。例如,《广东省人民代表大会常务委员会立法听证规则》第 10 条第 1 款明确规定,“省人大常委会主任会议可以决定举行听证会”。但是,需要补充的是,从各地的规定来看,相关主体是享有地方立法听证启动提议权的,包括地方人大专门委员会、地方人大常委会工作委员会以及一定数量的常委会组成人员等。例如,2002 年 6 月 20 日青海省第九届人民代表大会常务委员会第一百一十九次主任会议通过的《青海省人大常委会立法听证试行规则》第 5 条第 1 款规定“……国家机关和社会团体、企业事业单位以及其他组织,公民 10 人以上联名,可以向省人大常委会提出举行立法听证会的书面建议,由有关的专门委员会或者常委会工作机构研究提出是否举行听证会的意见,报请主任会议决定”。由此规定来看,地方立法听证启动的有权提议主体范围还是比较宽的。

(三)地方立法听证的准备

1. 地方立法听证方案的编制

听证方案是地方立法听证工作开展中的重要技术文件,直接关系到地方立法听证能否顺利开展并达到预期目标。听证方案多由听证机构负责编制,其主要内容包括:(1)举行听证会的目的和听证事项;(2)听证会的时间、地点;(3)听证会的信息发布;(4)参加听证会的人员、人数和产生办法;(5)听证会的组织和工作分工;(6)听证会的具体程序;(7)听证会的经费预算;(8)听证会的宣传报道、材料准备及其他事项。

2. 地方立法听证公告的发布

如上所述,听证公告的发布是地方立法听证公开性特征的显著代表,在此之前,地方立法听证的启动及方案的编制都属于“内部工作”,无须对外公开。从内容来看,听证公告应当传递立法听证的如下关键信息:听证会的召开时间和地点;地方性法规草案的基本情况及听证事项;听证陈述人以及旁听人员的人数、报名条件、报名期限、报名方式和产生方式,等等。从时间来看,听证公告应当提前发布,一般不少于15日。从方式来看,听证公告应当通过新闻媒体或者网站等向社会发布。

3. 听证陈述人和听证旁听人的确定

听证公告发布后,公民、法人或者其他组织的代表想担任听证陈述人、听证旁听人的,应当按照公告规定向听证机构提出申请。作为社会不同阶层利益表达与协调的重要渠道之一,地方立法听证能否做到公平公正、顺畅有效,听证陈述人的妥适确定至关重要。[1] 因此,报名参加听证陈述的人员应当表明对听证问题所持的观点,并提供个人简历。对于申请担任听证陈述人的,听证机构往往根据职业特点、专业知识和报名顺序等因素,并遵循持不同观点的各方人数基本相当的原则予以确定。为了保证听证陈述人确定的科学合理,《广东省人民代表大会常务委员会立法听证规则》第16条规定,"在听证会举行前,听证机构可以根据需要召开部分报名人员参加的会议,介绍拟召开听证会的基本情况、对法规草案的制定过程、听证事项和听证会的注意事项作出说明,了解与会人员的基本观点"。听证机构也可以根据需要邀请特定人员作为听证陈述人参加听证会。例如,《甘肃省人民代表大会常务委员会立法听证规则》第10条第2款规定,"听证机构根据需要也可以邀请法规案起草单位的代表、有利害关系的单位的代表或者有关专家、学者作为听证陈述人参加听证会"。对于申请担任听证旁听人的,听证机构往往根据报名顺序、会议规模等因素予以确定。例如,《绵阳市人民代表大会常务委员会立法听证办法》第13条第3款就规定,"听证机构应当根据报名顺序确定旁听人,并在听证会召开的三日前确定旁听人名单并通知旁听人参加会议"。

另外,在立法听证会正式举行前,需要提前通知听证陈述人并提供

---

[1] 参见葛胜亮:《浅谈完善地方立法听证制度》,载《人大研究》2012年第6期。

相应资料。例如,《宁夏回族自治区人民代表大会常务委员会立法听证条例》第 14 条规定:“听证机构在确定陈述人名单后,应当在举行立法听证会五日前通知陈述人,并将有关法规草案文本、说明和参阅材料提供给陈述人……”听证陈述人接到出席听证会的通知后,应当就出席听证会的有关事项进行准备并按时出席听证会;因特殊情况无法出席听证会的,应当提前告知听证机构。听证陈述人可以将陈述内容形成书面材料或者录音、录像资料等提交给听证机构。

(四)地方立法听证的举行

1. 立法听证举行的基本流程

在立法听证会开始时,听证主持人需要做以下工作:一是就立法听证事项予以说明,并介绍举行立法听证会的目的;二是对听证人、听证陈述人等进行介绍;三是宣布会议程序和会场纪律。

在发言阶段,听证陈述人应当按照听证主持人宣布的发言顺序和发言时间,围绕听证事项陈述观点与理由,不得进行人身攻击或者诽谤。例如,《青海省人大常委会立法听证试行规则》第 13 条就对发言顺序问题作出了明确规定:“……听证陈述人的发言顺序,由主持人按照提出法规案及持赞同意见的听证陈述人、持反对意见及其他意见的听证陈述人的顺序确定。持相同意见的听证陈述人按下列顺序发言:(一)与听证事项有利害关系的陈述人;(二)了解听证事实的陈述人;(三)专家陈述人;(四)其他陈述人。”听证陈述人发言偏离听证问题的,听证主持人应当及时提示,必要时可以终止其发言。持不同意见的听证陈述人均有平等的发言权。听证陈述人应当在规定的发言时限内完成陈述,未经听证主持人同意,不得延长发言时间。听证陈述人陈述后,听证人经听证主持人的同意,可以向听证陈述人提问。

辩论是立法听证会的灵魂。如果不通过一定程度的对抗,让各种不同意见充分展开，立法者是难以就有关问题作出正确决策的。[1] 发言阶段结束后，听证主持人应当归纳听证陈述人发言的分歧点，组织听证陈述人和听证旁听人围绕主要分歧点展开辩论。旁听人员可以就听证问题向听证机构提交书面意见，听证机构也可以主动征询旁听人员的意见。听证陈述人和听证旁听人在发言、回答听证人询问、提交书面意见等相关材料时，应当保证提供信息的客观性、真实性。

听证会结束时，听证主持人应对听证情况进行简要总结。

2. 地方立法听证的听证记录与听证报告的制作

听证记录由听证机构指定工作人员以书面形式或者录音、录像等形式制作，保证客观、真实、准确、全面。以书面形式制作的听证记录应当交听证陈述人核对并签名确认，听证陈述人认为记录有遗漏或者差错的，有权要求补正。听证陈述人的书面陈述意见，一般可以直接作为听证记录。

地方立法听证的目的在于，通过立法听证反映民意、澄清争议、协调利益冲突，进而提高立法的民主性和科学性。要实现这一目的，就必须在规范听证结果方面下功夫，首要一点就是规范制作听证报告。[2] 听证会结束后，听证机构应当研究听证记录并制作听证报告。听证报告是对听证过程的真实客观反映，更是有效开展地方立法工作的重要依据。听证报告的制作以客观、真实、全面为基本原则，应当包括以下内容：(1)听证会的基本情况；(2)听证参加人发言的基本观点和分歧意见；(3)听证机构的处理意见和建议。听证报告一般应当印发常务委员会会议，并印送听证陈述人。在对听证法规进行审议时，应当对听证会提出的意见进行审议，并在审议结果报告中对听证会提出的意见采纳情况予以说明。

---

〔1〕 参见马发明：《从立法听证的实践看听证立法所要解决的主要问题》，载《中国人大》2004年第15期。

〔2〕 参见葛胜亮：《浅谈完善地方立法听证制度》，载《人大研究》2012年第6期。

第四章　地方立法评估

一、地方立法评估的发展与特点

（一）地方立法评估的发展历程

一般认为，立法评估发轫于20世纪70年代的美国。21世纪初期，我国亦开始开展立法评估实践，且先从地方开始，山东、甘肃、云南、重庆、北京、福建、上海、海南、河北等省市先后开展了地方立法评估工作。例如，2000年山东省人大常委会对本省地方性法规开展的"立法回头看"工作被视为我国地方立法评估的较早实践，着重于评估法规所设定的权力和责任、权利和义务是否合理，行政部门的权利是否存在相应的限制，法定的公民权利是否获得切实的保障，以及法律规定的执行情况。[1] 2004年3月，国务院印发《全面推进依法行政实施纲要》（国发〔2004〕10号），明确提出"规章、规范性文件施行后，制定机关、实施机关应当定期对其实施情况进行评估。实施机关应当将评估意见报告制定机关；制定机关要定期对规章、规范性文件进行清理"。此后，相关地区纷纷出台地方立法评估相关规定。例如，2008年11月28日广东省人民政府第十一届第二十

---

〔1〕 参见谢勇主编：《地方立法学》，法律出版社2019年版，第184页。

次常务会议审议通过了《广东省政府规章立法后评估规定》，以评估广东省政府规章的实施效果，规范政府规章立法后评估工作。这标志着地方立法评估在正式制度层面的初步确立。

作为我国立法制度的组成部分，地方立法评估是提高地方立法质量、开展地方立法监督的重要途径，其兴起不仅是我国法治观念不断提升的内在要求，[1]而且是法治建设达到一定水平之后的应然现象，这代表着我国对地方立法质量重视程度的提高。从实践来看，各地立法评估工作开展的方式和关注的重点虽有所不同，但均是围绕保障、提高立法质量这一核心任务展开。

（二）地方立法评估的特点分析

1. 评估工作的专业性

地方立法评估是一项专业性非常强的工作，其要求地方立法评估的实施者具有很强的综合素养和专业技能，具备扎实的法学理论功底和必要的其他学科知识，熟知立法工作流程、特点和规律，掌握社会调查等研究方法。唯有此，才能确保地方立法评估工作的顺利开展。

2. 评估主体的多元性与独立性

评估主体的多元性是地方立法评估的又一显著特征之一。地方立法评估主体有组织者和实施者之分：组织者是指地方立法的主导者，包括地方人大常委会及其法制工作机构、地方政府及其相关职能部门；实施者是指具体承担地方立法评估工作的主体，从实践来看，其既可以是地方人大常委会的法制工作机构，也可以是地方政府的相关职能部门，还可以是受二者委托的第三方评估机构（如高等院校）。因此，无论是从组织者和实施者之分来看，还是从组织者、实施者的具体构成来看，地方立法评估主体都具有突出的多元性特征。需要强调的是，地方立法评估既是一项专门性活动，由特定主体组织、实施，也是一项社会性活动，

[1] 参见陈俊荣、魏红征：《地方立法后评估框架性体系探析》，载《地方立法研究》2018年第1期。

社会参与度极高，社会公众、企事业单位会以各种形式参与其中。地方立法评估活动的社会性更凸显了地方立法评估主体的多元。

除多元性外，地方立法评估主体还具有突出的独立性，即独立地开展评估工作、作出评估结论，独立性是地方立法评估主体开展工作的基本准则，也是地方立法评估工作能够获得预期成效的重要保障。

3. 评估对象的特定性

评估对象的特定性是地方立法评估的显著特征之一。在实践中，因评估类型的不同，立法评估的具体目标也有所不同，但其都是围绕立法项目展开，具体包括已经实施的立法项目、正在制定的立法项目和酝酿起草的立法项目，这是地方立法评估的本质特征所在。

4. 评估活动的公开性

从实践来看，地方立法评估活动具有显著的公开性。这主要是由成文法的公开性所决定的。法律的公开是法治文明的应有之义，其不仅有助于明晰公权的边界、确立法律的权威，而且有助于增强民众的预期。例如，法律只有公开，让社会知晓，才能使民众根据法律规则评判其自身行为的对错，进而实现全民守法。作为立法活动的延展，地方立法评估亦应做到公开，尤其是对评估过程与评估结果的公开。

5. 评估内容的系统性

地方立法评估并不只偏重对地方立法实际绩效进行评价，也不只局限于对具体条文进行技术性分析，其是对地方立法项目的全面审查、系统评价，是一项全面系统的专门工作。[1] 从内容来看，地方立法评估会着眼于立法项目整体，而非个别具体制度设计，其会对立法项目的合法性、合理性和成效性等展开评估，关照到立法目的、立法理念、立法逻辑、立法框架、立法原则、立法语言等内容，是一个庞大的体系。

6. 评估程序的规范性

所谓评估程序，是指地方立法评估开展必须遵循的工作步骤，其具

---

〔1〕 参见地方立法框架下的立法评估研究课题组：《地方立法评估的特点与原则探析》，载《沈阳干部学刊》2010 年第 3 期。

有较强的规范性特征,基本步骤如下:(1)评估对象的确定;(2)评估主体的确定、选定;(3)评估方案的制定;(4)评估信息的收集与分析;(5)评估报告的撰写。各项工作环节紧密相连,形成一条完整的工作链条,保障地方立法评估的有序开展。

二、地方立法评估的类型与价值

(一)地方立法评估的类型梳理

学界从多个视角对地方立法评估的类型进行了梳理与分析:依据评估对象的不同,可以将地方立法评估分为地方性法规评估和地方政府规章评估;依据评估覆盖范围的不同,可以将地方立法评估分为地方立法全面评估和地方立法专项评估;依据评估组织主体的不同,可以将地方立法评估分为正式评估与非正式评估;依据评估实施主体的不同,可以分为立法主体评估与第三方评估;依据评估实施周期的不同,可以分为定期评估和不定期评估,等等。但无论是从工作开展的角度来看,还是从理论研究的角度来看,地方立法后评估、地方立法前评估和地方立法中评估是最主要的分类方式。

一般认为,所谓地方立法后评估,又称地方立法质量评估、地方立法效果评估、地方立法后跟踪评估、地方立法回溯性评估,是指对生效施行一定时间后的地方立法的实施情况进行综合评价的专门活动,其主要围绕特定立法项目的实施效果、存在问题及完善建议展开,侧重检验已施行地方立法项目的规范性、操作性和实效性。例如,2020 年 12 月 31 日西安市人民政府修正通过的《西安市政府规章立法后评估办法》第 3 条规定,“本办法所称规章立法后评估,是指在规章实施一定时间后,按照一定的标准和程序,对规章的立法质量、实施效果及社会影响等进行调查、分析、评价,为规章的适时修改、废止提供科学依据的活动”。从一定意义上讲,地方立法后评估是地方立法工作的延续。地方立法后评估在我国产生的时间最早,制度建设也最为成熟,在许多地方甚至已成为常规性工作。例如,2012 年 9 月 25 日广州市第十四届人民代表大会常务委员会第七次会议通过的《广州市人大常委会立法后评估办法》第7条第1款明确规定:“地方性法规施行五年以内应当进行一次评估……”

所谓地方立法前评估,又称地方立法预备评估、地方立法建议评估、地方立法前瞻性评估,是指对拟制定的地方立法项目进行综合评价的专门活动,其主要围绕特定地方立法项目的必要性与可行性以及出台时机、预期效果等展开,主要解决要不要进行地方立法的问题,以立法必要性评估为核心任务。对于立法必要性评估必须着重把握以下两点:一是判断所面临的问题是必须通过立法的方式解决,还是可以通过以道德、政策等为代表的其他社会规范加以解决;二是判断现有法律法规是否对此问题的解决已经进行了相应的规定,即拟制定的地方立法项目是否属于“重复立法”。例如,2019年5月5日苏州市人民政府第六十五次常务会议审议通过的《苏州市人民政府立法前评估办法》第3条第1款规定:“本办法所称立法前评估,是指在申报规章立法计划建议项目前,按照一定的程序、标准和方法,对立法计划建议项目所进行的必要性、可行性、紧迫性以及立法成本效益进行分析研究,形成立法前评估报告以及起草规章建议稿等系列活动。”此外,有研究者指出,对地方立法的预期影响进行评估也是地方立法前评估的重要工作内容之一,具体包括对行为主体的影响、对宏观经济的影响、对社会公正的影响、对环境保护的影响等。[1] 在地方立法前评估工作开展过程中,应当广泛听取各方意见,尤其是要对反对意见予以科学研判。从本质上讲,地方立法前评估属于广义上的地方立法准备活动,[2]发生于正式立法程序启动之前。对于地方立法而言,地方立法前评估相当于给其设置了一个“过滤网”,可以最大限度地过滤掉那些没必要、不该立、不可行的立法项目,有效地提高

---

〔1〕 参见李丹:《地方立法前评估浅论》,载《人大研究》2014年第4期。

〔2〕 地方立法准备有广义和狭义之说。广义上的地方立法准备是指地方立法出台前为之开展的所有立法活动,如立法预测、立法规划、立法论证、立法草案拟定等。狭义上的立法准备是指自立项后至出台前这段时间内所实施的所有立法工作。另外,需要补充的是,任何地方立法都需要经过地方立法准备阶段,但并非所有的地方立法活动都需要进行地方立法前评估。

地方立法的针对性，减少立法的试错成本，节约立法资源，从源头上确保地方立法工作积极有序开展。[1] 较之于地方立法后评估，地方立法前评估在我国的产生时间较晚，制度建设正在逐步完善。

所谓地方立法中评估，又称地方立法起草评估、地方立法过程评估、地方立法中的风险评估，是指对制定中的地方立法项目进行综合评价的专门活动，其主要围绕制定中的地方立法项目所涉及的难点、重点问题展开，如主体制度、核心措施、关键规则等，旨在解决立法的规范性问题。地方立法中评估意在“创制”而非“评价”，与地方立法后评估、地方立法前评估存在显著不同，应当重点关注立法的可操作性。法律的生命力在于实施，法律的权威也在于实施。立法可操作性的缺失将导致其无法顺利实施，进而造成立法资源的浪费、法律权威的损害。一般认为，地方立法中评估与地方立法前评估以立法正式立项为界分点。在三类地方立法评估中，地方立法中评估在我国的提出时间最晚，目前尚处于探索之中。

如上所述，三类地方立法评估在发生阶段、启动原因、评估侧重点等方面都存在显著不同，但同时也存在相似之处，如都会遵循相应程序、按照相应标准、运用相应方法开展评估工作，也都会形成以评估报告为代表的规范性成果。更为关键的是，虽然三类地方立法评估的具体目标不同，但最终目的一致，都旨在通过专业工作的开展为立改废释提供合理化建议，进而保障和提高地方立法质量。同时，三类地方立法评估相互促进，地方立法前评估往往是地方立法中评估的前导，而地方立法后评估也可能成为地方立法前评估的基础。

（二）地方立法评估的价值阐释

质量是立法的生命线。习近平总书记在第十八届中央政治局第四次集体学习时指出，“人民群众对立法的期盼，已经不是有没有，而是好

---

〔1〕 参见魏玲、马艳君：《地方立法前评估：评估什么和如何评估》，载《人大研究》2020 年第 4 期。

不好、管用不管用、能不能解决实际问题”。随着全面依法治国战略的不断推进、中国特色社会主义法律体系的不断完善，立法工作的重点已完成由“数量型立法”到“质量型立法”的自然转变。“不是什么法都能治国，不是什么法都能治好国；越是强调法治，越是要提高立法质量。”[1]质量问题直接关系到法律的权威性，立法工作的核心目标和应有使命就是要不断提高立法的质量。自地方立法诞生之日起，保证和提高其质量就始终是工作的核心所在，而随着地方立法的数量越来越多，尤其是立法权向设区的市全面赋予后，提高地方立法质量的要求也越来越迫切。通过开展地方立法评估，对拟制定、制定中或实施后的地方立法项目进行全面分析、系统检测、深入论证，及时发现问题、有效解决问题，无疑将促进地方立法质量的提高。提高立法质量是地方立法评估核心价值所在。

此外，地方立法评估还具有以下重要价值：(1)强化民主立法。现行《立法法》第6条第2款明确规定：“立法应当体现人民的意志，发扬社会主义民主，坚持立法公开，保障人民通过多种途径参与立法活动。”从本质上讲，地方立法评估是一项体现并促进民主立法的重要制度。地方立法评估不仅是一项专业性很强的工作，而且是一项参与度很广的活动。尤其是从参与对象来看，地方立法评估体现出了突出的民主性。在地方立法评估工作的开展过程中，评估主体通过各种方式征求相关主体意见，可以让各利益相关主体充分陈述自己的观点、表达自己的意见、发表自己的评价、提出自己的建议，做到反映民情、汇集民智、顺应民意，而这些信息又会被全面收集、科学分析，进而成为作出评估结论的关键依据，[2]并最终成为地方立法工作改进的重要参考。在这个过程中，民众对地方立法工作的参与热情将进一步激发，民众与地方立法主体之间的距离将进一步拉近。(2)规范立法权行使。地方立法评估涉及的内容

---

〔1〕 中共中央文献研究室编：《习近平关于全面依法治国论述摘编》，中央文献出版社2015年版，第43页。

〔2〕 参见李海峰：《我国地方立法后评估制度刍议》，载《山东工会论坛》2017年第5期。

十分丰富，对立法权限、立法内容、立法程序等事项的评估，有助于规范地方立法权的行使，避免越权立法，确保地方立法恪守依法立法基本原则。(3)促进地方普法。从实践来看，因高度重视、十分强调评估的民主参与性，地方立法评估的开展也起到了普法宣传的作用。地方立法后评估的过程是对法律法规解读的过程，有助于公民准确认识、正确理解地方立法，与此相随的是，民众对地方立法的遵守将变被动为主动。因此，地方立法评估活动的开展有助于促进地方普法，增强民众法治观念，推动其积极守法、主动守法。

三、地方立法评估的原则与标准

(一)地方立法评估的原则概述

作为地方立法评估工作所应当遵循的基本准则，地方立法评估原则贯穿于地方立法评估过程的始终，是确保地方立法评估科学高效的关键支撑。目前，对于地方立法评估原则的构成，学界存在不同认识。

1. 客观原则

作为任何科学研究都必须遵循的一项基本原则，客观原则，又称真实原则，是指在研究工作中必须坚持实事求是，如实反映问题实际并探寻解决问题之道。在地方立法评估工作的开展中，首先需要遵循客观原则。地方立法评估的实施者必须如实揭示立法项目的真实面貌、未来前景，并就立改废释客观地提出专业建议。只有做到客观真实，地方立法评估才是可靠的。在地方立法评估工作的开展过程中，地方立法评估的实施者要做到主观意志的客观化，坚决克服部门利益倾向，不以个体偏好取舍信息资料，做到客观公正地给出评估结论。在地方立法主体担任地方立法评估的实施者，即进行“自我评估”时，要勇于直面问题、正视问题，敢于揭短亮丑；在第三方评估机构担任地方立法评估的实施者时，要秉持中立、公正的立场，做到不偏不倚，独立开展评估工作并提出建议。有研究者进一步指出，落实客观原则需要把握好以下几点：第一，进行地方立法评估时要坚持实事求是，采取客观公正的态度和方法，尽可能收集地方立法项目的全部真实信息，对地方立法项目进行全面、无缝隙评估；第二，地方立法评估主体要把被评估的地方立法项目放到当时的环境和历史背景中去评估，要以历史思维进行客观评价；第三，地方立法评估要突出其针对性，要面对现实情况，着力评估地方立法项目的可操作性、实效性。[1]

2. 科学原则

地方立法评估是一项严肃的工作，其对专业性、技术性的要求非常高，因此，必须遵循科学原则。在地方立法评估工作的开展过程中，相关主体应当秉持科学态度、遵循客观规律、依据规定程序、应用科学方法，通过有效工作、不断努力，对评估项目予以科学准确评价，并在此基础上提出富有建设意义的专业建议。只有做到科学，地方立法评估才有意义。在评估资料收集上，应当坚持收集真实可靠的一手资料；在评估结果出具上，应当深入研究、反复论证，切忌主观臆断、擅下结论，做到科学准确。此外，基于科学原则的要求，地方立法评估实施者应当具备承担立法评估工作的知识与技能。

3. 民主原则

作为立法的基本原则之一，民主原则要求立法应当体现人民的意志，发扬社会主义民主，坚持立法公开，保障人民通过多种途径参与立法活动。作为地方立法活动的延伸，地方立法评估也应当遵循民主原则，将其贯穿于立法评估工作的始终。只有落实民主，地方立法评估才可能有所作为。一个基本要求就是，地方立法评估实施者在开展评估活动时，应当充分听取人民群众的意见，采取调研、座谈等多种方式广泛征求人民群众对立法项目的意见和建议，充分了解立法项目对经济社会发展的真实影响。此外，全面落实民主原则，务必要做到评估程序的透明和评估结果的公开。“透明”是为了广泛吸引社会力量参与到地方立法评估工作中来，让人民群众准确认识、充分了解地方立法评估工作，形成与社会的良性互动；“公开”是为了更好地发挥社会监督作用，避免地方立

---

[1] 参见陈伟斌：《地方立法评估的立法模式与制度构建》，载《法学杂志》2016 年第 6 期。

法评估流于形式。[1]

（二）地方立法评估的标准解读

评估标准是地方立法评估得以有效开展的关键支撑，其不仅是检测地方立法质量的重要标尺、影响立法评估结果的核心因子，而且是地方立法评估工作开展的方向指引。一般认为，所谓地方立法评估标准，是指以地方立法评估技术和经验为基础，经提炼加工，为地方立法评估活动开展所遵守的规则和依据。地方立法评估标准多样，并构成了一个有机整体。只有建立科学、客观、合理的评估标准体系，才有可能通过地方立法评估客观、全面地反映地方立法项目的真实情况；只有建立明确、具体的地方立法评估标准，才能确保地方立法评估的规范操作、有效实施。[2] 目前，对地方立法评估标准体系的探讨还处于探索中，各地的做法亦有所不同。例如，2005 年 7 月 22 日甘肃省人大常委会办公厅印发的《甘肃省人大常委会地方性法规质量标准及其保障措施（试行）》从法理标准、实践标准、技术标准和实效标准四个方面对地方立法评估标准体系进行了规定。又如，《广州市人大常委会立法后评估办法》从六个方面对地方立法评估标准体系进行了界定，分别是合法性标准、合理性标准、可操作性标准、实效性标准、协调性标准和规范性标准。学界对地方立法评估标准体系的构成亦存在不同的认识。有研究者认为，规范标准、技术标准和成效标准是地方立法评估标准体系的基本构成。[3] 有研究者则认为，地方立法评估标准体系包括合法性标准、合理性标准、技术性标准和实效性标准。[4] 但是，一般认为，合法性标准、合理性标准和成效性标准是地方立法评估标准体系的核心构成。

---

〔1〕 参见地方立法框架下的立法评估研究课题组：《地方立法评估的特点与原则探析》，载《沈阳干部学刊》2010 年第 3 期。

〔2〕 参见陈伟斌：《地方立法评估的立法模式与制度构建》，载《法学杂志》2016 年第 6 期。

〔3〕 参见王柏荣：《地方立法评估标准探微——功能、路径与框架》，载《中国社会科学院研究生院学报》2015 年第 6 期。

〔4〕 参见谢勇主编：《地方立法学》，法律出版社 2019 年版，第 194－196 页。

1. 合法性标准

合法性标准是地方立法评估标准体系中的首要标准,其原因在于,任何地方立法项目的有效存在均须以合法为基本前提,一旦项目的合法性存在问题,其效力便无从谈起。所谓合法性标准,是指所评估的立法项目及其具体规定是否与法律、行政法规等上位法和相关规定相冲突。所评估的立法项目及其具体规定若与法律、行政法规等上位法和相关规定相冲突,将面临废止、修改或终止立法进程、不进入立法程序的后果。例如,现行《立法法》第80条明确规定:“省、自治区、直辖市的人民代表大会及其常务委员会根据本行政区域的具体情况和实际需要,在不同宪法、法律、行政法规相抵触的前提下,可以制定地方性法规。”唯有与法律、行政法规等上位法和相关规定不相冲突,才有必要依据其他标准继续评估工作。因此,合法性标准属于约束性标准、先导性标准,其地位十分重要。

合法性标准的要点主要包括:(1)权限是否合法,即所评估项目在立法权限上是否合法。对于地方立法而言,立法权限至关重要,是其活动开展的重要前提。地方立法必须严守《立法法》关于立法权限的相关规定,不得越权立法。(2)程序是否合法,即所评估项目在立法程序上是否违法。“程序是实体之母”,法律的制定必须按照法定的程序来进行,程序合法是法治实施的重要保证。只有坚持立法程序的合法性,才能确保地方立法工作的有序展开,实现地方立法资源的效益最大化。作为地方立法主体在立法活动中必须遵守的法定步骤和顺序,地方立法程序具有重要意义,其是限制立法者恣意进而使立法活动彰显和实现程序正义的制度设置。在地方立法工作开展过程中,从法案的提出、审议、表决、通过到公布,都要严格依照法律的规定进行。评估一项立法的程序是否合法,需着重关注两点,即立法程序是否完整和立法程序是否严格。(3)内容是否合法,即所评估项目的制度设计、规则设定是否合法。内容的合法性评估是地方立法评估的重点所在,尤其要高度关注对地方政府赋权、对市场主体限权的问题。其中,要着重分析地方立法项目的相关规定是否与上位法的相关推定相一致，包括是否符合上位法的立法精神和相关原则。

2. 合理性标准

作为地方立法评估标准体系中的核心标准，所谓合理性标准，是指所评估立法项目的设计是否科学合理，是否符合立法和经济社会发展规律。合理性标准的要点丰富，主要包括：(1)立法框架是否合理，如逻辑思路是否清晰、结构安排是否严密严谨、章节设置是否科学。(2)立法目的是否明确，即是否全面体现立法需求、反映立法动因、落实立法宗旨。(3)立法原则是否全面、科学，如立法原则是否能为相关规定的适用提供整体指引。(4)相关规定是否有效，如是否能够有针对性地解决相关问题，是否能够促进立法目的的顺利实现。尤其需要重点关注的是，相关规定是否具有地方特色。特色是地方立法的生命和灵魂，是地方立法能够发挥成效的关键所在，其要求相关立法主体立足地方实际将国家立法具体化，以保证地方立法的有效施行。简言之，是否体现地方特色，是衡量地方立法质量和价值的重要标准。(5)相关措施是否必要、是否科学以及是否可操作，尤其是导致或可能导致相关主体权益限缩的措施是否必需。(6)相关表述是否规范，如文字表述是否为法言法语、是否简洁清晰、是否准确无误、是否格式规范，以及概念术语、标点符号是否正确使用等。(7)责任设定是否适当，如是否符合过罚相当原则。

3. 成效性标准

立法的成效至关重要，是立法作用和价值的直接体现。法律的生命在于实施，若一部法律没有成效或者成效甚微，立法便没了意义，法律也会名存实亡。作为地方立法评估标准体系中的关键标准，一般认为，所谓成效性标准，是指所评估的立法项目是否已经或者能够取得预期立法效果。成效性标准主要包括以下内容：(1)地方法制定与实施成本。法律的制定和实施是会消耗一定的社会资源的，是有一定成本的。地方法制定成本，即立法成本，是指为地方立法项目出台付出的所有成本，如立法调查、立法调研等活动耗费的经济成本、时间成本；地方立法实施成本，是指地方立法项目出台后在适用过程中支付的所有成本，如政府部门的执法成本、市场主体的守法成本等。（2）地方立法实施后所产生（或可能产生）的经济社会效果，如对社会正义的维护、经济发展的促进、民生福祉的提升、生态环境的改善等。一言以蔽之，就是地方立法项目出台后能否如期实现既定立法目的。（3）社会满意度。地方立法项目的制定出台，归根结底还是要获得所在地区民众的认可、支持与遵守，唯有此，才能真正、充分发挥地方立法的应有功效。因此，对所在地区民众的社会满意度进行全面调查是评估一部地方性立法必须做的工作。

四、地方立法评估的方法与程序

（一）地方立法评估的方法简介

一般认为，所谓地方立法评估方法，是指地方立法评估主体在开展评估时所采用的手段和技巧，包括评估工具的选择、评估方式的选用、评估角度的切入等。[1] 作为连接评估标准和评估程序的桥梁，评估方法具有十分重要的意义，其关乎评估工作能否有效开展、评估结论是否科学、评估目标能否顺利实现。在地方立法评估中，可以针对不同的立法项目应用不同的评估方法，但在具体工作开展过程中，往往会采用多种评估方法。例如，2017 年 7 月 20 日广东省人民政府修改通过的《广东省政府规章立法后评估规定》第 20 条规定，“立法后评估可以采用文献研究、抽样调查、网络调查、问卷调查、实地调研、召开座谈会或者论证会、专家咨询、案卷评查、相关立法比较分析等多种方法进行”。又如，2011 年 3 月 31 日厦门市人民政府第一百二十六次常务会议通过的《厦门市规章立法后评估办法》第 16 条规定，“立法后评估应当采用下列方法：（一）通过新闻媒体、门户网站公开征集社会公众意见；（二）走访行政执法单位、司法机关、行政相对人或者书面征求其意见；（三）召开座谈会、

---

〔1〕 参见李海峰：《我国地方立法后评估制度刍议》，载《山东工会论坛》2017 年第 5 期。

专家论证会”,“评估实施机关根据评估需要,还可以采用以下评估方法:(一)发放调查问卷;(二)实地考察;(三)专题调研;(四)个案分析;(五)相关立法比较分析;(六)成本效益分析;(七)其他方法”。以下是几种比较常用的评估方法:

1. 系统分析法

作为一种关注整体、着眼全局并将分析与综合有机结合的研究方法,系统分析法的应用范围十分广泛,横跨社会科学与自然科学两大领域。对于地方立法评估而言,系统分析法具有重要意义,这是由地方立法项目的整体性所决定的。虽然在一个地方立法项目中,会包含多个制度设计、若干规则设定,但这些制度和规则并非孤立和分散的,而是成体系的,其以立法宗旨为指引,构成了一个有机整体。因此,对一个地方立法项目的评估应当首先秉持系统分析法,通过系统分析立法项目的宗旨、目的、框架、制度、规则、价值、成效等,对其进行全方位的评价和衡量。需要补充的是,在地方立法评估中,系统分析法的应用有更广阔的场景,不限于所评估的立法项目本身。例如,在项目立法必要性的考量、制度设计合理性的评价上,要将评估项目与其他法律法规(尤其是上位法)一体考虑、系统研究,唯有此,才能确保评估结论的全面、客观和科学。

2. 社会调查法

作为社会科学研究中应用较广泛、较常见的研究方法之一,社会调查法在地方立法评估中具有重要的应用价值,地方立法评估主体可以通过社会调查法的应用就相关主体对立法项目的认识予以全面收集和系统把握。社会调查法的方式多元,包括问卷调查、专题座谈等。例如,采取问卷调查方式可以系统了解调查对象对评估项目的认识,因为问卷调查的涵盖范围广,能够在很大程度上保证相关信息收集的全面、准确和客观,成效突出。在问卷制作上,要以重点突出、设计严密为基本原则,并尽可能做到篇幅合理、表述规范、便于作答、易于分析;在问卷调查对象的确定上,应当包括社会公众、党政机关、社团组织、企事业单位、专家学者等多方主体；在问卷的发放上，应坚持形式灵活多样，包括当面作答、网络填写、邮寄作答等。又如，借助专题座谈，评估主体可以根据评估工作的需要，听取特定主体对评估项目的看法和意见，针对性比较强，且效率比较高。

3. 成本效益法

作为定量研究的具体方法之一，成本效益法（或称成本收益法）起源于经济领域，目的在于依据相应标准对项目的成本与收益进行预测比较，进而决定项目的取舍。成本效益法在地方立法评估中也具有重要应用价值，其主要原因在于，法律的实施是有成本的，必须对法律实施的成本和收益做出权衡，尤以经济领域中的地方立法最具代表。国务院《全面推进依法行政实施纲要》亦明确指出，要"积极探索对政府立法项目尤其是经济立法项目的成本效益分析制度。政府立法不仅要考虑立法过程成本，还要研究其实施后的执法成本和社会成本"。在地方立法评估工作的开展中，应对所评估立法项目的"投入"和"产出"予以权衡。所谓"投入"，是指完成地方立法所需要的成本和地方立法生效后的实施成本；所谓"产出"，是指地方立法生效后所产生的经济社会效益。2005 年 12 月 15 日海南省人民政府修改通过的《海南省人民政府法规起草和省政府规章制定程序规定》第 19 条第 1 款规定，"起草法规和省政府规章，应当进行立法效益成本分析"，而且对其具体内容进行了明确：(1)立法的实施成本，即法律制度的实施所需的执法人力、财力和物力情况；(2)立法的社会成本，即社会为遵守法律规定而付出的成本；(3)立法的效益，即执行法规可能产生的效益、谁受益以及法规产生的净效益预测等；(4)与成本效益分析有关的其他内容。需要予以强调的是，地方立法不同于其他工作，因此，在应用成本效益法以评估立法项目时，对"效益"、"收益"或"产出"一定要作广义理解，绝不能限于经济层面，亦不能基于个体衡量，而应从社会层面作整体衡量和综合评价。

（二）地方立法评估的程序构成

程序有其独立价值，其不仅可以引导工作的顺利、高效展开，而且对工作活动结果的正当性、科学性能起到强化、巩固作用。[1] 作为一项系统性工程，地方立法评估工作是多步骤、多环节、多流程构成的行动过程，亦离不开理性程序的引导与规约，须遵循相应程序而为。一般认为，所谓地方立法评估程序，是指评估主体推进地方立法评估工作所需遵循的步骤和安排。评估程序的规范不仅有利于确保地方立法评估的依法推进、民主实施，而且有助于评估资源的高效整合、评估效率的有效提高；不仅有助于推动地方立法评估的有效开展，顺利达到地方立法评估目的，而且有利于扩大地方立法评估活动的工作成效。[2] 总之，评估程序是否规范将直接影响地方立法评估工作的成效和地方立法评估结果的质量。评估程序的设计要通盘考虑整个评估活动的诸多因素，从实践来看，规范的评估程序至少包括以下环节：

1. 评估对象的确定

作为地方立法评估程序的首个环节，评估对象的选定，即对哪些立法项目进行评估，直接关乎地方立法评估工作的价值。从理论上讲，基于充分发挥地方立法评估作用、有效提高地方立法质量的考虑，应当对地方立法进行全方位、全链条评估。所谓全方位，是指要对所有地方立法项目进行评估；所谓全链条，是指要对立法项目开展包括立法前、立法中和立法后在内的系统评估。但是，从现实来看，受成本等因素所限，全方位、全链条评估至少在短期内是无法做到的。那么，如何确定地方立法评估的对象？一般认为，对经济社会发展产生或可能产生重大影响的地方立法项目应当优先确立为地方立法评估对象。例如，2013 年 7 月 17 日广东省第十二届人民代表大会常务委员会第九次主任会议通过的《广东省人民代表大会常务委员会立法评估工作规定（试行）》第 9 条规定："地方性法规有下列情形之一的，应当适时开展立法后评估：（一）对社会稳定、经济调控、生态环保有重大影响的；（二）直接关系公共安全

〔1〕 参见杜承秀、朱云生：《地方立法评估的实践审视与制度完善》，载《地方立法研究》2018 年第 1 期。

〔2〕 参见陈伟斌：《地方立法评估的立法模式与制度构建》，载《法学杂志》2016 年第 6 期。

和公共利益的；(三)立法时的社会环境发生重大变化的；(四)人大代表、政协委员和社会公众、有关组织反映问题比较集中的；(五)执法检查发现问题较多的；(六)其他需要评估的情形。”又如，2012年11月21日陕西省第十一届人大常委会第一百零七次主任会议通过的《陕西省地方立法评估工作规定》第9条规定：“地方性法规实施两年后有下列情形之一的，可以作为立法后评估项目：(一)与民生关系密切，社会反响较大的；(二)执法检查发现问题较多的；(三)人大代表、政协委员和社会各方面提出立法后评估建议较多的；(四)立法时的政治、经济和社会等制度环境、条件等发生较大变化的；(五)其他需要评估的情形。”亦有研究者指出，为了确保有效评估资源的合理利用，在评估对象确定上应当恪守以下原则：第一，立法实际需要原则；第二，开展评估工作基础原则；第三，社会公众关注原则；第四，评估的效果原则。[1]

2. 评估主体的确定、选定

作为地方立法评估程序的重要环节，评估主体的确定、选定，即由谁来组织、实施评估工作，直接关乎地方立法评估的权威性、公信力。[2]如上所述，评估主体具有多元性，其作为地方立法评估中的关键角色，具有组织者和实施者之分，前者是有权提起地方立法评估的公权主体，后者则是地方立法评估工作的实际承担者。从实践来看，地方立法前评估的组织者是地方政府司法部门或其他职能部门；地方立法中评估的组织者可以是地方政府司法部门或其他职能部门，也可以是地方人大专门委员会或地方人大常委会法制工作机构；地方立法后评估的组织者多为地方政府司法部门或地方人大常委会法制工作机构。

作为地方立法评估的主导者，评估组织者可以自己担任评估实施者，也可以委托其他主体(如高等院校、科研机构等)担任评估实施者，以具体承担地方立法评估工作，这被称为委托评估或第三方评估。从发

---

[1] 参见王锡明：《地方立法后评估程序研究》，载《人大研究》2011年第10期。

[2] 参见陈俊荣、魏红征：《地方立法后评估框架性体系探析》，载《地方立法研究》2018年第1期。

展趋势来看,委托评估的应用范围越来越广。委托评估的制度优势主要有二:第一,作为受托者,以高等院校、科研机构等为代表的第三方机构在地位上更为独立,不易受其他干扰因素的影响,进而更有利于确保评估工作的独立、评估结果的公正。第二,从实践来看,对于设区的市一级,无论是地方政府司法部门或其他职能部门,还是地方人大专门委员会或地方人大常委会法制工作机构,立法力量普遍比较薄弱,因而采用委托评估方式,引入高等院校、科研机构等有助于解决这一问题。对第三方评估主体的选定,首先要确保第三方评估主体的专业性,即第三方评估主体的相关人员不仅要拥有扎实的法学功底、深厚的法学修养,而且还要具有社会学等其他领域的相关专业知识,并具备立法相关工作经验和实操能力。委托第三方评估主体进行地方立法评估,可以采取定向委托、招标等方式,但应当做到公开、透明,并与受委托的第三方评估主体签订委托协议,明确具体委托事项和要求。作为受托方,第三方评估主体可以根据评估工作需要将具体事宜委托他人承担,但不得将评估工作整体再转委托给他人。

3. 评估方案的制定

地方立法评估工作是一项计划性非常强的工作。在地方立法评估中,评估方案的制定是核心环节所在,其不仅是地方立法评估工作开展的遵循,而且直接关系地方立法评估的工作成效。一般认为,所谓评估方案,是指地方立法评估主体对评估活动进行的具有一定预测性的设计、安排,其体现为评估主体对评估活动的预期目标。没有科学的评估方案,地方立法评估工作就会遇到很大障碍,就会因缺乏明确的目标指引而无法有效开展。从理论上讲,评估方案的制定应当遵循实用性、时效性和经济性的基本原则。所谓实用,是指方案的制定务必要科学合理,并尽可能做到具体明确;所谓时效,是指方案的制定一定要遵循评估的时间要求,确保评估工作在合理时间内完成;所谓经济,是指方案的制定一定要重视经济成本的控制,投入尽可能少的财力、人力,并保障评估工作的顺利完成。从实践来看,评估方案多由评估实施者制定,并经评估组织者同意，其主要内容包括：(1)评估对象、评估目的、评估组织者与实施者的简要介绍。(2)时间安排与人员构成。要根据地方立法评估工作实际需要，对评估时间安排、参与人员及角色担当等予以说明。(3)评估标准与评估方法。要针对所评估项目的特殊性，对须遵循的评估标准、拟采用的评估方法予以列明。(4)评估计划。要根据地方立法工作开展的实际需要，按照时序对地方立法评估工作的具体任务进行分解说明。

4. 评估信息的收集与分析

评估信息是地方立法评估工作开展的材料来源，信息的真实、客观与否直接决定评估结果的科学性、客观性和公正性。[1] 评估信息的收集与分析是地方立法评估工作开展中的基础性工作，是能否作出准确评估结论的前提。评估信息收集是否真实、全面，评估信息分析是否科学、合理，直接关系到地方立法评估工作的成效。如果没有真实、全面的第一手评估信息，评估工作将无从着手。从一定意义上讲，立法评估的过程实质上就是相关信息收集与处理的过程，可以采用实验法、观察法、问卷调查法、个别访问法、查阅资料法、个案分析法等收集方法。首先，要做到对信息的真实、全面收集。应当在秉持合法、客观原则的基础上，尽力拓宽评估信息的收集渠道，在此基础上创新信息收集的方法、手段，以确保评估实施者能够真实、全面地获得相关信息。其次，应当对所收集的信息予以科学、合理的分析。一要对所收集的信息进行筛选，实现去伪存真、去粗取精，把无效错误信息从中剔除出去；二要对筛选后的信息进行分类梳理，与评估标准进行准确对接；三要在创新分析模型的基础上，对所保留的分类信息进行多角度分析，并对分析结果进行对比、权衡，以保证分析结果的科学合理。

5. 评估报告的撰写

一般认为，所谓评估报告，是指评估实施者在完成评估工作后，向评估组织者提交的全面反映评估工作内容、成效和结论的正式文件，是整

[1] 参见王锡明：《地方立法后评估程序研究》，载《人大研究》2011年第10期。

个评估活动的结晶。作为地方立法评估工作的最后环节和关键步骤，评估报告撰写既是地方立法评估工作的系统总结，也是地方立法评估成果的直观呈现。评估报告的撰写必须秉持客观公正的基本原则，要立足于评估工作实际，对照评估标准，经科学分析而作出评估结论。评估类型不同，评估报告内容亦有所不同。例如，地方立法后评估报告一般包括以下内容：(1)地方立法评估工作开展情况概述，包括评估目的、评估主体、评估过程、评估方法、评估标准等；(2)所评估立法项目实施后取得的经济社会成效总结；(3)所评估立法项目在实施中存在的问题及其原因；(4)所评估立法项目在制度设计、规则设定等方面的完善建议或者予以废除的建议。需要予以说明的是，无论何种评估，其报告都必须有明确、具体的评估结论及具有针对性和建设性的建议。有研究者进一步指出，一份优秀的评估报告不仅要有充实的内容，还要根据评估数据特征和决策者需求选择恰当、直观、简明的形式呈现。因此，在互联网时代，以大数据技术优化评估报告的形式，具有重要意义。[1]

[1] 参见曹瀚予：《论新时期地方立法评估的科学化》，载《理论导刊》2019年第2期。

第五章　新兴领域立法之《河北省数字经济促进条例》解读

一、数字经济立法理论概述

（一）推进数字经济立法的缘由分析

1. 推进数字经济立法是由经济基础决定上层建筑的基本原理所决定的

业界对数字经济的概念已逐渐达成共识。在2016年9月举行的G20杭州峰会上，作为全球首个由多国领导人共同签署的数字经济政策文件的《二十国集团数字经济发展与合作倡议》获得通过。该倡议指出，"数字经济是指以使用数字化的知识和信息作为关键生产要素、以现代信息网络作为重要载体、以信息通信技术的有效使用作为效率提升和经济结构优化的重要推动力的一系列经济活动"[1]。2021年5月国家统计局第十次常务会议通过的《数字经济及其核心产业统计分类（2021）》明确规定，"数字经济是指以数据资源作为关键生产要素、以现代信息网络作为重要载体、以信息通信技术的有效使用作为效率提升和经济结构优化的重

---

〔1〕《二十国集团数字经济发展与合作倡议》，载中国网信网，http://www.cac.gov.cn/2016-09/29/c_1119648520.htm。

要推动力的一系列经济活动”。同时，该分类将数字经济产业的范围确定为数字产品制造业、数字产品服务业、数字技术应用业、数字要素驱动业、数字化效率提升业 5 个大类。[1] 数字经济属于一个内涵比较宽泛的概念，凡是直接或间接利用数据来引导资源发挥作用，推动生产力发展的经济形态都可以纳入数字经济的范畴。在技术层面，数字经济包括大数据、云计算、物联网、区块链、人工智能、5G 通信等新兴技术；在应用层面，“新零售”“新制造”等都是数字经济的典型代表。[2] 数字经济具有以下显著特征：首先，以数据为关键生产要素；其次，以网络平台为主要载体；最后，以信息技术为主要发展驱动力。[3]

数字经济已成为继农业经济、工业经济之后的主要经济形态，为经济社会发展带来了澎湃动力。统计测算数据显示，2012 年至 2021 年，我国数字经济规模从 11 万亿元增长到超 45 万亿元，数字经济占国内生产总值比重由 21.6% 提升至 39.8%。[4] 2021 年 12 月国务院印发的《“十四五”数字经济发展规划》提出了数字经济的发展目标：“到 2025 年，数字经济迈向全面扩展期，数字经济核心产业增加值占 GDP 比重达到 10%，数字化创新引领发展能力大幅提升，智能化水平明显增强，数字技术与实体经济融合取得显著成效，数字经济治理体系更加完善，我国数字经济竞争力和影响力稳步提升。”[5] 经测算，到 2025 年，数字经济核心产业增加值将达约 15 万亿元，整个数字经济产值有望突破 80 万亿元，占 GDP 比重超过五成。[6]

经济基础决定上层建筑，法律基于经济发展的需要而产生，并随着

---

〔1〕 参见《数字经济及其核心产业统计分类（2021）》，载中国政府网 2021 年 7 月 20 日，https://www.gov.cn/gongbao/content/2021/content_5625996.htm。

〔2〕 参见新华社：《完善立法，推动数字经济高质量发展》，载《信息系统工程》2021 年第 11 期。

〔3〕 参见何波：《数字经济法律政策与立法展望》，载《中国电信业》2018 年第 11 期。

〔4〕 参见王政：《我国数字经济规模超 45 万亿元》，载中国政府网，www.gov.cn/xinwen/2022－07/03/content_5699000.htm。

〔5〕 《国务院关于印发“十四五”数字经济发展规划的通知》，载中国政府网，www.gov.cn/zhengce/zhengceku/2022－01/12/content_5667817.htm。

〔6〕 参见《各地掀起数据立法热潮　数字经济立下规矩谋未来》，载《信息系统工程》2022 年第 4 期。

经济的发展而发生变化。当经济发展到一定阶段,产生出对法律的需要时,作为特殊社会规范的法律便应运而生。一定生产关系的性质以及生产力的发展水平,决定着以该生产关系为基础的法律的本质和特征。同时,经济基础的发展变化必然引起法律的发展变化。这种发展变化不仅表现在法律随着经济基础的根本变革而发生本质的变化,还表现为经济基础发生局部变化也会引起法律的相应变化。[1] 在数字经济时代,数据、信息网络以及数字技术的作用被重新定义,数据成了关键性生产要素,现代信息网络成了主要载体,信息通信技术的融合应用、全要素数字化转型则成了数字经济的重要推动力。这些变化为作为国家治理体系和治理能力重要依托的法治带来了新的挑战。[2] 数字经济的快速发展必然要求法律规范的变革创新予以回应。正如有的研究者所指出的那样,面对正在进行的数字化革命,及时提供优质的法治产品,构建以科学、人本、公正、包容、共治为核心要素的法理型法律秩序,是破解治理赤字的当务之急。[3]

2. 推进数字经济立法是由实现数字经济高质量发展目标的现实需求所决定的

当今时代,随着大数据、云计算、物联网、区块链等前沿信息技术的快速发展,数字技术和数字经济日益成为新一轮国际竞争的重点领域。习近平总书记在党的二十大报告中指出,要“加快发展数字经济,促进数字经济和实体经济深度融合,打造具有国际竞争力的数字产业集群”[4]。发展数字经济是把握新一轮科技革命和产业变革新机遇的战略选择,有利于推动构建新发展格局、建设现代化经济体系、构筑国家竞争新优势。在全面建设社会主义现代化国家的新征程上,我们需要加快

---

〔1〕 参见张文显主编:《法理学》,高等教育出版社 2018 年版,第 378－379 页。

〔2〕 参见胡光志、苟学珍:《数字经济的地方法治试验:理论阐释与实践路径》,载《重庆大学学报(社会科学版)》2022 年第 6 期。

〔3〕 参见张文显:《构建智能社会的法律秩序》,载《东方法学》2020 年第 5 期。

〔4〕 习近平:《高举中国特色社会主义伟大旗帜　为全面建设社会主义现代化国家而团结奋斗——在中国共产党第二十次全国代表大会上的报告》,载新华网,http://www.news.cn/politics/cpc20/2022－10/25/c_1129079429.htm。

发展数字经济，助推中国经济高质量发展。[1]

当前，我国数字经济蓬勃发展，为实现高质量发展注入了澎湃动力；而越是快速发展，越离不开法律的规范和引导。数字经济作为新兴经济形态，深刻地改变了社会组织形态、主体行为关系。在此背景下，传统的法律治理框架、政府管理体系和多方权责利关系需要重新适应或者补充调整，构建数字经济治理框架和规则体系是构建时代新秩序的必然要求。[2] 我国数字经济从小到大、由弱渐强的发展之路，也是我国与数字经济和互联网相关的法律法规不断完善的过程。习近平总书记在中央政治局第三十四次集体学习时指出，要完善数字经济治理体系，健全法律法规和政策制度，完善体制机制，提高我国数字经济治理体系和治理能力现代化水平。[3] 数字经济的健康发展，离不开系统完善的法律规范体系。促进数字经济高质量发展，需夯实法治根基。

3. 推进数字经济立法是由破解数字经济发展现存问题的迫切需求所决定的

实践证明，数字经济在给经济社会发展带来了巨大动力、大幅提升了人民群众的生活舒适度和幸福感的同时，也在社会治理、产业发展、文化塑造等诸多方面提出了新的挑战。尤其是新技术、新业态、新模式、新产品的大量涌现，衍生出数据安全、隐私保护、数字鸿沟、平台垄断、算法歧视、算法困境、信息茧房、能耗排放、恶性竞争等诸多问题，并诱发了相应法律纠纷。[4] 互联网平台企业运用大数据分析、算法操纵、算法合谋等高科技手段，造成垄断和不正当竞争行为的实施更为隐蔽复杂。同时，在数字经济浪潮下，国内不同地区、群体、产业部门之间存在发展不

[1] 参见郑洁、成吉：《数字经济赋能高质量发展》，载《中国社会科学报》2022 年 11 月 10 日，A01 版。

[2] 参见申卫星：《"十四五"数字经济高质量发展需要法治护航》，载《中国经贸导刊》2022 年第 3 期。

[3] 参见《习近平在中共中央政治局第三十四次集体学习时强调　把握数字经济发展趋势和规律　推动我国数字经济健康发展》，载新华网，http://www.news.cn/2021-10/19/c_1127973979.htm。

[4] 参见依琰：《央地联动　数字经济立法加速推进》，载《中国商界》2022 年第 6 期。

平衡现象，利益纠纷特征明显。[1] 这些问题不仅会削弱行业内企业的创新动力，而且最终会损害消费者利益和阻碍经济发展。[2]

从本质上讲，数字经济是法治经济，应对相关挑战、解决相关问题，最关键的就是要崇尚法治、厉行法治，最核心的就是要以习近平法治思想为引领，发挥法治在数字经济发展中固根本、稳预期、利长远的重要作用，确保数字经济这辆时代快车始终行稳致远。[3] 总之，加强数字经济立法，是防范经济风险、促进经济发展的必然之举，是维护国家总体安全和人民切身权益的迫切需要。[4]

（二）数字经济立法的实施进路

近年来，《电子商务法》《数据安全法》《个人信息保护法》陆续出台，共同组成了数字经济发展的基础法律体系，对于网络系统、电子交易、数据要素、消费者权益等都有具体的要求和支撑，对于数字经济的可持续发展具有积极意义。[5] 面向未来，我国更是需要法治护航数字经济行稳致远。2021 年 12 月国务院印发的《"十四五"数字经济发展规划》在数字经济的发展目标中指出，到 2025 年，"协调统一的数字经济治理框架和规则体系基本建立"，"与数字经济发展相适应的法律法规制度体系更加完善，数字经济安全体系进一步增强"。数字经济发展越快，越离不开法治的规范和引导。因此，应当聚焦数字经济健康发展的基础性法律问题，坚持促进发展和监管规范两手抓，在发展中规范、在规范中发展，推动数字经济沿着法治轨道健康发展。

---

〔1〕 参见金观平：《加快数字经济立法步伐》，载《经济日报》2022 年 3 月 27 日，第 1 版。

〔2〕 参见邱德坤：《加快数字经济立法与协同治理》，载《上海证券报》2022 年 3 月 10 日，第 8 版。

〔3〕 参见殷泓：《法治护航数字经济高质量发展》，载《光明日报》2021 年 9 月 29 日，第 7 版。

〔4〕 参见赵姗：《立法先行　激发数字经济发展新动能》，载《中国经济时报》2022 年 2 月 18 日，第 1 版。

〔5〕 参见申卫星：《"十四五"数字经济高质量发展需要法治护航》，载《中国经贸导刊》2022 年第 3 期。

除国家立法外，多地也在积极探索数字经济促进型立法。例如，2021年3月1日《浙江省数字经济促进条例》正式施行，这是全国第一部以促进数字经济发展为主题的地方性法规。又如，2021年9月1日《广东省数字经济促进条例》施行，其聚焦数字产业化、产业数字化两大核心，突出制造业数字化转型，做好数据资源开发利用保护和技术创新。以地方促进型立法的形式，鼓励、引导、包容、审慎促进数字经济发展，对推动经济社会高质量发展意义重大，既体现了先试先行的创新性、引领性，也有利于发挥地方的主观能动性，还能为从国家层面针对数字经济进行综合性、系统性立法奠定基础、积累经验。〔1〕

二、《河北省数字经济促进条例》的立法背景与立法过程

（一）《河北省数字经济促进条例》的立法背景

数字经济是继农业经济、工业经济之后的主要经济形态，是以数据资源为关键要素，以现代信息网络为主要载体，以信息通信技术融合应用、全要素数字化转型为重要推动力，促进公平与效率更加统一的新经济形态。数字经济发展速度之快、辐射范围之广、影响程度之深前所未有，正推动生产方式、生活方式和治理方式的深刻变革，成为重组全球要素资源、重塑全球经济结构、改变全球竞争格局的关键力量。近年来，党中央、国务院出台了数字经济、网络强国、促进大数据发展、促进人工智能发展等一系列重大战略、规划和举措，抢抓数字经济发展机遇，增强数字经济发展核心能力，提高数字经济发展质量，进一步打造我国数字经济新优势。2021年3月11日第十三届全国人民代表大会第四次会议表决通过的《国民经济和社会发展第十四个五年规划和2035年远景目标纲要》以专篇形式对“加快数字化发展　建设数字中国”进行了系统规定，由“打造数字经济新优势”“加快数字社会建设步伐”“提高数字政府建设水平”“营造良好数字生态”4章构成，明确提出“迎接数字时代，激

---

〔1〕　参见新华社：《完善立法，推动数字经济高质量发展》，载《信息系统工程》2021年第11期。

活数据要素潜能，推进网络强国建设，加快建设数字经济、数字社会、数字政府，以数字化转型整体驱动生产方式、生活方式和治理方式变革”。

河北省委、省政府高度重视数字经济发展。河北省委主要领导强调，要把发展数字经济作为事关全局和长远发展的战略任务抓实抓好，从河北省数字经济发展面临的问题和需求出发，大力推进数字产业化、产业数字化。河北省先后制定实施了数字经济发展规划和20个专项行动计划，以及促进发展大数据、5G网络、智慧城市、“互联网+”等政策措施，数字经济发展步伐不断加快。据统计，2020年，河北省数字经济规模1.21万亿元，占GDP比重33.4%，规模居全国第11位，数字经济已成为全省深化供给侧结构性改革、推动经济高质量发展的重要支撑。同时也要看到，河北省在数字经济发展方面还存在核心产业规模小、制造业数字化水平较低、科技创新能力薄弱、新业态新模式发展缓慢等突出问题。当前，新一轮科技革命和产业变革深入发展，数字化转型已经成为大势所趋。河北省正处于历史性窗口期和战略机遇期，经济社会发展已走到新旧动能转换的重要关口，数字经济作为高质量发展新引擎至关重要，亟须通过法律手段推进数字经济加快发展。为充分发挥立法对数字经济发展的引领、推动和保障作用，加快推进数字产业化、产业数字化，打造数字经济发展新优势，拓展数字经济发展新空间，促进河北省数字经济健康发展，河北省人大常委会、省政府于2021年1月将《河北省数字经济促进条例》列入了年度立法计划。

（二）《河北省数字经济促进条例》的立法过程

河北省委、省政府高度重视《河北省数字经济促进条例》制定工作。按照科学立法、民主立法、依法立法的要求，在河北省司法厅的牵头推进下，河北省发展改革委会同河北省委网信办、省工业和信息化厅深入学习贯彻习近平总书记关于数字经济发展的重要指示精神，按照河北省委、省政府的部署，主要开展了以下几方面工作：一是认真进行调查研究。先后赴浙江、廊坊等地开展立法调研，实地考察数字经济领域相关企业发展现状，组织座谈会听取企业关于促进数字经济发展的诉求。二是学习借鉴先进经验。深入学习浙江、广东、贵州等省份促进数字经济发展的典型做法和开展立法的成功经验，结合河北省实际进行了吸纳借鉴。三是广泛征求各方意见。先后征求了河北省直 48 个部门和单位、各设区的市政府、雄安新区管委会以及社会公众的意见建议，还征询了中央网信办、国家发展改革委、工业和信息化部等有关国家部委的意见建议。四是充分进行专家论证。邀请河北省内外数字经济领域著名专家召开专家论证会，就《河北省数字经济促进条例（草案）》内容进行充分论证，从专业角度提出立法意见建议。在上述工作基础上，经反复修改完善，形成了提请审议的《河北省数字经济促进条例（草案）》。

2021 年 11 月，《河北省数字经济促进条例（草案）》经河北省政府第一百二十六次常务会议审议通过，并经第九届河北省委第二百八十九次常委会（扩大）会议研究审议后，提请河北省人大常委会审议，经过三次审议后表决通过。在此期间，河北省人大常委会充分凝聚智慧、汇聚共识，征求了省直有关部门、各市人大常委会、行业协会、市场主体意见，并向社会公开征求意见，召开了专家论证会、专题座谈会。

三、《河北省数字经济促进条例》的框架结构及立法特色与创新

《河北省数字经济促进条例》的出台填补了河北数字经济发展方面的法规空白，标志着河北新兴领域立法工作迈出新步伐、开辟新篇章。《河北省数字经济促进条例》共 9 章 81 条，13，000 余字，是一部创制性法规，没有直接对应的上位法，具有综合性、基础性、全局性的特点。除第九章“附则”外，其框架结构及立法特色与创新如下：

（一）总则

作为《河北省数字经济促进条例》的第一章，“总则”一章共由 8 个条文组成，分别对立法目的和立法依据、适用范围与调整对象、基本原

则、政府职责、部门职责、规划引领、统计监测、交流合作等问题进行了规定，其特色与创新主要体现在以下几方面：

1. 明确了促进数字经济发展的基本原则

《河北省数字经济促进条例》第 3 条明确规定："发展数字经济应当遵循创新引领、融合发展，应用牵引、数据赋能，公平竞争、安全有序，系统推进、协同高效的原则。"所谓创新引领、融合发展，是指要坚持把创新作为引领发展的第一动力，突出科技的战略支撑作用，促进数字技术向经济社会和产业发展各领域广泛深入渗透，推进数字技术、应用场景和商业模式融合创新，形成以技术发展促进全要素生产率提升、以领域应用带动技术进步的发展格局。所谓应用牵引、数据赋能，是指要坚持以数字化发展为导向，充分释放数据要素价值，激活数据要素潜能，以数据流促进生产、分配、流通、消费各个环节高效贯通，推动数据技术产品、应用范式、商业模式和体制机制协同创新。所谓公平竞争、安全有序，是指要突出竞争政策基础地位，坚持促进发展和监管规范并重，健全完善协同监管规则制度，强化反垄断和防止资本无序扩张，推动平台经济规范健康持续发展，建立健全适应数字经济发展的市场监管、宏观调控、政策法规体系，牢牢守住安全底线。所谓系统推进、协同高效，是指要充分发挥市场在资源配置中的决定性作用，构建经济社会各主体多元参与、协同联动的数字经济发展新机制。

2. 明确了促进数字经济发展的规划引领

大国发展，规划先行。以规划引领发展是治国理政的重要方式，与我国国家制度和治理体系相生相伴的、已被证明是行之有效的制度性工具，是中国特色社会主义发展模式的重要体现，是社会主义建设取得历史性成就的重要保障。促进河北省数字经济发展要强调规划引领重要作用的发挥。具体来说，《河北省数字经济促进条例》第 6 条规定了以下内容：第一，县级以上人民政府应当将数字经济发展纳入国民经济和社会发展规划；第二，在省级层面，省人民政府发展改革部门应当编制全省数字经济发展专项规划，报省人民政府批准后发布实施；第三，在市、县级层面，设区的市、县级人民政府发展改革部门或者本级人民政府确定的数字经济主管部门应当根据全省数字经济发展专项规划的要求和实际需要，编制本行政区域数字经济发展专项规划或者实施方案，报本级人民政府批准后发布实施。

（二）数字基础设施建设

作为《河北省数字经济促进条例》的第二章，“数字基础设施建设”一章共由7个条文组成，分别对建设总体要求、规划管控与设施联通、通信网络建设、算力基础设施建设、物联网建设、工业互联网基础设施建设、农村地区数字基础设施建设等问题进行了全面规定，其特色与创新主要体现在以下几方面：

1. 对算力基础设施建设进行了明确规定

发展数字经济，算力是重要支撑。作为数字经济时代新的生产力，算力已经成为全球战略竞争的新焦点，将为加强数字政府建设、激活数据要素潜能以及促进各行各业的数字化转型注入新动能，助推经济社会高质量发展。相关数据显示，计算力指数平均每提高1点，数字经济和GDP将分别增长3.5‰和1.8‰。算力基础设施是数字经济健康发展的“底座”，加快推进算力基础设施建设意义重大，能够为各行各业的数字化转型奠定坚实基础。《河北省数字经济促进条例》第12条对算力基础设施建设问题进行了明确规定，具体内容如下：第一，在省级层面，省人民政府发展改革部门、工业和信息化主管部门、省网信部门和省通信管理部门应当统筹推进新型数据中心、云计算中心、超算中心、智能计算中心等建设及传统数据中心升级改造，支持企业建设公共算力服务平台，构建布局合理、存算均衡、绿色低碳、安全高效的算力基础设施；第二，在市、县级层面，设区的市、县级人民政府应当按照上级人民政府统一部署，推进算力基础设施建设。

2. 对农村地区数字基础设施建设进行了明确规定

在推动乡村振兴进程中，建设数字乡村是一个重要战略方向，也是必由之路。加强农村地区数字基础设施建设是推动数字乡村建设的必要基础,也是弥合城乡数字鸿沟,实现乡村振兴的重要保障。近年来,河北省农村地区数字基础设施建设已取得重要进展,为智慧农业生产、农村电商、数字化生活等数字乡村关键应用场景提供了重要基础,促进了精准农业、智慧农业的发展,提升了农村公共服务和治理水平,但还存在发展不平衡不充分的问题。为推动河北省农村地区数字基础设施优化升级,促进数字技术同农业发展、农村治理和农民生活深度融合,并为加快农业农村现代化提供坚强科技保障,《河北省数字经济促进条例》第15条对农村地区数字基础设施建设问题进行了明确规定,具体内容如下:省通信管理部门、县级以上网信部门、县级以上人民政府农业农村主管部门等应当加快农村地区数字基础设施建设,强化传统基础设施数字化改造和数字基础设施优化升级,推进县域内城乡数字设施一体化,提高乡村光纤网络、移动网络建设水平和覆盖水平,加快数字乡村建设。

(三)数据资源开发利用

作为《河北省数字经济促进条例》的第三章,“数据资源开发利用”一章共由13个条文组成,分别对开发利用总体要求、公共数据管理主体、公共数据管理目录、数据收集使用、公共数据共享准则、公共数据共享平台、公共数据开放、自有数据开放、数据要素市场主体培育、数据权益保护与数据资源流动、数据安全管理、公权主体数据的收集与使用、数据社会保护等问题进行了规定,其特色与创新主要体现为对公共数据管理与利用作出了系统性规定。

作为重要的生产要素,公共数据不仅关乎数字经济发展,而且关系到政府运行、民生服务和社会治理。《“十四五”数字经济发展规划》明确提出,“建立健全国家公共数据资源体系,统筹公共数据资源开发利用,推动基础公共数据安全有序开放,构建统一的国家公共数据开放平台和开发利用端口,提升公共数据开放水平,释放数据红利”。对公共数据管理与利用予以系统性规定是《河北省数字经济促进条例》的立法亮点之一，主要内容如下：

（1）对公共数据管理主体进行了明确。《河北省数字经济促进条例》第 17 条第 1 款规定，国家机关、法律法规授权的具有管理公共事务职能的组织以及供水、供电、供暖、供气、民航、铁路、通信、邮政、公共交通等提供公共服务的组织，在依法履行公共管理和服务职责过程中收集和产生的各类数据（公共数据），由省、设区的市、县（市、区）确定的公共数据主管部门实行统筹管理。

（2）建立了公共数据管理目录制度。《河北省数字经济促进条例》第 18 条明确规定，"本省公共数据实行目录管理"，并对公共数据的收集和质控进行了明确规定：第一，公共管理服务机构履行职责需要收集公共数据的，应当坚持一数一源、标准统一和谁收集、谁更新、谁负责的原则，对可以通过共享方式获得的数据，不得重复收集、多头收集；第二，公共管理服务机构应当加强数据质量管控，健全数据纠错机制，确保数据准确性、完整性和时效性。

（3）对公共数据共享问题进行了明确规定。第一，公共数据共享应当遵循规定准则，如公共管理服务机构之间共享公共数据，应当坚持以共享为原则、不共享为例外；第二，公共数据共享应当通过公共数据共享平台实现。

（4）对公共数据开放问题进行了明确规定。第一，省、设区的市公共数据主管部门应当按照需求导向、依法有序、分类分级、安全可控的原则推进公共数据开放；第二，公共管理服务机构向社会开放公共数据应当通过统一的公共数据开放平台实现；第三，鼓励优先开放对民生服务、社会治理和产业发展具有重要价值的数据。

（四）数字产业化

作为《河北省数字经济促进条例》的第四章，"数字产业化"一章共由 8 个条文组成，分别对省域统筹规划、新一代信息技术产业发展、数字经济相关产业项目支撑、核心技术研发、数字产业生态、数字产业园区、培育发展新业态新模式、创新创业平台等问题进行了规定，其特色与创新主要体现在以下几方面：

1. 对数字经济关键核心技术研发进行了明确规定

发展数字经济关键是掌握核心技术。习近平总书记指出，“要牵住数字关键核心技术自主创新这个‘牛鼻子’，发挥我国社会主义制度优势、新型举国体制优势、超大规模市场优势，提高数字技术基础研发能力，打好关键核心技术攻坚战，尽快实现高水平自立自强，把发展数字经济自主权牢牢掌握在自己手中”。为充分发挥关键核心技术对数字经济发展的推动和基础支撑作用，加快数字经济关键核心技术研发与产业化，《河北省数字经济促进条例》第32条规定：“县级以上人民政府及其科学技术等部门应当引导支持企业联合高等院校、科研院所开展人工智能、物联网、云计算、大数据、网络安全等领域关键核心技术研发攻关，提高数字经济核心竞争力。”

2. 对培育发展数字经济新业态新模式问题进行了明确规定

新业态新模式孕育着数字经济发展的新动能。为此，《“十四五”数字经济发展规划》对“加快培育新业态新模式”作出专门规定，涉及平台经济健康发展、共享经济应用深化、基于数字技术的智能经济发展、新型就业创业平台发展等问题。为加强对数字经济新业态新模式的支持力度，打造河北省数字经济发展新优势，《河北省数字经济促进条例》第35条明确规定：“县级以上人民政府及其发展改革、工业和信息化、市场监督管理、商务等部门应当培育发展新业态新模式。推动平台经济健康发展，支持平台经营者利用技术、市场、数据等优势，提供普惠化、便捷化和个性化服务。发展共享出行、共享租住、共享物品等共享经济，拓展创新、生产、供应链等资源共享空间。发展基于数字技术的智能经济，推动智慧销售、无人配送以及众创众包众扶众筹等新业态新模式发展。”

（五）产业数字化

作为《河北省数字经济促进条例》的第五章，“产业数字化”一章共由15个条文组成,分别对产业数字化支持、重点行业数字化转型、产业集群数字化转型、工业数字化转型、绿色制造数字化、能源数字化转型、智慧农业、智慧交通、智慧物流、文旅数字化、智慧医疗、智慧教育、智慧体育、电子商务、数字金融等问题进行了规定,其特色与创新主要体现在以下几方面:

1. 对工业数字化转型问题进行了明确规定

工业数字化转型是抓住新一轮科技革命和产业变革浪潮的内在要求。大力推进工业领域数字化转型,推进生产过程数字化监控、管理,对于工业经济发展具有十分重要的意义。河北省是工业大省,且以传统产业为支柱,数字化转型升级需求十分迫切。《河北省数字经济促进条例》第40条对河北省工业数字化转型问题作出了系统性规定,具体内容包括:第一,县级以上人民政府工业和信息化主管部门应当通过试点示范、宣传指导、政策支持等方式,推进工业互联网平台建设,改造提升传统产业,发展先进制造业,提高企业生产和管理效能;第二,推动大型工业企业开展工业互联网集成应用创新,带动供应链企业数字化转型;第三,推动中小型工业企业运用低成本、快部署、易运维的工业互联网解决方案,普及应用工业互联网。

2. 对发展智慧农业问题进行了明确规定

作为农业发展的新形态,智慧农业充分利用互联网、移动互联网、云计算和物联网技术,依托部署在农业生产现场的各种传感设施和无线通信网络进行智能感知、智能预警、智能分析、专家在线指导,以实现精准化种植、可视化管理、智能化决策。大力发展智慧农业是加快推进农业现代化的必然之需和应然之举,有助于实现农业生产的精细化和高效化,有助于推动农业可持续发展、扩展农业发展空间。为促进河北省智慧农业发展,《河北省数字经济促进条例》第43条除明确规定,“县级以上人民政府农业农村主管部门应当推动发展智慧农业”,还进一步规定,要“依托智慧农业云平台,促进农业物联网应用,推进农业单品种生产、加工、流通、销售、消费的全产业链大数据建设,推广数字田园、智慧养殖、数字植物工厂、数字渔业、数字种业等高端农业,推动遥感监测、地理信息等信息通信技术在农田建设、农机作业、农产品质量安全追溯等方面的应用,实现农产品生产动态监测、物联网管控、生产数据自动汇总及分析,提高农业生产精细化、智慧化水平"。

(六)数字化治理

作为《河北省数字经济促进条例》的第六章,"数字化治理"一章共由7个条文组成,分别对数字政府、一体化政务服务平台、智慧监管、智慧应急、智慧城市、基层智慧治理、困难群体服务保障等问题进行了规定,其特色与创新主要体现在以下几方面:

1. 对加强数字政府建设进行了明确规定

加强数字政府建设是适应新一轮科技革命和产业变革趋势、引领驱动数字经济发展和数字社会建设、营造良好数字生态、加快数字化发展的必然要求,是建设网络强国、数字中国的基础性和先导性工程,是创新政府治理理念和方式、形成数字治理新格局、推进国家治理体系和治理能力现代化的重要举措,对加快转变政府职能,建设法治政府、廉洁政府和服务型政府意义重大。为进一步加强河北省数字政府建设,《河北省数字经济促进条例》第52条明确规定:"县级以上人民政府及其有关部门应当加强数字政府建设,推动数字技术在经济调节、市场监管、社会治理、公共服务、生态环境保护、政府自身运行等领域的应用,逐步实现政府履职全业务、全流程数字化,提高政府科学决策、高效监管、精准治理水平。"

2. 对加强基层智慧治理进行了明确规定

基层治理是国家治理的基石,统筹推进乡镇(街道)和城乡社区治理,是实现国家治理体系和治理能力现代化的基础工程。2021年4月中共中央、国务院发布的《关于加强基层治理体系和治理能力现代化建设的意见》从做好规划建设、整合数据资源、拓展应用场景等方面对加强基层智慧治理能力建设问题作出专门规定。充分运用互联网、大数据等技术，加强基层智慧治理，持续提升基层治理能效，有助于让人民群众得到更多实惠，有助于让基层治理更有温度。为进一步加强河北省基层智慧治理，《河北省数字经济促进条例》第 57 条明确规定："县级以上人民政府及其有关部门应当推动城乡基层社会治理数字化，推动公共数据向基层共享应用，运用数字技术统筹规划、协调推进基层公共安全、公共管理、公共服务等治理，提高基层治理的精准化、智能化水平。"

（七）京津冀数字经济协同发展

作为《河北省数字经济促进条例》的第七章，"京津冀数字经济协同发展"一章共由 7 个条文组成，分别对数字基础设施协同、数据共享与信用合作、数字产业协同、数字科技创新协同、公共服务协同、生态治理协同、新区创新示范问题进行了规定。

2014 年 2 月 26 日，习近平总书记在北京主持召开座谈会，专题听取京津冀协同发展工作汇报并作重要讲话。习近平总书记指出，"京津冀地缘相接、人缘相亲，地域一体、文化一脉，历史渊源深厚、交往半径相宜，完全能够相互融合、协同发展"，"实现京津冀协同发展，是面向未来打造新的首都经济圈、推进区域发展体制机制创新的需要，是探索完善城市群布局和形态、为优化开发区域发展提供示范和样板的需要，是探索生态文明建设有效路径、促进人口经济资源环境相协调的需要，是实现京津冀优势互补、促进环渤海经济区发展、带动北方腹地发展的需要，是一个重大国家战略"[1]。2015 年 4 月 30 日中央政治局审议通过《京津冀协同发展规划纲要》，不仅对京津冀三地的功能定位、发展目标予以明确，还对京津冀协同发展的重点领域予以清晰界定。

京津冀协同发展是河北发展面临的最大历史性机遇，实现数字经济跨越发展应着力抓紧抓牢这一重大机遇。为了共同建设京津冀数字经济发展新高地，《河北省数字经济促进条例》首次在数字经济地方性法

〔1〕《打破"一亩三分地"习近平就京津冀协同发展提七点要求》，载新华网，http://www.xinhuanet.com/politics/2014－02/27/c_119538131.htm。

规中专设“京津冀数字经济协同发展”一章。这是《河北省数字经济促进条例》的立法亮点之一,该章所涉规定,可以说是条条有特色、款款是创新。

（八）保障和监督

作为《河北省数字经济促进条例》的第八章,“保障和监督”一章共由15个条文组成,分别对教育宣传、财政保障、金融支持、科技创新、人才引育、保障措施、政策落实、数字经济标准、社会服务、对外交流、知识产权保护、平台监管与自治、评估督导、违法责任、责任引致等问题进行了规定,其特色与创新主要体现在以下几方面:

1. 对促进数字经济发展的金融支持问题进行了明确规定

金融是现代经济的核心,是推动经济社会发展的重要力量。服务好数字经济发展,金融业责无旁贷。推动数字经济健康发展,为做强做优做大数字经济提供更多金融支持,是金融业的一道必答题。要持续深化金融供给侧结构性改革,引导更多金融资源流向数字技术创新和数字经济发展,把更多金融资源配置到数字经济发展的前沿领域、关键环节和重要产业,以高质量的金融服务不断满足数字经济时代的经济社会发展需求。为加强对河北省数字经济发展的金融支持,《河北省数字经济促进条例》第68条明确规定:“县级以上人民政府应当支持符合条件的数字经济企业通过上市融资,拓展融资渠道。县级以上人民政府及其地方金融监督管理部门、所在地国家金融管理部门派出机构应当培育、引进天使投资、风险投资等投资机构,为公募基金、私募基金对接数字经济相关产业发展提供条件,鼓励银行等金融机构加大创新力度,开发信息科技融资、知识产权质押融资、供应链金融等符合数字经济相关产业投融资特点的产品和服务,发挥政府性融资担保作用。推动建设金融机构与企业间常态长效信息对接平台。支持保险机构为符合政策的数字经济企业和项目贷款提供保证保险和信用保险,鼓励保险机构开发适应数字经济发展特点的新型保险产品。”

2. 对促进数字经济发展的科技创新问题进行了明确规定

数字经济的本质是通过技术手段促进效率提升，数字经济的发展离不开前沿科技的带动，5G、大数据、区块链、人工智能等科技创新为数字经济的持续发展提供了基本条件。当前，大数据、云计算、物联网、区块链等数字科技创新加速和应用日益加深，数字经济呈现一日千里的蓬勃发展态势。经过多年发展，我国数字经济发展取得显著成效，经济规模超45万亿元，跃居世界第二位，数字产业化和产业数字化能力大幅度提升，逐步进入科技创新引领发展的新阶段。数字经济价值创造能力直接受制于对数字产业科技供应链的控制能力，发展数字经济的关键是要牵住关键核心技术创新这个“牛鼻子”。《河北省数字经济促进条例》第69条对促进数字经济发展的科技创新问题进行了全面规定，具体内容如下：第一，省人民政府及其科学技术主管部门应当推动数字经济技术创新，加强数字经济技术研究，加快技术成果转化，建立完善产业技术创新体系和共性基础技术供给体系；构建国家重大科技项目承接机制，推动获取重大原创科技成果和自主知识产权。第二，县级以上人民政府及其科学技术、教育等部门应当加强产业链协同创新统筹协调，制定政策措施，引导高等院校、科研院所、科技企业协同攻关，推进数字经济产学研用合作，支持共建企业技术创新联盟、科技创新基地、国际科技合作基地、院士工作站、博士后科研工作站、博士工作站等平台，加强数字经济科研力量优化配置和资源共享。第三，省、设区的市人民政府科学技术主管部门可以向符合条件的科技型中小企业和创新创业团队发放科技创新券，支持开展技术开发、技术转让、试验测试、创新方法培训等服务，推动数字经济科技创新。

第六章 创制性地方立法之《河北省优化营商环境条例》解读

一、营商环境立法理论概述

(一)营商环境的概念

1. 营商环境的概念提出

营商环境一词并非本土术语,属舶来品。2001 年世界银行提出"加快发展各国私营部门(私营经济)"新战略,需要建立一套衡量和评估各国私营经济发展环境的指标体系,"营商环境"一词由此被正式提出。为了更好地实施促进各国私营部门发展的战略,世界银行专门成立了营商环境项目(Doing Business)小组,负责企业营商环境指标体系的创建。该小组通过对全球诸多经济体的调研、评估,经过几年的努力,创建了营商环境评价体系。世界银行依据此体系建立了营商环境报告制度,对所调研评估的经济体进行营商环境评价排名,自 2003 年起每年发布一次。营商环境报告包括诸多衡量指标,每一指标均有严格的方法论支撑,且与实践发展相适应,指标内容不断变化和丰富。

2. 营商环境的概念界定

2019 年 10 月 8 日国务院第六十六次常务会议通过

的《优化营商环境条例》第2条明确规定,“本条例所称营商环境,是指企业等市场主体在市场经济活动中所涉及的体制机制性因素和条件”,此即为营商环境的法定概念。营商环境这一概念所涉关键要素有三:一是营商环境所适用的对象是“市场主体”,其范围比较广泛,包括企业、个体工商户等;二是营商环境的评价范畴限于“市场经济活动”;三是营商环境所涉及的内容主要是“体制机制性因素和条件”。但是,需要予以说明的是,由于营商环境这一概念的提出时间较短且仍处于发展之中,所以学界对营商环境的概念界定还存在不同认识。总体来看,有广义和狭义之分。从广义上讲,营商环境是指影响市场主体经济活动开展的各种因素的总和;从狭义上讲,营商环境是指政府为市场主体经济活动开展所提供的政策法律等制度性因素。

3. 营商环境的概念辨析

在营商环境这一概念被正式提出之前,与其相类似且被广泛使用的概念为“投资环境”。一般认为,所谓投资环境,是指影响投资经营者进行投资管理的一切外部因素。影响和决定投资环境的因素有很多,主要包括政治、经济、技术、金融、社会文化等。准确识别投资环境是直接关系投资者投资能否成功的关键前提,其原因在于,投资环境既能给投资者提供机会,也会造成投资的风险或威胁。较之于投资环境,营商环境所涵盖的范围更宽广,是一个综合的、庞大的体系。可以说,投资环境系营商环境的下位概念。

(二)营商环境的属性与特点

1. 营商环境的属性

作为一个重要的经济学用语,一般认为,所谓公共产品,又称公共物品、公共财货,是指能够为绝大多数人共同消费或享用的产品或服务,如国防、义务教育、福利事业等。公共产品具有非竞争性和非排他性的显著特征。在公共产品的庞大体系中,制度性公共产品是一个重要类别。有研究者指出,所谓制度性公共产品,是指由政府(公共)部门供给的,具有非排他性和非竞争性的,旨在保障社会进步和经济发展的,可用语言、文字、符号予以描述的,以规范性成文形式呈现的正式约束,以法律法规为典型代表。[1] 营商环境就是具有制度特征的一类特殊公共产品。营商环境面向所有市场主体,不为某个特定的市场主体所独享;每个市场主体都可以在优良的营商环境中受益,且该获益不会因其他主体同样受益而减少。

2. 营商环境的特点

(1)内容的综合性。营商环境所涉内容丰富,关乎市场主体发展的社会要素、经济要素、政治要素和法律要素等均属营商环境范畴。从一定意义上讲,营商环境内容上涵盖了市场主体"由生到死"的全生命周期,涉及市场主体的准入、经营、发展和退出等各个环节。由此可见,内容的综合性是营商环境的首要特征所在。

(2)体系的动态性。作为一个新生事物,营商环境伴随现代经济而生,并与现代经济发展同频共振、不断创新。一个突出的例证就是,营商环境评价指标自诞生之日起就一直处于不断调整、持续优化的过程之中。由此决定,其在体系上具有动态性的显著特征。

(三)推进营商环境立法的价值

1. 推进营商环境立法是优化营商环境的应有之义

"法者,治之端也。"法律是治国之重器,良法是善治之前提。优化营商环境离不开法律的保驾护航,良法善治是优化营商环境的根本前提。[2] 法治是最好的营商环境,具有强制性和约束性,能够最大限度地凝聚各方共识、规范各方行为。法治化环境最能聚人聚财、最有利于发展,用法治的力量营造稳定、公平、透明、可预期的良好发展环境,必将进一步增强各类市场主体和人民群众的安全感和发展动力。良法善治是

---

〔1〕 参见宋丽颖、刘源:《制度性公共品概念、特征及其政策含义——基于理论与实践的双重思考》,载《财政研究》2014 年第 3 期。

〔2〕 参见公丕潜:《营商环境的法治意涵与优化路径——以〈黑龙江省优化营商环境条例〉为参照》,载《哈尔滨商业大学学报(社会科学版)》2020 年第 4 期。

市场经济的内在要求，也是对市场主体的最好保障。构建公平高效的营商环境必须坚持立法先行，发挥立法的引领和推动作用，抓住提高立法质量这个关键，坚持科学立法、民主立法，依法平等保护各类市场主体的合法权益，为市场主体发展提供有力法治保障。[1]“奉法者强则国强，奉法者弱则国弱。”推进营商环境立法意义重大：一是能够稳定市场主体的预期；二是能够激发市场主体的活力；三是能够厘清政府和市场的边界线。[2] 法治是平等保护各类市场主体合法权益的关键依托所在，优化营商环境必须坚持法治思维和法治方式，有效发挥法治固根本、稳预期、利长远的保障作用。推进营商环境立法应当恪守对所有市场主体予以平等保护的基本遵循，为市场主体打造平等、稳定、可预期的发展环境。

2. 推进营商环境立法是破解现存问题的应然之道

良好的营商环境是有效发挥市场配置作用的前提基础，优化营商环境就是解放生产力、提升竞争力。2018 年 11 月 5 日，习近平主席在首届中国国际进口博览会开幕式上作主旨演讲时提出，要“营造国际一流营商环境”，并强调“营商环境只有更好，没有最好”。优化营商环境是一场关乎全局、决定未来的持久战，永远在路上，没有休止符。近年来，我国营商环境改革取得明显成效，但对标国际一流水平仍然存在一定差距，一些长期困扰市场主体的痛点难点堵点问题仍然突出，迫切需要通过法治化手段予以解决。问题是制度变革的先导，推进营商环境立法是对社会关切的积极回应，有助于进一步净化市场环境、优化政府服务、规范监管执法，破解当前存在的痛点堵点难点问题，进而实现市场主体权益的有效保护，增强市场主体的信心和获得感。[3]

---

〔1〕 参见周连宇：《优化营商环境立法人应有新作为》，载《营口日报》2021 年 10 月 14 日，第 7 版。

〔2〕 参见翁列恩、齐胤植、李浩：《我国法治化营商环境建设的问题与优化路径》，载《中共天津市委党校学报》2021 年第 1 期。

〔3〕 参见胡建兵：《立法优化营商环境　更好激发市场主体活力》，载《中国商报》2019 年 10 月 25 日，第 2 版。

二、《河北省优化营商环境条例》的立法背景与过程

(一)《河北省优化营商环境条例》的立法背景

近年来,在省委坚强领导下,河北省把优化营商环境作为走好加快转型、绿色发展、跨越提升新路,加快建设经济强省、美丽河北的重要举措,摆上全局工作的突出位置,紧盯关键环节,持续加力推进,取得了明显改善。但与先进地区相比,仍然有较大差距,主要表现在以下三个方面:一是总体水平还不够高;二是企业和群众反映的一些重难点问题还有待进一步破解;三是营商环境建设法制保障不足。当下,制定出台优化营商环境条例,是非常及时的。

1. 习近平总书记对河北优化营商环境提出了要求

习近平总书记2017年1月在张家口视察工作时特别强调,河北要优化营商环境。2017年7月,习近平总书记在中央财经领导小组第十六次会议上,就“营造稳定公平透明的营商环境　加快建设开放型经济新体制”发表了重要讲话。[1] 为深入贯彻落实习近平总书记关于营商环境的重要讲话精神和关于河北优化营商环境的重要指示,河北省委将制定优化营商环境条例确定为2017年深化改革重点任务,河北省人大、省政府将制定优化营商环境条例列为了2017年立法项目中的重中之重。

2. 优化营商环境是贯彻落实党的十九大精神的重要行动

党的十九大报告指出,要使市场在资源配置中起决定性作用,转变政府职能,深化简政放权,创新监管方式,建设人民满意的服务型政府。同时指出,要建设法治政府,推进依法行政,严格规范公正文明执法。优化营商环境是河北贯彻落实党的十九大精神的重要行动,制定优化营商环境条例是河北立法工作贯彻落实党的十九大精神的积极回应。

---

〔1〕 参见《习近平主持召开中央财经领导小组第十六次会议强调　营造稳定公平透明的营商环境　加快建设开放型经济新体制》,载央广网,http://m.cnr.cn/news/20170717/t20170717_523854389.shtml。

3. 优化营商环境顺应时代要求，符合河北人民根本利益

2014 年京津冀协同发展重大国家战略正式提出，2017 年雄安新区横空出世。面对这一千载难逢的历史机遇，在历史关键时间节点作出的选择，将决定河北各项事业的成败。优化营商环境是河北抓住机遇，实现崛起的必由之路。通过健全法制保障，推进"放管服"改革，营造"亲""清"新型政商关系，建设公平竞争市场秩序，符合河北长远发展利益，是惠及全省人民的重大举措。

（二）《河北省优化营商环境条例》的立法过程

河北省委、省政府高度重视条例制定工作。河北省政府法制办具体负责条例草案起草工作，多次召开立法座谈会、论证会，积极调研，对标先进，形成了《河北省优化营商环境条例（草案）》。2017 年 9 月 27 日，河北省第十二届人大常委会对《河北省优化营商环境条例（草案）》进行了初次审议。会后，成立了由河北省人大法制委、常委会法工委及财经工委、省政府法制办、商务厅等部门人员参加的法规案修改小组。在草案修改过程中，河北省人大常委会有关工作机构组织开展了立法协商，征求了相关部门、基层单位的意见，赴石家庄、邯郸等地进行实地调研，将草案文本在《河北日报》及河北省人大常委会网站全文刊发，召开了由企业代表、律师等不同行业人员参加的座谈会。同时，河北省人大常委会有关工作机构赴北京组织召开专家论证会，邀请来自全国人大、国务院、高等院校的专家学者对草案进行论证。多方征集意见建议共计 300 余条并予以充分吸收，广泛凝聚共识，奠定了较为扎实的群众基础和社会基础。

三、《河北省优化营商环境条例》的框架结构及立法特色与创新

《河北省优化营商环境条例》共 7 章 65 条，1 万字左右，是一部创制性法规，没有直接对应的上位法，具有综合性、基础性、全局性的特点。除"附则"外，其框架结构及立法特色与创新如下：

（一）总则

作为《河北省优化营商环境条例》的第一章，“总则”一章共由 7 个条文组成，分别对《河北省优化营商环境条例》立法目的与立法根据、适用范围与调整对象、基本原则与总体要求、政府及有关部门法定职责、市场主体法定义务、奖励与宣教机制、社会监督等问题进行了规定。作为法规的首章，“总则”是对整部法规的纲领性和全局性内容的概括性规定。由规定的内容所决定，“总则”并不是法律制度创新的“富矿”所在。但作为“优化营商环境”的创制性立法，《河北省优化营商环境条例》也在一定程度上实现了立法创新，概括而言，主要表现在以下方面：

1. 对立法目的进行了系统性规定

一般认为，所谓目的，是指预先所设想的行为目标。目的的设定直接关系行为的结果，目的的科学设定至关重要，法律制定亦是如此。任何法律都有其立法目的，立法目的是法律制度构建、法律规则创制的精神指引。依据立法技术规范要求，关于立法目的的规定一般应当作为法律正文的第 1 条，《河北省优化营商环境条例》遵循了这一要求。从立法实践来看，某部法律的立法目的可以有多项内容和不同层次。依据《河北省优化营商环境条例》第 1 条的规定，《河北省优化营商环境条例》立法目的包含以下三个层次。（1）核心目的。《河北省优化营商环境条例》的制定是基于营商环境优化的要求，即期冀通过立法的方式为营商环境的优化提供强有力的制度保障，因此，《河北省优化营商环境条例》开宗明义地规定，优化营商环境是《河北省优化营商环境条例》的核心目的所在。这是由优化营商环境的重要性所决定的：首先，优化营商环境是针对我国经济社会发展所面临的瓶颈问题作出的精准发力。当前在我国经济社会发展中还存在一些问题，突出表现为发展的不平衡不充分，而这与营商环境欠优、“放管服”改革滞后具有直接联系。为此，在全面深化改革的重重挑战面前，应当选择优化营商环境作为突破口之一。其次，优化营商环境，就是解放生产力、提高综合竞争力。营商环境是对一个地区、一个国家发展最为重要的软实力。最后，优化营商环境也是净化社会风气、打造法治国家的必然要求。[1] 将优化营商环境确立为《河北省优化营商环境条例》的核心立法目的，就意味着《河北省优化营商环境条例》相关制度的构建、相关规则的创制需以优化营商环境为出发点和最终归宿，绝不能偏离这一主题。(2)直接目的。除对《河北省优化营商环境条例》的核心目的予以明确规定外，第1条还对《河北省优化营商环境条例》的直接目的进行了规定，即"提高政务服务质量，规范行政权力运行，保护市场主体合法权益，激发市场主体活力"。理论和实践均证明，营商环境的关键在于市场主体，营商环境不佳往往表现为市场主体活力不足、合法权益受损，因此，优化营商环境的核心在于保护市场主体合法权益、激发市场主体活力。同时，市场主体合法权益是否得以有效保护、活力是否得到有效激发也是评价营商环境状况以及相关工作的根本标准。优化营商环境应以市场主体的期待和诉求为导向，精准回应市场主体的现实关切，以有效保护市场主体合法权益、全面激发市场主体活力是根本遵循。营商环境优不优，关键要看市场主体活不活。2018年3月5日，李克强总理在政府工作报告中明确指出，"优化营商环境就是解放生产力、提高竞争力，要破障碍、去烦苛、筑坦途，为市场主体添活力，为人民群众增便利"[2]。理论和实践还证明，政府是关涉营商环境的另一关键主体，政府服务质量的高低、行政权力运行的优劣是决定营商环境的关键因素。营商环境不佳往往和政府服务质量低下、行政权力运行不力直接相关，而营商环境的优化则直接取决于政府服务质量的提高和行政权力运行的规范。优化营商环境，政府义不容辞。只有做好简政放权的"减法"、市场监管的"加法"和优化服务的"乘

---

〔1〕 参见李泓冰：《优化营商环境正其时》，载人民网，http://opinion.people.com.cn/n1/2018/0306/c1003-29850495.html。

〔2〕 李克强：《政府工作报告——2018年3月5日在第十三届全国人民代表大会第一次会议上》，载中国政府网2018年3月6日，http://www.gov.cn/zhuanti/2018lh/2018zfgzbg/zfgzbg.htm。

法”,才能换得营商环境的改善与优化。因此,“提高政务服务质量,规范行政权力运行”是《河北省优化营商环境条例》制定的又一直接目的所在,并且是“保护市场主体合法权益,激发市场主体活力”的关键环节所在。李克强总理在前述政府工作报告中就强调,2018年中央政府须扎实做好的重点工作之一,就是要“坚持把发展经济着力点放在实体经济上,继续抓好‘三去一降一补’,大力简政减税减费,不断优化营商环境,进一步激发市场主体活力,提升经济发展质量”[1]。(3)根本目的。营商环境是经济社会发展的生命线,优化营商环境是促进经济社会发展的头等大事、是增强经济社会发展的内生动力。优化营商环境就是解放生产力、提高竞争力,只有形成一流的营商环境,才能换得一流的经济社会发展。因此,《河北省优化营商环境条例》明确规定,促进经济和社会全面发展是《河北省优化营商环境条例》制定的根本目的所在。

2. 对调整对象进行了创新性界定

调整对象是法律制定的立基点,调整对象的准确界定是法律结构合理构建、法律规则科学设定、法律制度实现创新的基础所在。由于学界对营商环境的概念界定还存在不同认识,所以其他兄弟省市的相关立法(如2016年公布的《辽宁省优化营商环境条例》[2]、2018年公布的《陕西省优化营商环境条例》[3])并未对营商环境的概念进行界定。因此,《河北省优化营商环境条例》第2条对于营商环境概念的界定意义重大,

---

[1] 李克强:《政府工作报告——2018年3月5日在第十三届全国人民代表大会第一次会议上》,载中国政府网2018年3月6日,http://www.gov.cn/zhuanti/2018lh/2018zfgzbg/zfgzbg.htm。

[2] 2019年7月30日辽宁省第十三届人民代表大会常务委员会第十二次会议通过了新的《辽宁省优化营商环境条例》,新条例自2019年10月1日起施行,但未对营商环境的概念进行明确。2023年7月27日辽宁省第十四届人民代表大会常务委员会第四次会议通过了《关于修改〈辽宁省节约能源条例〉等七部地方性法规的决定》,对《辽宁省优化营商环境条例》第6条第2款、第45条第3款的相关规定进行修改,但仍未对营商环境的概念进行规定。

[3] 2020年11月26日陕西省第十三届人民代表大会常务委员会第二十三次会议修订通过了新的《陕西省优化营商环境条例》,新条例第2条明确规定:“本条例所称营商环境,是指各类市场主体在市场经济活动中所涉及的体制机制性因素和条件。”

其为营商环境优化领域未来的相关立法提供了重要参考。同时，该条也为《河北省优化营商环境条例》相关制度的构建、相关规定的适用奠定了坚实基础。因为，按照一般法理，概念是制度构建与规则设定的基础，概念清晰准确不仅是制度科学构建、规则准确设定的前提性基础，而且是法律准确适用的必要保障。

依据《河北省优化营商环境条例》第 2 条第 2 款的规定，所谓营商环境，是指市场主体在准入、生产经营、退出过程中涉及的有关外部因素和条件。由此规定可知，对营商环境概念的界定是以市场主体为依托，以市场准入、生产经营、市场退出等为线索，这与营商环境的自身特点、核心需求紧密契合，与《河北省优化营商环境条例》的立法目的有机衔接。除对概念予以明确界定外，《河北省优化营商环境条例》第 2 条第 2 款还对营商环境的核心内容进行了具体规定，主要包括政务环境、市场环境和法治环境三个层次。一般认为，营商环境是一个影响市场主体活动、关涉市场主体利益，涵盖经济、政治、法律、社会等诸多要素的复合型系统。营商环境具有开放性和生长性的显著特征，但又具有相对的稳定性，而政务环境、市场环境和法治环境无疑是其核心领域所在。由此可见，该条规定抓住了营商环境优化的关键，扣紧了营商环境优化的“第一粒扣子”，进而为相关制度的构建和相关规则的创设打下了坚实的基础。

3. 对优化营商环境基本原则与总体要求进行了全面规定

一般认为，作为法律的基础性原理，所谓法律原则，是指集中反映法的一定内容的法律活动的指导原理和准则。较之于具体法律规范，法律原则能够更直接地反映出法的内容、法的本质。法律原则的作用体现于不同领域：在法律制定中，其直接决定了法律制度的基本性质、内容和价值取向，是法律制度内部和谐统一的重要保障，对法制改革具有导向作用；在法律实施中，其不仅能够对法律解释和法律推理起到指导作用，对法律漏洞起到补充作用，而且能够成为自由裁量权行使合理范围的确定依据。法律原则是法律纲领之所系，是法律所应坚持的最基本的东西。一部法律，有了原则就有了中心，全法就易于成为一个内在联系的整体。

因此，法律原则是法律必须具备的组成部分。[1]

依据《河北省优化营商环境条例》第3条的规定，在优化营商环境中，应当坚持如下基本原则：(1)依法依规。《中共中央关于全面推进依法治国若干重大问题的决定》指出，“依法治国，是坚持和发展中国特色社会主义的本质要求和重要保障，是实现国家治理体系和治理能力现代化的必然要求，事关我们党执政兴国，事关人民幸福安康，事关党和国家长治久安。全面建成小康社会、实现中华民族伟大复兴的中国梦，全面深化改革、完善和发展中国特色社会主义制度，提高党的执政能力和执政水平，必须全面推进依法治国”。营商环境优化亦应秉持法治思维，唯有做到科学立法、严格执法、公正司法、全民守法，方能实现营商环境优化之既定目标。但是需要予以强调的是，对“依法依规”原则上宜作广义理解，其既包括依据相关法律规定，也包括依据有关政策规定。(2)公开公正。这里的公开与公正主要是对行使公权力、提供公共服务的各级机关、有关单位及其工作人员的要求。所谓公开，就是要求各级机关、有关单位及其工作人员在履行优化营商环境职责、实施优化营商环境活动时，应当做到公开、透明，确保市场主体、行政相对人和社会公众的知情权得以有效实现；所谓公正，就是要求各级机关、有关单位及其工作人员在履行优化营商环境职责、实施优化营商环境活动时，要确保立场中立，全力维护公平正义，保障法律面前人人平等和机会均等，禁止歧视对待。(3)廉洁高效。其核心要求有二：一是要做到廉洁从政、廉洁用权，清白做人，干净做事；二是要提高效能，增强执行力和公信力。需要强调的是，对于履行优化营商环境职责、实施优化营商环境活动的各级机关、有关单位及其工作人员而言，一定要增强履职尽责意识，要知悉“为政不廉是腐败，为官不为也是变相腐败”的道理。(4)平等保护。法律意义上的平等保护主要是指任何主体在适用法律时不能区别对待，要确保其法律地位平等。这里的平等保护，主要是对市场主体而言的。在优化营商环境工作中，一个基本的要求就是要实现对所有市场主体的

[1] 参见周旺生：《立法学》(第2版)，法律出版社2009年版，第487页。

平等保护，依法平等保护各类市场主体的合法权益。理论和实践均证明，没有平等保护，不仅无法构建优良的营商环境，而且将会损害市场经济的根基。(5)诚实守信。“人而无信，不知其可也。”诚信是中华民族的传统美德，是中国人安身立命的基本规范和行为准则，不论过去还是现在，诚实守信的价值理念永不褪色。在优化营商环境问题上，诚实守信首先是对履行优化营商环境职责、实施优化营商环境活动的各级机关、有关单位及其工作人员来说的，这是对其行使公权力、提供公共服务的基本要求。同时，诚实守信也是对各类市场主体的法定要求，是其行为的基本准则。我们应当清楚认识到，市场主体的诚实守信要求至关重要，这是社会信用体系建设的重点所在，是市场秩序得以有效维护、经营成本得以有效降低、营商环境得以有效改善的关键所在，是市场主体可持续发展的生存之本，是各类经济活动高效开展的基础保障。(6)权责一致。作为社会主义法治理念的基本要求和行政法治的基本原则，所谓权责一致，是指职权与职责的一体、权力与责任的统一。职权的赋予实际上也是职责的赋予，权力的行使需以责任的承担为前提，违法或不当行使职权应当依法承担相应法律责任。履行优化营商环境职责、实施优化营商环境活动的各级机关、有关单位及其工作人员，必须采取积极的措施和行动依法履行法定职责，不得擅自放弃、不履行其法定职责或违法、不当行使其职权，要做到有权必有责、用权受监督、违法受追究、侵权须赔偿。

除对基本原则作出规定外，《河北省优化营商环境条例》还对优化营商环境的总体要求作出了明确规定，具体来说，包括以下两个层次：(1)发挥市场在资源配置中的决定性作用。《中共中央关于全面深化改革若干重大问题的决定》明确提出，要“紧紧围绕使市场在资源配置中起决定性作用深化经济体制改革”。市场决定资源配置是市场经济的一般规律，健全社会主义市场经济体制必须遵循这条规律。“使市场在资源配置中起决定性作用”是党的十八届三中全会所提出的一个重大理论观点，[1]是全面深化改革，尤其是深入推进经济体制改革的必然要求，是坚持社会主义市场经济改革方向不动摇的必然结论。当前，我国社会主义市场经济体制尚存不少问题，如市场秩序不规范、以不正当手段谋取经济利益的现象仍存在，因生产要素市场发展滞后而使要素闲置和有效需求得不到满足的现象并存。现存问题解决不好，社会主义市场经济体制就难以完善，而问题解决的关键在于，要发挥市场在资源配置中的决定性作用。同时，理论和实践均证明，市场配置资源是最有效率的形式，市场决定资源配置是市场经济的一般规律，市场经济本质上就是市场决定资源配置的经济。[2] 在优化营商环境问题上，要充分发挥市场在资源配置中的决定性作用，就是要从广度和深度上积极稳妥推进市场化改革，推动资源配置依据市场规则、市场价格、市场竞争实现效益最大化和效率最优化，就是要加快形成企业自主经营、公平竞争，消费者自由选择、自主消费，商品和要素自由流动、平等交换的现代市场体系，着力清除市场壁垒，提高资源配置效率和公平性。(2)更好发挥政府作用。在经济体制改革问题上，《中共中央关于全面深化改革若干重大问题的决定》除提出要“使市场在资源配置中起决定性作用”外，还提出要“更好发挥政府作用”，进而处理好政府和市场的关系。目前在经济发展过程中，还存在政府干预过多、监管不到位等突出问题，部门保护主义和地方保护主义依然存在。但实际上，政府的职责和作用主要是保持宏观经济稳定，加强和优化公共服务，保障公平竞争，加强市场监管，维护市场秩序，推动可持续发展，促进共同富裕，弥补市场失灵。“更好发挥政府作用”意味着，要推进政府职能转变，深化简政放权、放管结合、优化服务改革，推动要素自由流动，保障市场主体依法平等参与市场竞争。《河北

---

〔1〕 参见《关于〈中共中央关于全面深化改革若干重大问题的决定〉的说明》，载中共中央文献研究室编：《十八大以来重要文献选编》(上)，中央文献出版社 2014 年版，第 498 页。

〔2〕 参见《关于〈中共中央关于全面深化改革若干重大问题的决定〉的说明》，载中共中央文献研究室编：《十八大以来重要文献选编》(上)，中央文献出版社 2014 年版，第 499 页。

省优化营商环境条例》对“更好发挥政府作用”这一要求进行了细化，即要“推进政府职能转变，深化简政放权、放管结合、优化服务改革”，在与发挥市场决定性作用形成合力的基础上，“推动要素自由流动，保障市场主体依法平等参与市场竞争”，进而实现优化营商环境的既定目标。

4. 明确规定了各级人民政府主要负责人是本行政区域优化营商环境的第一责任人

抓“牛鼻子”是习近平总书记治国理政的重要方法论。习近平总书记认为，各项工作要抓出成效，就必须抓住领导干部这个“关键少数”。2015 年 2 月，习近平总书记在省部级主要领导干部学习贯彻十八届四中全会精神专题研讨班上特别提出了“关键少数”这一概念。习近平总书记强调，各级领导干部在推进依法治国方面肩负着重要责任，全面依法治国必须抓住领导干部这个“关键少数”。[1]

《河北省优化营商环境条例》第 4 条第 1 款明确规定，“各级人民政府主要负责人是本行政区域优化营商环境的第一责任人”，这正是习近平总书记抓“牛鼻子”的治国理政方法论在优化营商环境问题上的具体应用。该规定至少具有以下含义：

（1）在本行政区域营商环境的优化上，政府主要负责人应当负有领导责任。为推进本行政区域营商环境的改善与优化，各级人民政府主要负责人应当用真心、使真劲，抓紧抓实、抓出成效，全力推进政府职能转变，有效强化服务型政府建设，积极创新行政管理方式。

（2）在本行政区域营商环境的优化上，政府主要负责人应当承担示范责任。“教者，效也。上为之，下效之。”领导带头就是鲜明的旗帜，上级垂范就是无声的命令。领导干部只有带好头、作榜样，才能成为无声的命令，产生强大的感召力。习近平总书记提出抓“关键少数”，其目的就是要立起信号塔和标杆尺，让“关键少数”发挥关键作

---

〔1〕《党的十八大以来，习近平这样抓“关键少数”》，载共产党员网，https://news.12371.cn/2017/02/21/ARTI1487657430257601.shtml。

用。在优化营商环境问题上，政府主要负责人一定要充分发挥模范带头作用，通过层层立标杆、级级做示范，形成优化营商环境的强大引领力量。

(3)优化本行政区域营商环境是政府主要负责人的法定职责所在。“为官避事平生耻”，领导干部就要有担当，习近平总书记抓“关键少数”最终落在抓责任上。“关键少数”不仅要发挥关键作用，而且要担负关键责任。《河北省优化营商环境条例》对政府主要负责人是本行政区域优化营商环境第一责任人的明确规定，不仅要求政府主要负责人在优化营商环境问题上要勇于挑最重的担子、敢于啃最硬的骨头、善于接最烫的山芋，要干事不避事、担责不塞责，要拎着乌纱帽干事而不是捂着乌纱帽做官，还意味着，一旦所在行政区域营商环境优化工作推进不力，致使营商环境改善程度不明显，甚至出现恶化时，作为第一责任人的政府主要负责人要为此承担责任，并且是要承担强制力与惩罚性最为突出的法律责任。

最后，需要补充说明的是，《河北省优化营商环境条例》这一创新性规定也为兄弟省份相关立法所借鉴吸收。例如，2020 年 11 月 26 日陕西省第十三届人民代表大会常务委员会第二十三次会议修订通过的《陕西省优化营商环境条例》第 4 条第 1 款明确规定：“各级人民政府应当加强对优化营商环境工作的组织领导，完善优化营商环境的政策措施，建立健全联席会议制度，统筹推进、督促落实、研究解决优化营商环境工作中的重大问题。政府主要负责人是本行政区域优化营商环境工作的第一责任人。”

5. 明确规定了市场主体在优化营商环境上的法定义务

2017 年 10 月 18 日，习近平总书记在党的十九大报告中明确提出，要“全面实施市场准入负面清单制度，清理废除妨碍统一市场和公平竞争的各种规定和做法，支持民营企业发展，激发各类市场主体活力”，以

"加快完善社会主义市场经济体制"。[1] 2018 年 3 月 5 日，李克强总理在政府工作报告中强调，要"不断优化营商环境，进一步激发市场主体活力，提升经济发展质量"，而"优化营商环境就是解放生产力、提高竞争力，要破障碍、去烦苛、筑坦途，为市场主体添活力，为人民群众增便利"。[2] 作为国民经济的细胞、市场经济的主角，市场主体活力的激发对促进经济持续健康发展至关重要，是实现财富积累、就业岗位创造、综合国力增强的重要保障。对于市场主体而言，营商环境就好比空气、阳光和水，唯有环境适宜、优良，市场主体才能焕发出生机与活力，才能做大做强。"营商环境优不优，要看市场主体活不活"，优化营商环境就是为了促进市场主体的更好发展，所以优化营商环境就应以市场主体的期待和诉求为导向，努力调动其积极性、主动性与创造性。从市场主体的视角来看，营商环境的评价标准至少包括以下方面：市场主体合法权益的保护程度；市场主体活力与潜力的激发程度；市场主体对公共服务的满意程度；对市场主体现实关切的回应程度。同时，需要强调的是，作为营商环境的关键主体，市场主体亦有义务和责任为营商环境的优化作出应有行动。营商环境的优化是一个系统工程，需要全社会的共同努力，需要形成人人都是营商环境优化助力者的良好态势和浓厚氛围，而市场主体作用的发挥亦至关重要。正是基于这样的考虑，《河北省优化营商环境条例》对市场主体在营商环境优化中的义务予以明确规定，以期充分发挥其应有作用，并与政府作为形成合力，共同促进营商环境优化既定目标的顺利实现。

依据《河北省优化营商环境条例》第 5 条的规定，市场主体在优化营商环境工作时应当履行如下法定义务：

---

〔1〕 参见习近平：《决胜全面建成小康社会　夺取新时代中国特色社会主义伟大胜利——在中国共产党第十九次全国代表大会上的报告》，载新华网，http://www.xinhuanet.com/politics/19cpcnc/2017-10/27/c_1121867529.htm。

〔2〕 参见李克强：《政府工作报告——2018 年 3 月 5 日在第十三届全国人民代表大会第一次会议上》，载中国政府网 2018 年 3 月 6 日，http://www.gov.cn/zhuanti/2018lh/2018zfgzbg/zfgzbg.htm。

(1)遵守法律、法规

亚里士多德曾言:“虽有良法,要是人民不能全都遵守,仍不能实现法治。”人民是法治建设的主体,是法治国家的主人。只有人人参与的法治,才具有坚实的社会基础。党的十八届四中全会提出,要“增强全民法治观念,推进法治社会建设”,将守法提升到与立法、执法、司法同等重要的高度;党的十九大报告强调,必须坚持厉行法治,推进科学立法、严格执法、公正司法、全民守法。[1] 其中,全民守法就是指全体人民要对法律普遍遵守执行。只有让法律成为全民信仰,增加全社会厉行法治的积极性和主动性,才能最终建成社会主义法治国家。《中共中央关于全面推进依法治国若干重大问题的决定》还明确指出,全面推进依法治国,建设社会主义法治国家,必须坚持法律面前人人平等的基本原则,平等是社会主义法律的基本属性。任何组织和个人都必须尊重宪法法律权威,都必须在宪法法律范围内活动,都必须依照宪法法律行使权力或权利、履行职责或义务,都不得有超越宪法法律的特权。市场经济就是法治经济,遵守法律既是建设社会主义法治国家的应有之义,同时也是优化营商环境的基本要求。其中,市场主体的守法至关重要。《河北省优化营商环境条例》将遵守法律、法规明确规定为市场主体的首要法定义务,意味着在生产经营中,市场主体应当从行动上对法律怀有敬畏之心,牢记法律红线不可逾越、法律底线不可触碰。需要补充说明的是,对于市场主体的守法宜作广义上的理解,既包括法律义务的履行,也包括法律权利的行使。这样理解有助于增强人们的守法积极性、自觉性以及促进法的全面实现。履行法律义务就是指应当按照法律的要求作出或不作出一定的行为,行使法律权利则是指通过自己作出一定的行为,或者要求他人作出或不作出一定的行为,进而保证自己的合法权利的实现。[2] 2017 年 9 月 8 日中共中央、国务院发布的《关于营造企业家健康成长环

---

〔1〕 参见李若兰:《全民守法筑牢法治社会根基》,载人民网,http://theory.people.com.cn/n1/2018/0326/c40531-29888172.html。

〔2〕 参见《社会主义法治国家的基本要求》,载人民网,http://theory.people.com.cn/n/2015/0401/c395162-26784301.html。

境弘扬优秀企业家精神更好发挥企业家作用的意见》更是明确指出，作为重要市场主体的企业家“要自觉依法合规经营，依法治企、依法维权，强化诚信意识，主动抵制逃税漏税、走私贩私、制假贩假、污染环境、侵犯知识产权等违法行为，不做偷工减料、缺斤短两、以次充好等亏心事，在遵纪守法方面争做社会表率”。

(2)遵守社会公德、商业道德

一般认为，所谓社会公德，是指人类在长期社会生活实践中逐渐积累起来的、为社会公共生活和社会交往所应遵守的最简单、最起码的行为准则，是生活于社会中的人们为了群体的利益而约定俗成的我们应该做什么和不应该做什么的行为规范。社会公德是人类社会生活最基本、最广泛、最一般关系的反映，是维护社会成员之间最基本的社会关系秩序、保证社会和谐稳定的最起码的道德要求。从本质上讲，社会公德是一个国家、一个民族或者一个群体，在历史长河中、在社会实践活动中积淀下来的道德准则、文化观念和思想传统，是人类社会文明成果的沉淀和积累。社会公德具有基础性和全民性的显著特征。所谓基础性，是指社会公德位于社会道德体系的基础层次，是最起码的道德准则，是为维护社会公共生活的正常进行而提出的最基本的道德要求，而遵守社会公德则是对社会生活中每个人的最低层次的道德要求；所谓全民性，是指社会公德是社会全体成员都必须遵守的道德规范，若不遵守就要受到社会舆论谴责。正是基于社会公德的重要性，《河北省优化营商环境条例》明确规定，遵守社会公德是市场主体的法定义务所在。市场主体这一法定义务的明确，不仅有助于营商环境优化既定目标的顺利实现，而且对社会公共生活正常秩序的维护至关重要。

作为道德规范在商业活动中的具体应用，商业道德的核心功能在于，从分析商业的本质入手，为人们提供了判断商业活动是否符合道德规范的行为准则。一般认为，中国的商业道德产生于先秦，其基本框架形成于西汉，以司马迁的《史记·货殖列传》为标志，市不豫贾、诚实守信、货真量足、勤劳经营、节俭生活、和睦有礼、爱国守法、乐善好施等均是重要的商业道德规范。[1] 商业道德不仅为一定的社会经济和文化所决定，而且反作用于一定的社会经济，对商业活动具有重要的指导意义。《河北省优化营商环境条例》将遵守商业道德明确规定为市场主体的法定义务，意味着在从事商业活动时，市场主体应当树立正确的商业道德价值观，加强商业道德建设，遵守商业道德规范，提高商业道德水准，形成并珍惜良好商业信誉，唯有如此，才能保障市场主体在市场经济大潮中实现健康发展，才能促进营商环境优化既定目标的顺利实现。

（3）诚实守信

"人无信不立，业无信不兴"。诚实守信不仅是中华民族的传统美德、中国道德文化的核心，而且是企业生存、发展、壮大的基石，是企业立足市场的根本。在营商环境优化问题上，诚实守信不仅是行使公权力、提供公共服务的基本要求，同时也是对各类市场主体的法定要求，是其行为的基本准则。正是基于这样的考虑，《河北省优化营商环境条例》明确规定诚实守信是市场主体的法定义务之一，其意味着市场主体应当将诚实守信理念贯彻到生产经营的全过程之中。"对人以诚信，人不欺我；对事以诚信，事无不成。"在现代市场经济中，诚信不仅仅是一种道德规范，也是能够为市场主体带来经济效益的重要资源，在一定程度上甚至比物质资源和人力资源更为重要，是市场主体的生命线和立身之本。因此，无论是基于法定义务承担的要求，还是基于自身发展的考虑，市场主体都必须坚守诚信，遵守和营造公平有序的市场经济秩序，唯有如此，才能保持健康发展、长盛不衰，才能促进营商环境优化既定目标的顺利实现。

（4）承担社会责任

一般认为，所谓社会责任，是指一个组织对社会应负的责任。社会责任通常是指组织承担的高于组织自己目标的社会义务，或者说，一个组织应以一种有利于社会的方式进行经营和管理。社会责任有积极责任和消极责任之分。其中，积极责任，又称预期的社会责任，其要求责任

---

[1] 参见徐少锦：《中国古代的商业道德》，载《哲学动态》1997年第10期。

主体采取积极行动，促成有利于社会的结果产生或防止坏的结果产生；而消极责任则是要求责任主体在其行为对社会产生有害后果时予以补救。《关于营造企业家健康成长环境弘扬优秀企业家精神更好发挥企业家作用的意见》明确提出，要“引导企业家主动履行社会责任”，具体来说，就是要“增强企业家履行社会责任的荣誉感和使命感，引导和支持企业家奉献爱心，参与光彩事业、公益慈善事业、‘万企帮万村’精准扶贫行动、应急救灾等，支持国防建设，在构建和谐劳动关系、促进就业、关爱员工、依法纳税、节约资源、保护生态等方面发挥更加重要的作用”。《河北省优化营商环境条例》将社会责任承担明确规定为市场主体的法定义务，这意味着市场主体在创造、追求利润和履行其他法定义务的同时，还应当对消费者、社区和环境等承担法律责任，社会责任的承担要求市场主体必须超越把利润作为唯一目标的传统理念，强调在生产经营过程中对人的价值的关注，对环境、消费者、社会的贡献。具体来说，在营商环境优化中，市场主体应当“承担环境保护、安全生产、资源节约、消费者权益保护等社会责任”。

(5)接受政府和社会公众的监督

一般认为，所谓政府监督，又称政府监管、政府规制，是指政府为实现特定公共政策目标而对相应主体依法进行的规范与制约、督促与管理。在市场经济发展过程中，政府监督至关重要，其通过对微观经济主体经营行为的监督与管理，能够起到促进经济社会发展的目的。从社会主义市场经济的现实国情出发，我国政府监管职能只能加强，不能削弱。因此，政府必须充分发挥监管职能，进一步加强和完善政府监管，为各种所有制经济、各类市场主体创造公平竞争的市场环境，提升经济发展动力，增强市场竞争活力。正是基于这样的考虑，《河北省优化营商环境条例》明确规定，接受政府监督是市场主体的法定义务之一。就市场经济的发展、营商环境的优化而言，必须重视政府及其职能部门监督作用的维护，只有有效加强和改进政府监督，才能创造良好的投资环境、公平竞争的市场环境，实现营商环境的改善与优化，并最终促进经济社会的持续健康发展。

一般认为,所谓社会监督,是指由国家机关以外的社会组织、公众对各种行为的合法性进行的不具有直接法律效力的监督。社会监督作用的发挥取决于国家的民主化水平和社会公众的法律意识、民主观念、道德水平。社会监督的广度、深度和完善程度,往往标志着一个国家民主、法治的发展程度。社会监督具有广泛性的显著特征,其虽不具有国家监督所具有的运用国家权力的性质,但在监督主体、客体、内容、范围上十分广泛且影响深远,监督方式和途径更是灵活多样,因此,成为法律监督体系中不可缺少的重要组成部分。《河北省优化营商环境条例》之所以明确规定,接受社会监督也是市场主体的法定义务,是因为在营商环境优化中,市场主体行为的规范与约束十分必要,而社会监督因其特殊优势而具有发挥作用的广阔空间。明确社会监督的法定地位,能够实现企业自律、政府监督与社会监督的有机统一,能够形成社会共治的良好态势,进而有助于规范市场主体经营行为,督促、激励市场主体规范经营、切实履行社会责任,并最终促进营商环境优化既定目标的实现。

6. 明确规定了优化营商环境奖励与宣教机制

一般认为,作为一种正激励措施,所谓奖励,就是指通过焕发特定对象的荣誉感和进取心,充分调动其积极性,最大限度挖掘其潜在能力的管理方法。奖励机制的作用突出,因此在管理活动中应用较多。对于营商环境的优化而言,奖励机制亦十分必要,唯有如此,才能充分调动相关主体积极投身于营商环境优化工作之中,进而促进营商环境优化既定目标的顺利实现。正是基于这样的考虑,《河北省优化营商环境条例》第6条第1款确立了优化营商环境奖励机制,即"县级以上人民政府应当对在优化营商环境工作中做出显著成绩的单位和个人给予奖励"。从该规定来看,优化营商环境奖励机制包括以下几个关键要素:(1)奖励主体。"县级以上人民政府"为优化营商环境奖励机制的实施主体。(2)奖励对象。从事优化营商环境工作的单位和个人均可成为优化营商环境奖励机制的奖励对象。需要补充说明的是,对于"单位"宜作广义理解,即不限于行使公权力、提供公共服务的机关、部门和有关单位，凡是投身于优化营商环境工作且达到奖励标准的任何组织均有权接受奖励。(3)奖励标准。“在优化营商环境工作中做出显著成绩”是优化营商环境奖励机制的奖励标准。这一标准稍显概括，但有利于有关人民政府在具体适用中灵活把握。(4)奖励形式。《河北省优化营商环境条例》对优化营商环境奖励机制的奖励形式并未作具体规定。对此，应作广义理解，即既包括物质奖励，也包括精神奖励。

理论与实践均证明，营商环境的优化是一个系统工程，需要走社会共治的道路；同时，营商环境的优化还是一个新生事物，社会公众对其进行了解、支持还需要一个过程。因此，针对优化营商环境的宣传教育工作就显得尤为必要。正是基于这样的考虑，《河北省优化营商环境条例》第 6 条第 2 款确立了优化营商环境宣传教育机制：“各级人民政府及其有关部门和新闻媒体应当加强优化营商环境宣传教育，宣传优化营商环境的政策和措施，弘扬诚实信用和契约精神，为优化营商环境创造良好舆论氛围。”从该规定可知，优化营商环境的法定宣传教育主体是“各级人民政府及其有关部门和新闻媒体”。首先，将“各级人民政府及其有关部门”界定为优化营商环境的法定宣传教育主体是由政府在优化营商环境方面的法定职责所决定的，是“更好发挥政府作用”的具体体现。其次，将“新闻媒体”界定为优化营商环境的法定宣传教育主体则是由新闻媒体的独特优势和特殊作用所决定的。作为重要的信息传播媒介，新闻媒体的核心功能在于宣传教育，其对宣传教育对象的心理特征、行为结构、态度倾向等方面都能产生重要影响。并且，随着经济社会的发展，新闻媒体不仅仅发挥着传递信息等社会功能，还不断改变着人们的价值观念和生活方式，塑造着社会公共生活，为整个社会的发展和进步不断提供一系列具有导向性的社会公共价值观念。总之，将新闻媒体界定为优化营商环境的法定宣传教育主体是适宜且十分必要的。

（二）优化政务环境

作为《河北省优化营商环境条例》的第二章，“优化政务环境”一章共由18条条文组成，是《河北省优化营商环境条例》的重点内容所在。该章对政府基本职责，政府信息公开，行政审批制度改革，行政审批事项下放，行政效率提高，政务服务内容创新，政务服务信息化，重大决策公示和听证、招商引资行为规范，项目落地保障，公共资源交易规范，加强金融服务支撑，创业创新支持，政府人力资源管理服务与人才培养、引进"三位一体"协商协调机制，知识产权保护，税收优惠规范，行政事业性收费规范管理，行政机关、有关单位及其工作人员禁止性行为等问题进行了规定，其特色与创新主要体现在以下方面：

1. 对行政审批制度改革进行了全面规定

作为现代国家管理社会政治、经济、文化等各方面事务的一种重要事前控制手段，在我国，行政审批曾被运用于诸多行政管理领域，对保障、促进经济和社会发展发挥了重要作用。但随着中国特色社会主义市场经济的建立、完善与发展，行政审批存在的问题越来越突出，有些已成为经济社会发展的体制性障碍。推进行政审批制度改革是完善社会主义市场经济体制的客观需要，是建设法治政府的内在要求，是提高政府行政能力的有效途径，是从源头上预防和治理腐败的根本举措。深入推进行政审批制度改革有助于促进政府职能转变，增强市场配置资源的决定性作用；有助于促进依法行政，规范政府行为；有助于促进政府管理创新，提高行政效能；有助于促进反腐倡廉建设，完善政府系统预防治理腐败体制机制。同时，推进行政审批制度改革也是一项长期任务，需要我们常抓不懈、持之以恒、久久为功。正是基于这样的考虑，《河北省优化营商环境条例》对行政审批制度改革进行了明确规定，期望以法律的强制力推动改革走向深入。从具体规定来看，《河北省优化营商环境条例》的创新主要体现在以下方面：

(1)实行行政审批事项"两集中、两到位"。《河北省优化营商环境条例》第10条第2款规定，"县级以上人民政府应当将行政审批事项集中统一办理"，具体来说，就是"行政审批部门应当将行政审批事项相对集中，并向本级政府服务大厅集中，确保行政审批事项、行政审批权限到位”。

(2)加强行政审批标准化建设。《河北省优化营商环境条例》第10条第1款、第3款分别规定,“省人民政府应当建立全省统一的行政审批事项通用目录”,“行政机关应当实行行政审批标准化,不得擅自增设或者减少审批条件和环节,落实首问负责、首办负责、一次性告知、预约服务、延时服务、领办代办、限时办结等工作制度,做到同一事项同等对待”。

(3)推进行政审批事项下放。《河北省优化营商环境条例》第11条第1款规定,“县级以上人民政府及其有关部门应当按照有关法律、法规规定,在规定时限内做好行政审批事项的下放工作。承接行政审批事项的行政机关应当制定承接方案,做好承接工作,确保承接的行政审批事项得到有效实施”。第11条第2款进一步规定,“县级以上人民政府及其有关部门应当加强对下放行政审批事项承接工作的技术支持、业务指导和监督管理”。

(4)提高行政效率。《河北省优化营商环境条例》第12条第1款规定,“行政机关应当落实岗位责任制,优化工作流程,推行网上服务、并联审批和服务质量公开承诺,提高行政效率”。此外,为确保行政效率不断提高,该条第1款进一步规定,要“定期开展教育培训,增强工作人员履行法定职责的能力”;该条第2款规定,行政机关还“可以依照有关规定通过购买专业技术服务的方式,提高服务市场主体的专业化水平”。

2. 对加强政务服务进行了创新性规定

习近平总书记在党的十八届二中全会上指出,“为人民服务是我们党的根本宗旨,也是各级政府的根本宗旨”,“不论政府职能怎么转,为人民服务的宗旨都不能变”,“要坚持以人为本、执政为民,接地气、通下情,想群众之所想,急群众之所急,解群众之所忧,在服务中实施管理,在管理中实现服务”。[1] 加强政务服务是建设服务型政府的应然之义,是

---

〔1〕《习近平:发挥政府作用,不是简单下达行政命令》,载人民网,http://cpc.people.com.cn/xuexi/n1/2017/1121/c385476-29658419.html? from=singlemessage。

深化“放管服”改革的关键所在，对推进行政体制改革、加强对行政权力的监督制约、从源头上防治腐败和提供高效便民服务，都具有重要意义。为加强政务服务，进而实现营商环境的优化，《河北省优化营商环境条例》对加强政务服务进行了创新性规定，主要体现在以下两个方面：

(1)拓展政务服务内容，提高政务服务的针对性。《河北省优化营商环境条例》第13条规定，“县级以上人民政府应当及时汇集涉及市场主体的法律法规、创业、创新、金融、市场、权益保护等各类政府服务信息，为市场主体提供无偿服务。行政机关应当以新闻发布会、书面问答、在线访谈、专家解读等形式，对涉及市场主体的简政、税收优惠、降费、项目申报、经费补贴等方面的法律、法规、规章及有关政策文件进行宣传、解读和接受咨询，提高市场主体对涉企政策的知晓度，提示市场主体享有的权利和应当履行的法定义务。行政机关可以依法组织法律服务机构、职业技术培训机构及其工作人员，为中小企业或者其他符合法定条件的公民提供法律服务和职业技术培训”。

(2)完善政务服务方式，推进“互联网+政务服务”改革。2016年3月5日，李克强总理在政府工作报告中明确提出，要大力推行“互联网+政务服务”。“互联网+政务服务”不仅是技术层面的应用与改进，而且是政府治理理念、服务机制等的革新，对于政府加强和改善治理、更好提供公共服务具有重要意义。加快推进“互联网+政务服务”，是深化简政放权、放管结合、优化服务改革的关键之举，不仅有利于提高政府效率和透明度、降低制度性交易成本，更有利于优化营商环境。《河北省优化营商环境条例》第14条规定，“省人民政府应当组织建立全省统一的网上政务服务平台、政务信息资源共享平台、公共资源交易平台和电子证照库，推进实体政务大厅、网上办事大厅、政务客户端、自助终端等多种政务服务的相互融合和政务信息跨区域、跨部门交换共享，并及时更新，为市场主体提供便捷、多样化服务。行政机关应当推行政务服务事项网上受理、办理、反馈、查询。能够通过信息共享和网络核验获取的信息以及前序流程已收取的材料，不得要求市场主体重复提交；属于应当由行政机关调查核实的信息，不得要求市场主体重复登记、重复提交材料”。

3. 对加强金融服务支撑进行了全面规定

“金融是现代经济的核心。”[1]2017 年 7 月，在全国金融工作会议上，习近平总书记强调指出，“金融是国家重要的核心竞争力，金融安全是国家安全的重要组成部分，金融制度是经济社会发展中重要的基础性制度”[2]。遵循金融发展规律，创新和完善金融调控，完善金融市场体系，加快转变金融发展方式，不仅是促进经济和金融良性循环、健康发展的必然要求，而且是优化营商环境的重要保障。为促进营商环境优化，《河北省优化营商环境条例》第 18 条对加强金融服务支撑进行了全面规定。

对于省人民政府及其有关部门而言，一方面，其“应当采取措施吸引银行、证券、保险等金融机构来本省设立机构，鼓励财务公司、金融租赁公司、资产管理公司等非银行金融机构和产业投资基金公司、创业投资基金公司、各类股权投资基金公司的设立和发展”；另一方面，其“应当支持企业通过发行债券、上市融资等方式进行融资，做好上市企业后备资源的筛选、培育、辅导和服务工作”。

对于县级以上人民政府及其有关部门而言，其“应当制定和落实促进小微市场主体发展的有关公共服务政策、措施，鼓励金融企业扩大对小微市场主体的融资、贷款规模，根据国家和本省有关规定，对小微市场主体融资、贷款给予担保费补助以及贴息”。

2017 年 4 月 25 日，在中央政治局第四十次集体学习中，习近平总书记指出，“金融活，经济活；金融稳，经济稳”，“保持经济平稳健康发展，一定要把金融搞好”。[3] 由此可见，《河北省优化营商环境条例》的上述

---

〔1〕 习近平：《金融活经济活　金融稳经济稳》，载新华网，http://www.xinhuanet.com/politics/2017-04/26/c_1120879349.htm。

〔2〕 习近平：《深化金融改革　促进经济和金融良性循环健康发展》，载共产党员网，https://news.12371.cn/2017/07/15/ARTI1500126456315843.shtml。

〔3〕 参见习近平：《金融活经济活　金融稳经济稳》，载新华网，http://www.xinhuanet.com/politics/2017-04/26/c_1120879349.htm。

规定为加强金融服务进而促进营商环境优化提供了有力的法制保障。

4. 对创业创新支持机制进行了全面规定

创业创新支持与营商环境优化犹如一枚硬币的两面。营商环境优化的重要目的就在于支持创业创新,而对创业创新予以必要支持则是营商环境优化的重要内容。为促进创业创新进而实现营商环境优化,《河北省优化营商环境条例》第 19 条对创业创新支持机制进行了全面规定,主要体现在以下方面:

(1)加强创业创新载体平台建设。《河北省优化营商环境条例》第 19 条第 1 款规定,"县级以上人民政府及其有关部门应当完善有利于创业创新的扶持政策和激励措施,建立创业创新政策集中发布平台,统筹安排各类支持创业创新的资金,推进公共技术服务,发展创业孵化服务,强化创新服务支撑,鼓励社会主体进行创业创新"。

(2)促进产学研深度融合。《河北省优化营商环境条例》第 19 条第 2 款规定,"鼓励、支持企业与高等院校、科研院所等合作,建立研发机构和创新中心,推进产学研用协同创新,推动科技成果转化"。

(3)推行区域化评估评审制度。《河北省优化营商环境条例》第 19 条第 3 款规定,"县级以上人民政府应当加强经济开发区、高新技术产业开发区、工业园区、海关特殊监管区等建设,推进多规合一,逐步推行区域化评估评审制度,将整体性、区域化评估评审结果提供给投资项目共享使用,提高项目落地效率,降低企业成本"。

(三)优化市场环境

作为《河北省优化营商环境条例》的第三章,"优化市场环境"一章分别对市场准入与监管、市场主体的平等保护、市场主体的公平竞争、优秀企业家精神弘扬、负面清单制度、商事制度改革、社会信用体系建设、行政机关民事责任、公用企业滥用市场支配地位禁止、中介服务促进与规范管理、行业协会与商会行为规范、评先评优行为规范等问题进行了规定,其特色与创新主要体现在以下方面:

1. 对优秀企业家精神弘扬问题进行了明确规定

企业家是经济活动的重要主体，其作用的有效发挥，对社会财富的积累、就业岗位的创造、经济社会的发展、综合国力的增强具有重要意义。作为营商环境优化的重要内容，企业家健康成长环境的营造、优秀企业家精神的弘扬、企业家作用的更好发挥，对深化供给侧结构性改革、激发市场活力、实现经济社会持续健康发展具有重要意义。为更好营造企业家健康成长环境、更好弘扬优秀企业家精神、更好发挥企业家作用，《中共中央关于营造企业家健康成长环境弘扬优秀企业家精神更好发挥企业家作用的意见》对相关问题进行了全面规定。《河北省优化营商环境条例》则更进一步，将优秀企业家精神的弘扬以地方性法规的形式予以规定。依据《河北省优化营商环境条例》第 29 条的规定，“各级人民政府及其有关部门应当营造企业家健康成长环境，弘扬优秀企业家精神，发挥企业家作用，依法保护企业家自主经营权，促进企业家公平竞争、诚信经营”。这一规定为企业家健康成长环境的营造、优秀企业家精神的弘扬、企业家作用的更好发挥提供了有力的制度保障，无疑具有重要意义。

2. 对负面清单制度进行了明确规定

所谓负面清单制度，即市场准入负面清单制度，是指国务院以清单方式明确列出在中华人民共和国境内禁止和限制投资经营的行业、领域、业务等，各级政府依法采取相应管理措施的一系列制度安排。对于市场准入负面清单以外的行业、领域、业务等，各类市场主体皆可依法平等进入。实行市场准入负面清单制度是发挥市场在资源配置中的决定性作用的重要基础，是更好发挥政府作用的内在要求，是构建开放型经济新体制的必要措施，还是优化营商环境的必要制度保障。2015 年 10 月 2 日，国务院发布《关于实行市场准入负面清单制度的意见》，对负面清单制度的推行作出规定。《河北省优化营商环境条例》对负面清单制度亦进行了明确规定。依据《河北省优化营商环境条例》第 30 条的规定，“县级以上人民政府对市场主体自愿投资的经营行为，涉及市场准入的领域和环节，实行负面清单制度。国家和省人民政府有明确禁止、限制规定以外的企业投资项目,应当按照法律、法规的规定实行备案制,允许各类市场主体平等进入。实行备案的项目,用地审批、环境影响评价、安全风险评估等相关手续应由有关部门依照相关法律、法规,通过同步并联的方法,在项目开工建设前办理完毕”。上述规定不仅将负面清单制度上升到法律的高度,使其具有更强的稳定性和强制力,而且在制度上有所拓展与创新,进而极大地增强了负面清单制度的应用价值。

3. 对商事制度改革问题进行了全面规定

作为社会主义市场经济体系的重要组成部分,我国现行商事制度脱胎于计划经济体制,带有计划经济色彩,随着改革的深化和经济的发展,其对于市场经济的阻碍越发明显。党的十八大之后,尤其是党的十八届三中全会之后,商事制度改革逐步发力,以注册资本由实缴登记制改为认缴登记制为典型代表,但投资创业的体制机制障碍仍然存在,还有不少亟待提升的方面和问题。作为“放管服”改革的当头炮、先手棋,深化商事制度改革,破除不合理的条条框框限制,不仅有助于从源头上为经济发展注入新活力,推动发展方式转变、经济结构优化、增长动力转换,而且有助于优化营商环境,是优化营商环境的关键举措。正是基于这样的考虑,《河北省优化营商环境条例》第 31 条对推进商事制度改革进行了全面规定,通过推行注册资本认缴、多证合一、一照一码、先照后证、企业登记全程电子化等制度的实施,提高市场准入便利化程度。

习近平总书记在党的十九大报告中明确指出,要“深化商事制度改革,打破行政性垄断,防止市场垄断,加快要素价格市场化改革,放宽服务业准入限制,完善市场监管体制”,以“加快完善社会主义市场经济体制”。2018 年 2 月,国家工商总局局长张茅接受采访时亦表示,党的十八大以来,商事制度发生根本性变革,为市场主体繁荣发展提供了制度性保障,在改革发展全局中发挥了重要作用;但随着改革的推进,容易改的事项都已经先改了,剩下的是难啃的“硬骨头”[1]。《河北省优化营商

[1] 《工商总局局长:攻坚商事制度改革 营造公平市场环境》,载国务院官网,https://www.gov.cn/guowuyuan/2018-02/19/content_5267580.htm。

环境条例》将商事制度改革问题上升到法律高度，给予其法律强制力保障，必然有助于“啃下改革中的硬骨头”。

（四）优化法治环境

作为《河北省优化营商环境条例》的第四章，“优化法治环境”一章分别对政府职责，公平竞争审查，地方性法规规章及规范性文件的定期评估、清理、备案与审查，行政执法三项制度，行政决定的变更、规章撤回与撤销，行政执法检查、行政罚没、应急管理措施、行政强制措施、矛盾纠纷解决、司法裁判与行政决定执行等问题进行了规定，其特色与创新主要体现在以下方面：

1. 明确规定了公平竞争审查制度

公平竞争是市场经济的基本原则，是市场机制高效运行的重要基础。随着经济体制改革不断深化，全国统一市场基本形成，公平竞争环境逐步建立。但地方保护、区域封锁、行业壁垒、企业垄断、违法给予优惠政策或减损市场主体利益等有违公平竞争的现象仍然存在。为规范政府有关行为，防止出台排除、限制竞争的政策措施，逐步清理废除妨碍统一市场和公平竞争的规定和做法，国务院于 2016 年 6 月 1 日发布了《关于在市场体系建设中建立公平竞争审查制度的意见》（国发〔2016〕34 号），2016 年 9 月 21 日河北省人民政府也发布了《关于在市场体系建设中建立公平竞争审查制度的实施意见》（冀政发〔2016〕42 号）。

《河北省优化营商环境条例》第 40 条对公平竞争审查制度的明确规定，从内容来看，并非对公平竞争审查相关政策的简单重复，而是有所拓展、有所创新；更为关键的是，该条规定意味着将公平竞争审查制度由政策规范上升到法律规制，使公平竞争审查制度更加稳定并具有法律强制力，因而意义重大。

2. 明确规定了行政执法三项制度

推行行政执法公示制度、行政执法全过程记录制度、重大执法决定法制审核制度等行政执法三项制度是党的十八届四中全会所部署的重要改革任务，对促进严格规范公正文明执法，保障和监督行政机关有效履行职责，维护人民群众合法权益，均具有重要意义。根据国务院办公厅《关于印发推行行政执法公示制度执法全过程记录制度重大执法决定法制审核制度试点工作方案的通知》（国办发〔2017〕14号）的规定，河北省是行政执法三项制度改革试点地区。《河北省优化营商环境条例》第42条对行政执法三项制度的明确规定，使河北省在行政执法三项制度试点改革中所取得的宝贵经验、所形成的先进做法上升到法律的层面，其不仅是对河北省行政执法三项制度试点改革成果的巩固，而且对全国行政执法三项制度试点改革的深入推进以及制度的法治化具有重要的示范意义。

3. 明确规定了“双随机、一公开”监管模式

2015年8月5日国务院办公厅发布的《关于推广随机抽查规范事中事后监管的通知》要求在创新政府管理方式和规范市场执法行为的过程中，全面推行“双随机、一公开”的监管模式。所谓“双随机、一公开”，就是指在监管过程中随机抽取检查对象，随机选派执法检查人员，抽查情况及查处结果及时向社会公开。“双随机、一公开”监管模式的推行，不仅有利于纠正政府的监管失灵，而且有助于丰富国家治理体系现代化的内涵，对营造“宁静经营”的良好环境具有重要意义，是优化营商环境的重要内容。

自2016年起，“双随机、一公开”连续3年被写入政府工作报告。2018年6月6日，李克强总理在国务院常务会议上明确指出，“下一步要全面推行‘双随机、一公开’市场监管，着力打造更加公平公正的市场竞争环境和法治化便利化的营商环境”。《河北省优化营商环境条例》第44条第2款对“双随机、一公开”监管模式进行了明确规定，即“行政机关应当建立随机抽查机制，实施监督检查采取检查对象随机抽取、检查人员随机选派的方式，并及时公布检查、处理结果”。这一规定使“双随机、一公开”监管模式上升到法律层面，具备了普遍性的强制力，有助于其作用的更好发挥。而且，结合李克强总理在2018年6月6日的讲

话精神来看,《河北省优化营商环境条例》对“双随机、一公开”监管模式的规定无疑具有极大的创新性和示范性。

（五）监督保障

作为《河北省优化营商环境条例》的第五章,“监督保障”一章分别对营商环境评价、政府绩效评价与考核、政务失信记录、工作督导与监督检查、人大监督、特约监督员、新闻媒体监督等问题进行了规定,其特色与创新主要体现在以下方面:

1. 建立了政务诚信考核与政务失信记录制度

作为营商环境的重要组成部分,政务环境是优化营商环境的突破口和重要着力点。加强政务诚信建设,不仅是优化营商环境的关键举措,更是落实“四个全面”战略布局的关键环节,是深化简政放权、放管结合、优化服务改革和加快转变政府职能、提高政府效能的必然要求。深入开展政务诚信建设,有利于建立健全以信用为核心的新型市场监管机制,有利于树立政府公开、公正、诚信、清廉的良好形象,有利于营造风清气正的社会风气,培育良好经济社会发展环境。

政务环境的优化、政务诚信建设的加强是一个系统工程。为优化政务环境、加强政务诚信建设,《河北省优化营商环境条例》建立了政务诚信考核与政务失信记录制度。《河北省优化营商环境条例》第 51 条第 2 款规定,“县级以上人民政府应当建立考核制度,定期对有关部门和下一级政府承诺情况进行考核,将考核结果作为对有关部门和下一级政府负责人综合考核评价的重要依据”。第 52 条规定,“县级以上人民政府应当完善政务诚信约束和问责机制,建立政务失信记录,将行政机关及其工作人员在履职过程中,因违法违规、失信违约而被司法判决、行政处罚、纪律处分、问责处理等信息,纳入政务失信记录”。此外,《河北省优化营商环境条例》第 51 条第 1 款还规定,“县级以上人民政府应当把行政审批、政府信息公开、政务履约和守诺服务等有关优化营商环境工作纳入政府绩效评价体系”。上述规定为政务环境的优化、政务诚信建设的加强提供了有力的法制保障，具有十分重要的实践价值。

2. 建立了综合监督制度体系

为确保营商环境优化工作落到实处、取得实效，《河北省优化营商环境条例》建立了营商环境优化综合监督制度体系，《河北省优化营商环境条例》第 53 条、第 54 条、第 55 条与第 56 条，分别对营商环境优化的政府内部监督、人大监督、社会监督等进行了具体规定，进而为营商环境优化提供了系统性的监督保障。其中，特约监督员制度极具特色、创新性十足。

依据《河北省优化营商环境条例》第 55 条的规定，“行政机关应当聘请人大代表、政协委员以及劳动模范、企业职工、城乡居民代表担任特约监督员，协助开展优化营商环境监督工作”。该规定意味着聘请人大代表、政协委员以及劳动模范、企业职工、城乡居民代表担任特约监督员以协助开展优化营商环境监督工作是行政机关的职责所在。特约监督员制度最大的意义就在于，使相对抽象、概括的社会监督落到了实处，有利于社会监督作用的充分发挥，进而有助于营商环境优化工作的深入推进。

除以上主体内容外，作为《河北省优化营商环境条例》的第六章，“法律责任”一章共由 7 个法律条文组成，对各级人民政府、县级以上人民政府有关部门及其工作人员等主体的违法责任进行了明确规定，确保《河北省优化营商环境条例》成为一部“长有牙齿”的极具适用价值的法规。其中，第 61 条关于行业协会、商会违法责任的规定极具特色与创新，不仅对行业协会、商会的违法行为进行了列明，而且设定了包括警告、责令限期改正、停止活动、责令撤换直接负责的主管人员、没收违法所得、罚款、撤销登记等在内的完整法律责任链条。

第七章　以立法助力碧水保卫战之《河北省水污染防治条例》解读

一、《河北省水污染防治条例》的立法背景和过程

（一）《河北省水污染防治条例》的立法背景

1. 是坚持习近平生态文明思想和贯彻党的十九大精神的要求

党的十八大以来，以习近平同志为核心的党中央，始终把生态文明建设放在治国理政的重要战略位置。习近平总书记多次强调，绿水青山就是金山银山，保护环境就是保护生产力，改善环境就是发展生产力。在党的十九大报告中，习近平总书记指出，“建设生态文明是中华民族永续发展的千年大计”，要“像对待生命一样对待生态环境”，“实行最严格的生态环境保护制度”，“加快水污染防治”。

2017 年 1 月 24 日，习近平总书记在张家口市考察工作时指出，多年来，河北生态环境欠账较多；经过几年治理，见了些成效，但仍然任重道远。2018 年 5 月，习近平总书记在全国生态环境保护大会上明确提出，“用最严格制度最严密法治保护生态环境”是新时代推进生态文明建设所必须坚持的基本原则，要“加快制度

创新,强化制度执行,让制度成为刚性的约束和不可触碰的高压线”。[1] 2018年5月29日,省委书记、省人大常委会主任在全省生态环境保护大会上强调,要“坚持以习近平生态文明思想为指导,深入贯彻全国生态环境保护大会精神,坚定不移落实党中央重大决策部署,奋力开创新时代生态环境保护和污染防治工作新局面,举全省之力坚决打好污染防治攻坚战”,要“切实改善提升水环境质量”。

由此可见,重新制定《河北省水污染防治条例》是坚持习近平生态文明思想、贯彻党的十九大精神的要求、落实河北省委关于打好污染防治攻坚战决策部署的应然之义。

2. 是保持水污染防治法制统一的要求

原《河北省水污染防治条例》制定于1997年,共5章36条。该条例自颁布实施以来,对防治水污染、保护水环境、保障公众健康发挥了重要作用。但随着经济社会的快速发展,该条例已经不能满足河北省水污染防治工作的实际需要。尤其是随着上位法的修改,其不适应性越发凸显。

为保护和改善生态环境,防治污染和其他公害,保障公众健康,推进生态文明建设,促进经济社会可持续发展,2014年4月24日第十二届全国人民代表大会常务委员会第八次会议修订通过了《环境保护法》。修订后的《环境保护法》强化了企业污染防治责任,加大了对环境违法行为的法律制裁,还对环境信息公开、公众参与等问题进行了系统性规定,法律条文也由原来的6章47条增加至7章70条,极大地增强了法律的可执行性和可操作性。

2017年6月27日第十二届全国人民代表大会常务委员会第二十八次会议通过了《关于修改〈中华人民共和国水污染防治法〉的决定》,此次修法力度空前:从形式上看,修改31条、删除7条、新增18条,新法由

---

[1] 参见习近平:《坚决打好污染防治攻坚战 推动生态文明建设迈上新台阶》,载中国政府法制信息网,http://www.moj.gov.cn/pub/sfbgw/gwxw/ttxg/201805/t20180522_165697.html。

原来的92条增加至103条；从内容上看，涉及总量控制、排污许可、城市污水集中处理、饮用水水源保护、地方政府责任强化、流域水污染联合防治、水污染防治监督管理完善等诸多制度的完善与创新。

较之于修改后的《环境保护法》《水污染防治法》，原《河北省水污染防治条例》不仅立法理念与制度设计严重滞后，而且法律责任明显偏软，对污染行为处罚不力。为有效维护法制统一，切实满足水污染防治工作实际需求，亟须对原《河北省水污染防治条例》进行全面修订。

3. 是适应河北省水污染防治形势的要求

在2018年5月召开的全国生态环境保护大会上，习近平总书记强调，"要把解决突出生态环境问题作为民生优先领域"[1]。防治水污染、保护水环境事关民生福祉，是建设经济强省、美丽河北的重要内容和必然要求。河北省各级党委政府高度重视水污染防治工作，水环境治理取得了一定的成效。2017年，列入国家考核的74个地表水水质监测断面中，地表水水质优良（达到或优于Ⅲ类）目标比例为45.9%；劣Ⅴ类水体控制目标比例为33.8%；与2016年相比，全省达到和好于Ⅲ类水质比例提升了5.4个百分点，劣Ⅴ类水体断面比例下降8.1个百分点。

但是，受资源禀赋、产业结构、地理区位等多方因素所限，河北省水质污染、水生态环境受损等问题仍然十分突出，水污染防治工作总体形势依然严峻。全省七大水系水质总体呈中度污染，北三河水系、漳卫南运河水系和黑龙港运东水系为重度污染，三成以上河流水质仍为劣Ⅴ类。长期积累的问题尚未根本解决，新的问题又不断出现，水环境污染呈现结构型、压缩型、复合型相互叠加趋势。强化水污染防治，改善水生态环境，是河北省当前所面临的一项重要而紧迫的任务。打好水污染防治攻坚战，离不开法治的保障和推动。重新制定《河北省水污染防治条例》，落实最严格的环境保护制度，有助于为深入推进河北省水污染防治

[1] 习近平：《坚决打好污染防治攻坚战　推动生态文明建设迈上新台阶》，载中国政府法制信息网，http://www.moj.gov.cn/pub/sfbgw/gwxw/ttxg/201805/t20180522_165697.html。

工作、彻底实现河北省水环境有效治理奠定坚实的法制基础。

（二）《河北省水污染防治条例》的立法过程

从立法过程来看，《河北省水污染防治条例》跨两届人大常委会、经三次审议方获最终通过，期间几易其稿、反复论证，立法工作“超长待机”。这也再次印证了《河北省水污染防治条例》的重要性和河北省委、省人大对该项立法的高度重视。

2017 年 11 月 27 日，河北省第十二届人民代表大会常务委员会第三十三次会议举行，《河北省水污染防治条例（修订草案）》进行初次审议。在第三次全体会议上，河北省环境保护厅负责同志对《河北省水污染防治条例（修订草案）》作起草说明。在此之前，《河北省水污染防治条例（修订草案）》已按照规定征求了省政府有关部门和各设区的市、省直管县（市）的意见，并赴邯郸市、唐山市、秦皇岛市进行了调研，还请河北大学政法学院有关专家进行了论证。河北省政府分管领导还曾召集有关部门对《河北省水污染防治条例（修订草案）》进行专门论证、深入研究。

2018 年 3 月 27 日，河北省第十三届人民代表大会常务委员会第二次会议召开，对《河北省水污染防治条例（修订草案）》进行了二次审议。会后，河北省人大常委会法制工作委员会会同城建环资工作委员会和省环保厅根据常委会组成人员的意见，对《河北省水污染防治条例（修订草案）》进行了认真修改。其间，报经河北省委批转征求了全省各市县党委、政府意见；通过河北省人大常委会网站向社会公开征求意见，赴邢台、衡水等地进行了实地调研，召开了由政府有关部门、市县人大代表、乡镇工作人员和企业有关人员参加的座谈会；书面征求了北京市人大常委会意见；征求了省级有关主管领导同志的意见；再次征求了省直有关部门意见。在中央批准《河北雄安新区规划纲要》之后，还结合中央批复要求，有针对性地作了再次修改。

按照河北省人大常委会指示要求，为做好《河北省水污染防治条例（修订草案）》提交 2018 年 5 月河北省人大常委会会议表决的准备工作，确保法规质量,2018 年 4 月 13 日至 15 日,河北省人大常委会法制工作委员会主任带领有关同志赴天津进行了立法调研,赴北京召开了专家论证会。专家论证会邀请了来自全国人大常委会法工委行政法室,生态环境部政策法规司、水司,中国政法大学,河北环保联合会等单位的 6 名专家,从体例、内容、语言文字等方面对《河北省水污染防治条例(修订草案)》进行审核把关,并对法规出台的时机、预期效果和实施中可能出现的问题进行了充分论证。

2018 年 5 月 29 日,河北省第十三届人民代表大会常务委员会第三次会议召开,会议听取了省人大法制委员会副主任委员作的关于《河北省水污染防治条例(修订草案)》修改情况的报告。5 月 31 日下午,河北省第十三届人民代表大会常务委员会第三次会议表决通过了《河北省水污染防治条例(修订草案)》。在《河北省水污染防治条例(修订草案)》审议过程中,各位委员给予了高度评价。例如,河北省人大常委会副主任认为,与上一稿相比,三审稿更加完善:一是站位更高。例如,从单纯的水体污染防治拓展到整个生态环境的修复和保护,更符合生态治理与保护的科学原理;增加了很多生态环境保护的理念,对固体废弃物,以及农田、土壤、面源污染、垃圾污染等影响水污染防治与保护的生态环境因子进行了补充,契合河北省实际。二是特色更明显。新增加了白洋淀等重点流域环境综合整治和生态修复等内容,突出了地方立法的地方特色。

二、《河北省水污染防治条例》的框架结构及立法特色与创新

新《河北省水污染防治条例》共 9 章 78 条,1 万余字,结构设置科学合理,法规内容重点突出,制度创新极具地方特色,具有较强的针对性和可操作性。除“附则”外,其框架结构及立法特色与创新如下:

(一)总则

作为《河北省水污染防治条例》的第一章,“总则”一章共由 9 个法

律条文组成，分别对《河北省水污染防治条例》的立法目的与立法依据，适用范围，基本原则与规制重点，政府职责，部门职责，河湖长制，资金保障、科技支撑与表彰奖励，宣传教育与社会参与等问题进行了规定。

河湖长制是治理水污染的长期实践中所形成的一种新模式，是强化地方政府责任、落实首长负责制、强化考核问责的有效措施。该制度强化了政府责任，让地方领导担任河长、湖长，有利于解决以往各个涉水部门难以形成合力的弊端，有利于改变“九龙治水”的现象。

2016 年 10 月 11 日，中央全面深化改革领导小组第二十八次会议召开，审议通过了《关于全面推行河长制的意见》；2016 年 11 月 28 日，中共中央办公厅、国务院办公厅印发《关于全面推行河长制的意见》。河长制的实施，是绿色发展和可持续发展背景下大环保理念推行的有效实践。在绿色发展和可持续发展理念下，应当将环保纳入一国经济增长和宏观调控的范畴中，环保不再只是局部问题和部门问题。第十二届全国人民代表大会常务委员会第二十八次会议于 2017 年 6 月 27 日所修正通过的《水污染防治法》从法律层面正式确立了河长制。该法第 5 条明确规定，“省、市、县、乡建立河长制，分级分段组织领导本行政区域内江河、湖泊的水资源保护、水域岸线管理、水污染防治、水环境治理等工作”。

为深入贯彻党的十九大精神、全面加强生态文明建设，中共中央办公厅、国务院办公厅印发了《关于在湖泊实施湖长制的指导意见》。湖长制是加强湖泊管理保护、改善湖泊生态环境、维护湖泊健康生命、实现湖泊功能永续利用的重要制度保障。

正是基于河湖长制的重要价值，为加强水污染防治，《河北省水污染防治条例》对其进行了规定。《河北省水污染防治条例》第 6 条第 1 款明确规定，“省、市、县（市、区）、乡（镇）建立河长制、湖长制，分级分段分区组织领导本行政区域内河流、湖泊的水资源保护、水域岸线管理、水污染防治、水环境治理、水生态修复等工作”；为有效发挥河湖长制的制度功效，《河北省水污染防治条例》第 6 条第 2 款还规定，“县级及以上河长、湖长负责组织对相应河湖下一级河长、湖长实施考核”。

（二）水污染防治的标准和规划

作为《河北省水污染防治条例》的第二章，“水污染防治的标准和规划”一章共由 4 个法律条文组成，分别对标准制定、标准评估与修订、规划编制、限期达标等问题进行了规定。本章的特色与创新主要体现在两个方面：

1. 提高了重点流域防治标准

中共中央、国务院《关于对〈河北雄安新区规划纲要〉的批复》提出，要“加强白洋淀生态环境治理和保护，同步加大上游地区环境综合整治力度，逐步恢复白洋淀‘华北之肾’功能”。为实现这一目标，《河北省水污染防治条例》对白洋淀、衡水湖以及重要河流流域的污染物排放问题进行了特别规定，提高了防治标准。依据《河北省水污染防治条例》第 10 条的规定，“省人民政府可以对国家水环境质量标准和水污染物排放标准中未作规定的项目制定地方标准；对国家水环境质量标准和水污染物排放标准中已作规定的项目可以制定严于国家标准的地方标准，并报国务院环境保护主管部门备案”；但“直接或者间接向白洋淀、衡水湖以及重要河流流域排放污染物的，其主要污染物应当符合相应水功能区的水环境质量标准限值”。

2. 规范了防治规划报批程序

水污染防治规划是开展水污染防治工作的基本依据。为凸显规划的严肃性，《河北省水污染防治条例》对水污染防治规划的批准、备案程序进行了规范，尤其是对跨省河流、湖泊和省内跨县河流、湖泊的流域水污染防治规划报批程序进行了明确规定。依据《河北省水污染防治条例》第 12 条第 1 款、第 2 款规定，一方面，“省人民政府环境保护主管部门应当会同有关部门和有关设区的市、县（市、区）人民政府按照国家确定的重要河流、湖泊的流域水污染防治规划和本省实际情况，编制本省行政区域内河流、湖泊的流域水污染防治规划”；另一方面，“跨省河流、湖泊的流域水污染防治规划经省人民政府审核后，报国务院批准。省内跨县河流、湖泊的流域水污染防治规划报省人民政府批准后，报国务院备案”。

（三）饮用水水源保护

作为《河北省水污染防治条例》的第三章，“饮用水水源保护”一章共由8个法律条文组成，分别对水源保护区划定、禁止性行为、排污口设置、隔离防护设施、风险评估与防范、应急与备用水源等问题进行了规定。水是生命之源，饮用水安全保障直接关系到公众健康，保障饮用水安全是防治水污染的最重要目标，是为人民群众生命健康谋福祉的重大举措。本章的特色与创新突出体现在对饮用水水源的优先保护、全面保护，主要包含以下方面：

1. 对饮用水水源保护区调整进行了限制

为有效保护饮用水水源，《河北省水污染防治条例》对饮用水水源保护区调整进行了严格限制。《河北省水污染防治条例》第14条第3款规定，“除因饮用水水源功能发生变化、水质不能满足饮用水要求、饮用水水源安全受到威胁等原因确需调整外，饮用水水源保护区一经划定不得调整。饮用水水源保护区调整应当报省人民政府批准”。

2. 强化了饮用水水源保护区内的行为管理

对保护区内的行为进行管理是保护饮用水水源的基本要求和有效措施。例如，现行《水污染防治法》第66条不仅要求，“禁止在饮用水水源二级保护区内新建、改建、扩建排放污染物的建设项目；已建成的排放污染物的建设项目，由县级以上人民政府责令拆除或者关闭”，而且规定，“在饮用水水源二级保护区内从事网箱养殖、旅游等活动的，应当按照规定采取措施，防止污染饮用水水体”。

新《河北省水污染防治条例》不仅借鉴了现行《水污染防治法》的立法模式，而且进行了更为严格的规定，通过强化饮用水水源保护区内的行为管理以实现有效保护饮用水水源的目的。新《河北省水污染防治条例》第 16 条规定,“饮用水水源二级保护区内禁止下列行为:(一)新建、改建、扩建排放污染物的建设项目;(二)从事网箱养殖等可能污染饮用水水体的活动。已建成的排放污染物的建设项目,由县级以上人民政府责令拆除或者关闭”。由该规定可知,在河北省,饮用水水源二级保护区内禁止“从事网箱养殖等可能污染饮用水水体的活动”。

3. 明确规定了地方政府建设隔离防护设施的职责

从实际工作来看,隔离防护设施的建设对于饮用水水源的保护至关重要。为此,《河北省水污染防治条例》不仅明确要求应当加强饮用水水源地隔离防护设施建设,而且将该职责赋予了饮用水水源保护区所在地人民政府。此外,《河北省水污染防治条例》还具体规定,应当“在饮用水水源保护区的边界建设护栏围网或者生态隔离设施,并设立明确的地理界标和明显的警示标志”;“禁止毁损、擅自移动前款规定的护栏围网、地理界标和警示标志”。

(四)水污染防治措施

作为《河北省水污染防治条例》的第四章,“水污染防治措施”一章共由 16 个法律条文组成,分别对禁止性行为、工业废水污染防治、危险化学品水污染防治、工业固体废弃物水污染防治、实验废液污染防治、城镇污水污染防治、黑臭水体整治、纳污坑塘治理、农业生产水污染防治、畜禽养殖污染防治、乡村生活污水治理、地下水污染防治、山水林田湖草综合治理与生态修复、流域治理、船舶水污染防治、第三方治理等问题进行了规定。本章是《河北省水污染防治条例》的重点所在,其特色与创新主要体现在以下方面:

1. 强化工业废水污染防治

工业是用水大户,其所造成的水污染问题也十分突出,对生态环境的损害极其严重,且治理难度较大,有的污染甚至是不可修复的,严重危害公众健康,因此必须予以严格遏制。依据《河北省水污染防治条例》第 23 条的规定,首先,“排放工业废水的企业应当采取有效措施,收集和处理产生的全部废水,防止污染环境。含有毒有害水污染物的工业废水应当分类收集和处理,不得稀释排放”;其次,“工业园区(工业集聚区)应当同步规划、配套建设相应的工业污水集中处理设施以及管网,并安装自动在线监控装置;未按照规定完成的,暂停审批和核准其增加水污染物排放的建设项目,并依照有关规定撤销其园区资格”;最后,“向污水集中处理设施排放工业废水的,应当按照国家有关规定进行预处理,达到集中处理设施处理工艺要求后方可排放”。

2. 加强地下水保护

河北省水资源严重匮乏,进而造成超采地下水现象严重,并由此引发了地面沉降、湿地萎缩等一系列地质环境灾害。党中央、国务院高度关注地下水资源保护工作,2014 年国家确定在河北省先行开展地下水超采综合治理试点,探索可复制可推广的治理经验模式。为加强地下水保护,《河北省水污染防治条例》第 24 条、第 33 条均规范了地下水保护有关内容。例如,兴建地下工程设施或者进行地热开发、地下勘探、采矿等活动,应当采取防护性措施,防止地下水污染。

3. 开展城乡黑臭水体治理

黑臭水体一直是水环境治理中最为突出的问题。在 2018 年 5 月召开的全国生态环境保护大会上,习近平总书记指出,“要深入实施水污染防治行动计划”,“基本消灭城市黑臭水体”;“要持续开展农村人居环境整治行动,打造美丽乡村”。[1] 为有效推进城乡黑臭水体治理,“还给老百姓清水绿岸、鱼翔浅底的景象”,《河北省水污染防治条例》第 28 条规定,“县级以上人民政府应当加快城市黑臭水体整治工作,制定整治规划和实施方案,向社会公布黑臭水体名称、治理责任人及达标期限。各级人民政府应当有计划地采取控源截污、垃圾清理、清淤疏浚、水生态修复等措施进行综合整治,消除乡村黑臭水体”。

---

〔1〕 参见习近平:《坚决打好污染防治攻坚战　推动生态文明建设迈上新台阶》,载中国政府法制信息网,http://www.moj.gov.cn/pub/sfbgw/gwxw/ttxg/201805/t20180522_165697.html。

4. 推进纳污坑塘整治

对于排污者而言，渗坑是一种低成本的污水处理方式，但如果未做充分的预先净化处理，则将使排污量远远超出土壤有限的降解能力，造成严重的水环境特别是地下水环境污染。2017 年4 月，河北廊坊和天津静海两地的超大渗坑污染事件不仅使全社会认识到纳污坑塘危害的严重性，而且也倒逼纳污坑塘治理制度机制创新。2018 年 1 月 17 日，环境保护部办公厅发布《关于进一步做好纳污坑塘整治工作的意见》，对纳污坑塘的整治重点、整治目标、整治方案、限期治理、验收要求、后续监管、责任落实、长效机制建立等问题进行了全面规定。

为深入推进纳污坑塘整治，《河北省水污染防治条例》对纳污坑塘整治进行了专门规定。纳污坑塘污染源于非法倾倒，因此，整治纳污坑塘的关键是遏制住非法倾倒。为此，《河北省水污染防治条例》第 29 条第 1 款规定，“禁止利用无防渗漏措施的沟渠、坑塘等输送或者存贮含有毒污染物的废水、含病原体的污水和其他废弃物”。同时，为了实现对存量纳污坑塘的有效整治，《河北省水污染防治条例》第 29 条第 2 款规定，“已经形成的纳污坑塘，有明确责任主体的，当地县级以上人民政府应当监督其制定整治方案，限期治理；没有明确责任主体的，应当由当地县级以上人民政府负责限期治理”。

5. 加大农业面源污染防治

农业面源污染是当前农村环境保护的一大难题，对我国水环境、土壤环境、大气环境以及生态系统都会产生严重的影响，并会对人类健康产生不可逆转破坏作用。有资料显示，目前，农业已超过工业成为我国最大的面源污染产业。农业面源污染具有隐藏性、长期性和分散性的显著特点，其是在农业生产各个环节中自觉或不自觉产生的，处理起来比较麻烦。由于污染防治意识不强、相关制度建设不完善以及技术障碍多等原因，我国农村面源污染形势严峻。习近平总书记在党的十九大报告中明确指出，“加强农业面源污染防治”。

为贯彻落实党中央、国务院关于加强生态文明建设、推动绿色发展的有关部署，加强农业面源污染防治工作，《河北省水污染防治条例》第30条不仅要求“县级以上人民政府农业主管部门和其他有关部门，应当采取措施，指导农业生产者科学、合理施用化肥、农药等农业投入品，推进化肥、农药使用减量化，防止造成水污染”，而且规定“集中式饮用水水源保护区及引黄和南水北调工程沿线等环境敏感区，应当建设生态沟渠、污水净化塘、地表径流集蓄池等设施，净化农田排水及地表径流”。

6. 山水林田湖草综合治理

习近平总书记指出，山水林田湖草是一个生命共同体，人的命脉在田，田的命脉在水，水的命脉在山，山的命脉在土，土的命脉在树。这一重要论述形象地阐明了自然生态系统各要素间相互依存、相互影响的内在规律，告诉我们保护修复自然生态，必须遵循生态系统自身的规律，否则可能事倍功半，甚至徒劳无功。为有效统筹山水林田湖草系统治理，《河北省水污染防治条例》第34条不仅要求“县级以上人民政府应当依据土地利用总体规划，推进山水林田湖草综合治理和生态修复”，而且特别规定“省人民政府应当加强白洋淀、衡水湖以及重要河流流域环境综合整治和生态修复，推进河湖水系连通，建立生态补水长效机制，实施退田还湖还湿、退渔还湖，合理控制旅游开发规模”。

（五）水污染事故的预防与处置

作为《河北省水污染防治条例》的第五章，“水污染事故的预防与处置”一章共由6个法律条文组成，分别对政府应急管理职责、应急预案与应急方案制定、应急预案启动、应急方案启动、流域污染应急联动、事故调查评估与赔偿等问题进行了规定，其特色与创新主要体现在以下方面：

1. 对应急预案的制定与启动作出了明确规定

“凡事预则立，不预则废。”作为应对可能发生的水污染事故而预先制定的行动方案，水污染事故应急预案对于迅速有序地开展应急行动、科学处置水污染事故具有十分重要的意义。为此，《河北省水污染防治条例》第 39 条要求，“县级以上人民政府应当制定和完善水污染事故应急预案，明确责任主体、预警预报与响应程序、应急处置及保障措施等内容，并报上级人民政府备案。可能发生水污染事故的企业事业单位，应当按照有关规定制定有关水污染事故的应急方案，做好应急准备，定期进行预防演练”。

此外，《河北省水污染防治条例》还对应急预案的启动作出了明确规定。当“水环境受到污染，可能影响公众健康和水环境安全时”，“县级以上人民政府应当立即发布预警信息，并启动应急预案”。

2. 建立了流域水污染事故应急联动机制

理论和实践均证明，在流域水污染防治问题上，建立沟通及时、协调有力、运行高效的应急联动机制十分必要。为此，《河北省水污染防治条例》正式确立了流域水污染事故应急联动机制。《河北省水污染防治条例》第 42 条规定，“流域上下游设区的市人民政府应当建立水污染事故应急联动机制”，其基本要求是，“发生水污染事故的设区的市人民政府应当及时通报下游设区的市人民政府”。

（六）区域水污染防治协作

作为《河北省水污染防治条例》的第六章，“区域水污染防治协作”一章共由 5 个法律条文组成，分别对流域联动协作与统一协同管理、跨界水质监测与信息共享、水环境监测网建设与结果发布、联席会商和联防治污、生态补偿等问题进行了规定。将“区域水污染防治协作”专设一章是《河北省水污染防治条例》在结构上最大的特点所在，从内容来看，其特色与创新主要体现在以下方面：

1. 明确规定应当推动建立流域联动协作与统一协同管理机制

巍巍太行，莽莽燕山，汤汤海河。京津冀，同处燕山之南、太行之东、海河之系，山同脉，水同源，文同根。北京的五大河系，四大水系源于河北；天津人民的“大水缸”于桥水库，盛满了发源于河北的滦河水……三地山水相连，唇齿相依，本为一体。水在流域内上下游、左右岸的密切关联,以及水在区域内供与排的逻辑关系,决定了三地无论是水量还是水质问题,都必然是"唇亡齿寒""牵一发而动全身"的。因此,水污染防治必须走协同治理的路子。

为此,《河北省水污染防治条例》第 44 条明确规定,"省人民政府应当推动与北京市、天津市和周边地区建立水污染防治上下游联动协作机制和统一协同的流域水环境管理机制",具体来说,就是要"推进水污染防治规划、防治政策措施和技术标准、重点工程、监督防控的协调工作,共同预防和治理水污染、保护水环境"。

2. 明确规定要建立健全生态补偿机制

作为以经济手段为主调节相关者利益关系的制度安排,生态补偿对生态环境的保护和自然资源的可持续利用具有重要意义。河北省在此方面已有多年实践,实际效果相当不错。为此有必要将生态补偿机制上升为法律规范,以更充分地发挥其积极效应。正是基于这样的考虑,《河北省水污染防治条例》第 48 条第 1 款明确规定,"省人民政府应当通过资金补偿、产业转移、对口协作等方式,建立健全对位于饮用水水源保护区区域和河流、湖泊、水库上游地区的生态补偿机制";同时,第 48 条第 2 款规定,要"建立健全流域上下游人民政府河流跨界断面水质目标责任考核以及生态补偿机制,并定期向社会公布考核结果",并授权省人民政府制定具体办法。

(七)水污染防治的监督管理

作为《河北省水污染防治条例》的第七章,"水污染防治的监督管理"一章共由 17 个法律条文组成,分别对人大监督、环保督察、承载能力监测预警、水功能达标状况评估、环境影响评价与水污染防治设施建设与运行、排放浓度与总量控制、排污许可管理、排污口设置与管理、信息化建设、自动监测、现场检查、考核评价、终身追责、约谈限批、举报制度、诚信管理、公益诉讼等问题进行了规定,其特色与创新主要体现在以下方面:

1. 建立了环保督察制度

习近平总书记在全国生态环境保护大会上强调,“让制度成为刚性的约束和不可触碰的高压线”。[1] 作为党的十八大以来党中央、国务院关于推进生态文明建设和环境保护工作的一项重大制度安排,环保督察已成为打好污染防治攻坚战的重要手段。从已有实践来看,环保督察通过划定环保红线、提升地方党委政府环境保护责任意识,使一批长期难以解决的环境问题得到解决,一批长期想办而未办的事情得到落实。

为有效发挥环保督察制度的重要作用,《河北省水污染防治条例》第50条规定,“省人民政府应当建立健全环保督察机制”,具体来说,就是要“制定水环境保护督察问题清单和整改方案,明确督办内容、流程、时限,对整改和督办不力的纳入政府核查问责范围,并依法向社会公开,接受监督”。

2. 确立了约谈限批制度

作为一项具中国特色的行政管理制度,约谈对于纠正并规范下级组织运行中存在的问题具有突出作用。在生态环境保护领域,其已经被确立为一项重要制度。所谓环保约谈,是指通过约见未履行环境保护职责或履行职责不到位的地方政府及其相关部门有关负责人,依法进行告诫谈话、指出相关问题、提出整改要求并督促其整改到位。为规范约谈工作,督促地方政府及其有关部门切实履行环境保护责任,解决突出问题,保障群众环境权益,环境保护部还曾在2014年制定了《环境保护部约谈暂行办法》(已失效)。作为约谈制度的一种辅助机制、后续措施,所谓限批,就是指对接受约谈的超过重点污染物排放总量控制指标或者未完成环境质量改善目标的地区暂停审批新增重点污染物排放总量的建设项目的环境影响评价文件。

为有效发挥约谈限批制度的重要作用,《河北省水污染防治条例》

---

[1] 习近平:《坚决打好污染防治攻坚战　推动生态文明建设迈上新台阶》,载中国政府法制信息网,http://www.moj.gov.cn/pub/sfbgw/gwxw/ttxg/201805/t20180522_165697.html。

第62条规定，一方面，“对超过重点水污染物排放总量控制指标或者未完成水环境质量改善目标的地区，省人民政府环境保护主管部门应当会同有关部门约谈该地区人民政府的主要负责人，并暂停审批新增重点水污染物排放总量的建设项目的环境影响评价文件。约谈情况应当向社会公开”；另一方面，“省、设区的市人民政府环境保护主管部门可以约谈向水体违法排放水污染物的企业事业单位主要负责人和其他生产经营者，责令其制定整治方案，并向社会公开约谈情况、整改措施及结果”。

（八）法律责任

水环境直接关系到人民群众生命健康，关系到河北各项改革事业成败，必须重典治污，加大处罚力度，发挥法规震慑作用，从根本上改变“守法成本高、违法成本低”的现象。较之《环境保护法》《水污染防治法》，《河北省水污染防治条例》规定了更加严格的法律责任。作为《河北省水污染防治条例》的第八章，“法律责任”一章共由12个法律条文组成，分别对职能部门及其工作人员的违法责任、违法设置排污口的法律责任、违法污染饮用水水源行为的法律责任等进行了规定，其特色与创新主要体现在以下方面：

1. 提高了处罚标准

一方面，《河北省水污染防治条例》不仅新设了行政处罚，而且加大了处罚力度；另一方面，与《水污染防治法》的规定相比，《河北省水污染防治条例》提高了针对严重污染水环境违法行为的处罚下限，如第69～72条的规定。

2. 实行按日连续计罚

“按日连续计罚”是现行《环境保护法》的重大制度创新，该法第59条第1款规定，“企业事业单位和其他生产经营者违法排放污染物，受到罚款处罚，被责令改正，拒不改正的，依法作出处罚决定的行政机关可以自责令改正之日的次日起，按照原处罚数额按日连续处罚”。

为加大水污染行为处罚力度、严惩水污染行为人，《河北省水污染防治条例》第 75 条也对按日连续计罚制度进行了明确规定,即“企业事业单位和其他生产经营者违法排放水污染物,受到罚款处罚,被责令改正的,依法作出处罚决定的行政机关应当组织复查,发现其继续违法排放水污染物或者拒绝、阻挠复查的,依照《中华人民共和国环境保护法》的规定按日连续处罚”。

第八章　以立法助力蓝天保卫战之《河北省大气污染防治条例》解读

河北省高度重视大气污染防治立法工作。早在1996年11月3日河北省第八届人民代表大会常务委员会第二十三次会议就通过了首部《河北省大气污染防治条例》。为更好保护和改善环境，防治大气污染，保障公众健康，推进生态文明建设，促进经济社会可持续发展，2016年1月13日河北省第十二届人民代表大会第四次会议又通过了新的《河北省大气污染防治条例》，该条例自2016年3月1日起施行。1996年11月3日河北省第八届人民代表大会常务委员会第二十三次会议通过的《河北省大气污染防治条例》同时废止。2021年9月29日河北省第十三届人民代表大会常务委员会第二十五次会议通过了《关于修改〈河北省技术市场条例〉等十四部法规的决定》，对十四部地方性法规进行“打包”修改。其中，《河北省大气污染防治条例》仅有一处修正，将第91条中关于“侵权责任法”的表述调整为“民法典”。本章以2016年1月13日河北省第十二届人民代表大会第四次会议通过并由河北省第十三届人民代表大会常务委员会第二十五次会议于2021年9月29日修正的《河北省大气污染防治条例》为分析对象，并将其简称为“新《条例》”，而将1996年11月3日由河北省第八届人民代表大会常务委员会第二十三次会议通过的首部《河北省大气污染防治条例》简称为“原《条例》”或者“旧《条例》”。

一、《河北省大气污染防治条例》的立法背景、过程、特点与新成就

（一）《河北省大气污染防治条例》的立法背景

1. 新《条例》是贯彻落实习近平总书记重要指示和党中央、国务院大气污染防治决策部署的重要举措

党的十八大以来，习近平总书记多次到河北省视察指导工作，每次都对河北省的大气污染治理工作作出重要指示。2015年4月25日《关于加快推进生态文明建设的意见》发布，该意见不仅强调，“生态文明建设是中国特色社会主义事业的重要内容，关系人民福祉，关乎民族未来，事关‘两个一百年’奋斗目标和中华民族伟大复兴中国梦的实现”，而且指出，包括大气环境质量改善在内的生态环境质量总体改善是生态文明建设的主要目标之一。国务院发布的《大气污染防治行动计划》更是具体指出，“大气环境保护事关人民群众根本利益，事关经济持续健康发展，事关全面建成小康社会，事关实现中华民族伟大复兴中国梦”。新《条例》的制定是将习近平总书记的重要指示和党中央、国务院的决策部署落实为具体制度规范的重要举措，有助于发挥地方立法的引领推动作用，并最终有利于全面推进河北省大气污染防治工作。

2. 新《条例》的制定是适应大气污染防治新形势、反映大气污染防治最新立法成果的应然之举

随着环境形势的深刻变化、防治要求的持续深化，原《条例》已经无法满足当前大气污染防治的工作需要：一是防治领域突出工业，防治手段重在末端治理，没有建立起以改善环境质量为核心的大环保体系；二是防治责任突出企事业单位，没有形成涵盖政府、企业和社会公众一体的防治责任网；三是防治因子单一，没有形成多污染物协同控制、多污染源综合管理的格局；四是防治方式注重行政辖区“各自为战”，没有建立

起区域统一的大气污染防治协作体系；五是防治力度不够，环境违法成本低问题突出，没有在社会产生强有力的法律威慑效应。解决这些问题，迫切需要制定新的地方性法规，采取综合措施，实行严格法治，防治环境污染。同时，新的《环境保护法》已于2014年4月24日修订通过，新的《大气污染防治法》也于2015年8月29日修订通过，有关大气污染防治的理念与制度都进行了巨大革新，基于反映最新立法成果并与上位法保持一致的考虑，亦应着手制定新的地方性法规。

3. 新《条例》的制定是深入推进大气污染防治工作的当然之选

随着工业化、城镇化进程的加快，结构型、复合型、压缩型大气污染问题日益突出，河北省近年来饱受大气污染困扰。全省11个设区的市均未达到国家环境空气质量二级标准，年度空气质量平均达标率低于全国18.9个百分点，重度及以上污染天数比例高于全国9.5个百分点。面对河北省大气污染防治的严峻挑战和巨大压力，河北省委、省政府把大气污染防治作为生态文明建设的重中之重，作为改善民生的当务之急，作为转方式、调结构、促转型的关键举措，壮士断腕、重拳出击，坚决向大气污染宣战，于2013年制定实施《河北省大气污染防治行动计划实施方案》。该方案包括50条具体举措，着力解决以细颗粒物（PM2.5）为重点的大气污染问题，突出抓好重点城市、重点行业、重点企业的污染治理，增强大气污染防治工作的针对性、科学性和系统性。河北省的“铁腕治污”取得阶段性成效，空气质量取得初步改善。2013年至2015年，河北省共投入省以上财政资金119.2亿元治理大气污染。2015年，河北省设区城市空气质量达标天数平均为192天，比2014年增加40天；重度以上污染天数平均为36天，比2014年减少30天；PM2.5浓度比2014年下降了18.9%，降幅居京津冀及周边七省区市首位。但受重化工业比重较大、能源结构不合理、机动车快速增长和自然条件先天不足等多重因素影响，河北省的大气污染治理任务依然艰巨。总体上看，河北省大气环境状况堪忧，大气污染防治形势依然十分严峻。

2015年11月11日中国共产党河北省第八届委员会第十二次全体

会议通过的《中共河北省委关于制定河北省国民经济和社会发展第十三个五年规划的建议》提出了河北省大气污染防治的具体目标，2016 年 1 月 13 日河北省第十二届人民代表大会第四次会议批准的《河北省国民经济和社会发展第十三个五年规划纲要》在“发展目标”部分明确规定：“生态文明建设取得新成效。污染治理和生态修复实现重大突破，空气质量明显好转，生产方式和生活方式绿色、低碳水平上升，污染严重的城市力争退出全国空气质量后 10 位，森林覆盖率提高到 35%，天蓝、地绿、水清、村美的美丽河北基本展现。”[1] 为深入推进河北省大气污染防治工作，全面实现大气污染防治既定目标，亟须将河北省防治大气污染的成功经验上升为地方性法规，以进一步夯实大气污染防治的法制基础，进而促进大气污染防治工作取得更为显著的成效。

4. 新《条例》的制定是顺应民意、保障民生的必然之需

河北省的大气环境，中央关注、人民关心、社会关切，改善大气环境质量、呼吸新鲜空气已成为广大民众的迫切期盼。当前，大气污染物排放量仍然较大，重污染天气时有发生，空气质量尚未根本好转，大气污染防治工作效果同人民群众的期待相比还有一定差距。人民群众热切期望采取强有力措施对大气环境予以根本治理，重现蓝天白云。河北省人大代表、省政协委员多次在省两会上提出加快大气污染防治立法的议案和意见建议。基于以人为本、立法为民的理念，出于改善人居环境、保障人民群众身心健康的考虑，必须尽快制定新的地方性法规以有效保证大气污染防治工作的深入开展，切实促进大气污染防治工作既定目标的早日实现。

（二）《河北省大气污染防治条例》的立法过程

新《条例》的出台大致经历了两个阶段：一是政府起草；二是河北省

---

[1] 参见《河北省国民经济和社会发展第十三个五年规划纲要》，载河北省人民政府网 2016 年 1 月 13 日，http://info.hebei.gov.cn/hbszfxxgk/6898876/6898925/6899014/6906934/6909567/index.html。

人大常委会审议。

自《条例》制定成为河北省政府2014年立法调研项目之日起，河北省环境保护厅就着手组织人员开展《条例》制定情况调研，依据《环境保护法》《大气污染防治法》《清洁生产促进法》《建设项目环境保护管理条例》等法律法规，借鉴北京、陕西等外省市立法经验，谋划起草工作。2014年7月，《河北省大气污染防治条例（草案）》初稿形成，在经多方征求意见、多次修改后，形成《河北省大气污染防治条例（草案）》送审稿，于2015年4月送交河北省政府法制办审查。在立法审查过程中，河北省政府法制办按照立法程序征求了河北省政府有关部门和各设区的市、省直管县（市）的意见，形成了《河北省大气污染防治条例（草案）》修改稿；后又与省环保厅到邢台、邯郸等市进行了立法调研，召开了由政府有关部门和相关企业参加的座谈会，广泛听取意见，并召开了专家咨询会对《河北省大气污染防治条例（草案）》进行会审。经反复研究修改，形成《河北省大气污染防治条例（草案）》，并于2015年6月报经河北省人民政府第五十四次常务会议讨论通过。

《条例》制定成为2015年立法计划项目之后，河北省人大常委会就将《条例》制定工作明确为“一号工程”，强力推进。在《条例》制定过程中，时任河北省委书记给予高度重视，作出重要批示。河北省人大常委会常务副主任宋恩华同志主持《条例》的制定工作。

在《条例》的制定过程中，河北省人大常委会紧紧围绕中央和河北省委大气污染防治的重大决策部署，切实立足河北省大气污染防治工作实际，牢牢抓住提高地方立法质量这一关键，坚持科学立法、民主立法和依法立法，开展广泛、扎实、细致的调研、论证、修改工作，广纳民意、汇聚民智、凝聚共识，主要工作如下：

1. 开展立法民主协商

为落实赵克志同志的重要批示精神，河北省委将《河北省大气污染防治条例（草案）》批转河北省政协党组征求意见。河北省政协高度重视，组织各民主党派和政协委员对《河北省大气污染防治条例（草案）》

提出50余条意见建议，涉及31个条款。河北省人大常委会法制工作委员会会同省直有关部门对所提建议逐条逐项进行认真研究，共采纳了涉及23个条款的41处修改建议，形成报告经省委批转及时反馈省政协。

2. 汇聚代表集体智慧

一是充分发挥人大代表在立法中的主体作用，河北省人大常委会召开的三次常委会会议均邀请省人大代表列席参加审议，认真听取代表意见。二是二审、三审后分别两次书面和一次电话征求766位省人大代表意见。三是由河北省人大常委会分管立法工作的领导同志及法制委、法工委厅级干部带队，分赴11个代表团所在市召开河北省人大代表座谈会，与不少于20%的代表面对面征求意见。并委托省军区召开座谈会，征求解放军代表团省人大代表意见。其间，共有548名代表提出意见建议729条，采纳或部分采纳687条。

3. 凝聚有关机关共识

一是征求了河北省委、省政府、省政协、省法院、省检察院等领导同志的意见。二是征求了河北省直有关部门和各设的区市、县（市、区）人大常委会意见。三是报经河北省委同意征求了设区的市、县（市、区）党委、政府的意见。

4. 拓宽公众参与立法渠道

一是将《河北省大气污染防治条例（草案）》在《河北日报》及河北省人大常委会网站、河北省环保厅网站全文刊发，公开征求社会意见，共收到信件147封，电子邮件214封，来电130余人次，收到意见建议1200余条。二是发挥专家学者作用，赴北京召开专家论证会，邀请20余位国家级专家对《河北省大气污染防治条例（草案）》把关论证。三是召开立法听证会，首次采取网上立法听证与现场听证相结合的方式，并与政府官方微博实时互动。网上听证共有来自全省各级政府及其部门、社会组织、高等院校、科研院所、企业、农村的600余人网上互动交流，收到意见建议289条，网站点击率达6.8万人次。现场听证会238人报名，120余人参加会议，16位陈述人到会发言，提出意见建议90余条。四是先后赴11个设区的市和部分县、区实地调研,掌握第一手资料,连接地气、集中民智。

5. 联合京津协同立法

京津冀,地相连、水相通,同呼吸、共命运。为使京津冀三地在大气污染防治中实现统一行动、联防联治,坚持标准相同、处罚相当,河北省人大常委会组织人员专门赴京津两市人大常委会立法工作机构征求意见。三地就此项立法达成高度共识。

(三)《河北省大气污染防治条例》的立法特点

《条例》以《环境保护法》和《大气污染防治法》为基本依据,以保障国家和河北省大气污染防治各项措施有效落实为规范重点,按照“源头严控、过程严管、后果严惩”的思路,对大气污染防治进行全面规范,具有以下主要特点:

1. 注重系统性,构建大气污染综合防治体系

《条例》明确了源头治理、规划先行,突出重点、防治结合,政府主导、公众参与的原则,系统规范了大气污染防治的各个方面。一是明确了政府及其职能部门的法定职责,规范了企业事业单位和其他生产经营者的防治责任及公民的应有义务。二是规范了大气污染防治措施,完善了重污染天气应对机制。三是借鉴长三角、珠三角等地建立区域协作机制、统筹区域环境治理的成功经验,有针对性地就建立大气污染防治京津冀协调机制和执法联动机制作出规定。四是强化监管,防止权利滥用。五是加大处罚力度,提高违法成本。

2. 突出针对性,细化不同污染源的防治措施

《条例》针对河北大气主要污染物实际情况,强调分策施治:一是针对燃煤这一河北省大气污染中最大的污染源,确定燃煤总量控制规划和削减目标,逐步降低煤炭在一次能源消费中的比重,划定禁燃区,加强煤炭质量管理,加快燃煤设施改造,推进农村清洁能源替代和开发利用。二是针对工业污染源的特点,淘汰落后产能,严格控制新建、改建、扩建

可能造成大气污染的工业项目，实行差别收费政策，强化对有毒有害大气污染物、挥发性有机物废气、有毒有害气体、可燃性气体的控制，加强物料管理。三是针对扬尘污染，落实企业责任，分别对施工扬尘、矿山扬尘、料堆场扬尘、城镇道路扬尘、农业扬尘等进行规范。四是针对机动车船和非道路移动机械污染源的特点，明确排放标准，提升燃油标准，强化机动车环保检验和监测，推广绿色能源，引导低碳出行。五是针对群众反映强烈的焚烧秸秆、餐饮油烟、露天烧烤、烟花爆竹等问题作出明确规定。

3. 体现创新性，健全科学有效的管理制度

一是对国家和其他兄弟省市及成功经验进行借鉴、归纳、提炼，形成具有河北特色、易于操作的制度规范，如信息公开制度、不良记录制度、公益诉讼制度、重污染天气应对制度及重点区域联合防治制度等。二是对国家提出的带有前瞻性、导向性的政策措施，予以细化具体。如推行差别收费政策，利用价格杠杆推动大气污染防治，健全约谈制度，引入引咎辞职及责令辞职的组织处理机制，对严重违法行为实行按日连续处罚措施等。三是结合河北大气污染防治实际，形成针对性强、可操作的制度规范，如重点大气污染物排放总量控制制度、排污权交易制度、碳排放权交易制度、排污许可证制度、区域限批制度、大气环境质量目标责任制和考核评价制度、行政执法和刑事司法衔接机制等。

（四）《河北省大气污染防治条例》的立法新成就

1.《条例》明确了新法和旧法之间的承接与发展

新《条例》的制定和实施，也意味着 1996 年 11 月 3 日河北省第八届人民代表大会常务委员会第二十三次会议通过的《河北省大气污染防治条例》的同时废止。原《条例》实施近 20 年，其间，原《条例》在防治大气污染、有效保护生态环境上发挥了重要作用。但原《条例》生效实施期间也是中国经济调整、社会变迁、环境变化最为剧烈的时期，新事物不断出现，新问题也不断涌现。法律作为社会关系的调节器必须与时俱进，

不断调整以应对新问题、回应新诉求。新《条例》的出台,即是回应新情况、应对新问题的必然结果和具体体现。新旧两部法规体现了新法和旧法之间的承接与发展。

就承接而言:首先,在法规名称上,新《条例》延续了旧《条例》的名称,仍称为《河北省大气污染防治条例》,体现了新旧两部法规之间的继承关系。其次,在法律时效上,新《条例》生效的同时,旧《条例》失去法律效力,体现了二者之间的时间承接关系。最后,在立法目的上,新旧两部法规均强调保护和改善生态环境,防治大气污染,体现了最终目标和阶段性目标、目的和手段之间的有机统一。新旧两部法规之间的承接关系,既体现了对旧《条例》制定与实施效果的肯定,也彰显了法律发展过程中法律自身的连续性、稳定性。

就发展而言,新《河北省大气污染防治条例》为适应新的背景条件,回应新的愿景诉求,坚持与时俱进和创新突破,对旧《条例》的内容进行了必要修订与创新性完善。首先,新《条例》在法条数量上远远超越了旧《条例》。新《条例》共93条,而旧《条例》则仅有35条。法条数量的增加说明了新《条例》在内容上的丰富饱满,也凸显了新《条例》所应对问题的复杂性和承担任务的艰巨性。其次,新《条例》在结构设计上较旧《条例》更为严谨科学。旧《条例》划分为"总则""监督管理""燃煤污染的防治""废气、粉尘和恶臭污染的防治""法律责任""附则",其主要根据大气污染物的类别来设计体例结构。新《条例》在结构上则分为"总则""大气污染防治的规划和标准""大气污染防治措施""重污染天气应对""重点区域联合防治""监督检查""法律责任""附则"8章,其主要根据大气污染防治的一般过程动态设计体例结构。相比较而言,新《条例》较旧《条例》在体例结构上更为严谨、科学,体现了大气污染防治过程的严密性、全面性。最后,新《条例》在法律内容上较旧《条例》更为丰富全面。在污染物的类别上,新《条例》主要包括燃煤和其他能源污染、工业污染、扬尘污染、机动车船和非道路移动机械污染及其他污染五类,而旧《条例》则仅有燃煤污染、废气污染、粉尘污染和恶臭污染四类。

新《条例》在内容上更为全面，污染物的类别划分更为严谨。在大气污染防治的方法手段上，新《条例》增加了“重污染天气应对”“重点区域联合防治”2 章的内容，既增加了临时应对重污染天气的手段方法，也建立了大气污染防治的长效机制。新《条例》在法律责任的认定标准上更为详细，增加了法律实施的可操作性，同时也加重了污染大气行为的处罚力度，增加了大气污染行为的违法成本。

2.《条例》突出了政策和法律之间的互动与衔接

2013 年 9 月 10 日，国务院发布了《关于印发大气污染防治行动计划的通知》，《大气污染防治行动计划》针对大气污染防治提出 10 条对策建议，因此被称为“大气十条”。这是当前国内大气污染防治的主要方向指引和重要政策依据。《大气污染防治行动计划》明确提出“健全法律法规体系，严格依法监督管理”。其中，在立法上，要完善法律法规标准：“加快大气污染防治法修订步伐，重点健全总量控制、排污许可、应急预警、法律责任等方面的制度，研究增加对恶意排污、造成重大污染危害的企业及其相关负责人追究刑事责任的内容，加大对违法行为的处罚力度。建立健全环境公益诉讼制度。研究起草环境税法草案，加快修改环境保护法，尽快出台机动车污染防治条例和排污许可证管理条例。各地区可结合实际，出台地方性大气污染防治法规、规章。”同时，在执法上，要加大环保执法力度：“推进联合执法、区域执法、交叉执法等执法机制创新，明确重点，加大力度，严厉打击环境违法行为。对偷排偷放、屡查屡犯的违法企业，要依法停产关闭。对涉嫌环境犯罪的，要依法追究刑事责任。落实执法责任，对监督缺位、执法不力、徇私枉法等行为，监察机关要依法追究有关部门和人员的责任。”中央政治局于 2015 年 4 月 30 日召开会议，审议通过《京津冀协同发展规划纲要》。该纲要明确，在京津冀区域发展中，河北省的核心定位之一就是“京津冀生态环境支撑区”。在协同发展的工作重点中，以改善空气质量等为主要内容的环境保护工作成为重中之重。大气污染防治是京津冀协同发展战略的重要内容，有效应对河北区域大气污染问题需要京津冀三地的共同努力与密切配合。时任国务院副总理张高丽 2015 年 5 月 19 日出席在北京召开的京津冀及周边地区大气污染防治协作机制第四次会议时强调,要加强协作、联防联控,在推动京津冀协同发展中有效治理大气污染。

《大气污染防治行动计划》和《京津冀协同发展规划纲要》是河北省开展大气污染防治行动的主要政策依据。在明确河北省大气污染防治行动的政策基础上,有必要将国家层面的政策转化为具有可操作性的法规,有效实现政策与法律之间的互动与衔接。政策为河北省区域性大气污染防治指明方向、破除障碍,而法律则为河北省区域性大气污染防治明确路径、确立规范,二者的互动与衔接是实现河北省大气污染防治目标的重要保障。《河北省大气污染防治条例》的制定与实施,是政策和法律之间互动、衔接的重要成果和直接体现。新《条例》在立法过程中以《大气污染防治行动计划》和《京津冀协同发展规划纲要》为政策指引,将政策中的理念原则转化为具体的法律规则,将政策中的方法策略转化为具有可操作性的行动准则。首先,《河北省大气污染防治条例》实现了对《大气污染防治行动计划》中的政策原则的法律衔接和规范转化。《大气污染防治行动计划》中确立的"加强工业企业大气污染综合治理""深化面源污染治理""强化移动源污染防治"等大气污染防治范围,在新《条例》中均有所体现和贯彻;《大气污染防治行动计划》中"建立区域协作机制,统筹区域环境治理""建立监测预警应急体系,妥善应对重污染天气"等应对大气污染防治的特定举措方法,在新《条例》中也得以全面贯彻、体现。其次,《河北省大气污染防治条例》实现了对《京津冀协同发展规划纲要》中政策原则的法律衔接和规范转化。该纲要中所确立的生态环境协同治理理念原则在新《条例》中得到全面的贯彻和落实。新《条例》第五章"重点区域联合防治"第 61 条至第 64 条,既就大气污染防治中的协同治理理念的贯彻进行了全面规定,也就河北与北京、天津两地之间的具体协同、有效配合问题进行了具体规定,将原则性较强的政策、理念转化为了具有可操作性的具体行动指南。

3.《条例》体现了中央和地方之间的统筹与配合

2018年10月26日第十三届全国人民代表大会常务委员会第十六次会议修正通过《大气污染防治法》，该法自2018年10月26日起施行。作为全国性法律，《大气污染防治法》高屋建瓴、统筹全局，从整体上对我国大气污染防治作出全面部署和具体规范，是全国大气污染防治工作开展的基本遵循和行为守则。《河北省大气污染防治条例》作为地方性法规，具有明显的地域特色和区位特征，是《大气污染防治法》重要的配套法规，既贯彻了《大气污染防治法》一般性的立法宗旨和基本原则，也突出了地域特色。

首先，作为《大气污染防治法》配套地方性法规，《条例》全面贯彻了《大气污染防治法》的宗旨、原则，有效承接了《大气污染防治法》的体例结构、策略方法，体现了全国性法律与地方性法规之间的一致性，突出了中央对地方、整体对局部的统筹。

其次，《条例》基于河北具体省情，就河北省大气污染防治具体情况作出了极具针对性的具体规定。较之《大气污染防治法》，《条例》的相关规定更为具体、明确，突出了地方性法规的操作性优势。例如，《大气污染防治法》第五章与《条例》第五章均规定了重点区域大气污染联合防治的内容，但《条例》的规定更加突出河北的区位特征和地域特点，并针对京津冀三地之间的协同治理和联防联控问题作出了具体规定。又如，《大气污染防治法》第六章和《条例》第四章的内容均为重污染天气的应对，但《条例》的内容无疑更为具体、更具针对性。

4.《条例》回应了理念和实践之间的对接与转化

《国民经济和社会发展第十三个五年规划纲要》明确了“创新”、“协调”、“绿色”、“开放”、“共享”的发展理念。理念能够明确发展思路和发展方向，但必须将之转化为具体的实践，实现理念与实践之间的对接与转化。《条例》的修订与实施，秉承了“创新”、“协调”、“绿色”、“开放”、“共享”的发展理念，并将抽象的理念转化为具体的行为准则和制度措施，为河北省大气污染防治实际工作提供了规范指引和制度约束，实现了理念与实践的无缝对接。

首先,《条例》坚持创新的发展理念。创新是引领发展的第一动力。就河北省的大气污染防治而言,将创新的理念融入《条例》的立法过程与立法内容之中极为关键,新《条例》很好地把握住了这一关键点,其创新性主要体现为:其一,积极适应新背景。当前河北省大气污染防治工作,是在实施"十三五"规划、落实京津冀协同发展战略、推进全面依法治国的背景下展开的,《条例》的修订与实施必须积极适应这一新的背景条件,而非消极面对、退缩回避。《条例》在制定的过程中,将《国民经济和社会发展第十三个五年规划纲要》中提出的"发展"理念、京津冀协同发展战略中的"协同"理念、推进全面依法治国的"法治"理念有效融入法规的内容之中,是对新时期、新背景的积极回应。其二,认真应对新问题。较之1996年旧《条例》的实施,当前河北省在大气污染防治方面出现很多新问题,如雾霾取代粉尘成为首要的污染物,燃煤、机动车排放成为主要的污染源等。新《条例》对这些新出现的问题全面把握、深入剖析,积极采用了富有针对性的应对措施。其三,有效提出新举措。《条例》面对新背景下的新问题,有效提出了一系列新的制度措施,如联防联控、信息公开、第三方治理等。

其次,《条例》坚持协调的发展理念。协调是持续健康发展的内在要求。在《条例》修订和实施的过程中,其从以下三方面展现出协调的理念:一是体现了全国性的《大气污染防治法》与地方性的《河北省大气污染防治条例》之间在内容上的协调,既有地方性法律对全国性法律的配合,也有地方性法律自身的特色,实现了普遍性与特殊性之间的有机统一。二是体现了政策与法律之间的协调,既贯彻了政策的方向性,也体现了法律自身的规范性和可操作性,实现了政策的原则性与法律的规范性的有机统一。三是体现了京津冀三地之间的协调,既有三地之间的协同治理与联防联控,也突出了河北省自身的区位特征和问题的特殊性。

再次,《条例》坚持绿色发展理念。绿色是永续发展的必要条件和人民对美好生活追求的重要体现。《条例》的修订与实施,从经济发展、社会生活方式、环保价值理念等层面有效贯彻绿色的发展理念,倡导低能耗的经济发展、低碳的生活方式、绿色的价值理念,将绿色的发展理念转化为具体的行为规范。

复次,《条例》坚持开放的发展理念。开放是国家繁荣发展的必经之路。《条例》大胆借鉴了国外在大气污染防治上一些有效做法、有益经验,秉持开放的理念,积极探索大气污染防治的有效方法策略。例如,《条例》确立了大气污染第三方治理制度、重点大气污染物排放总量控制制度、重点大气污染物排污权和碳排放权交易制度等。上述大气污染防治的制度均是国外一些发达国家有效实施过并富有成效的制度措施。

最后,《条例》坚持共享的发展理念。共享是中国特色社会主义的本质要求。在《条例》的修订过程中,应当强调以人为本,法规内容要突出人民的生态利益保护和人民的环境诉求回应。在《条例》的实施过程中,也必须坚持执法为民,将《条例》中的规范有效落实。

二、《河北省大气污染防治条例》的主要内容

《条例》共包括 8 章 93 条。

(一)总则

作为《条例》的第一章,"总则"一章共由 10 条组成,对《条例》的立法宗旨,基本原则,政府职责、部门分工及相关制度举措,公众参与,企事业单位责任等问题作了明确规定。

1. 立法宗旨

《条例》开篇即对立法宗旨进行了明确阐释,根据《条例》第 1 条的规定,其立法宗旨包括以下层次:一是"保护和改善环境,防治大气污染";二是"保障公众健康";三是"推进生态文明建设";四是"促进经济社会可持续发展"。防治大气污染进而实现生态环境的保护和改善是《条例》制定的直接目的所在,其当然应成为《条例》的立法宗旨;"保护和改善环境,防治大气污染"的微观目的在于保障公众的身体健康,宏观

目的则是要在推进生态文明建设的同时，促进经济社会可持续发展，进而实现生态环境保护和经济社会发展的协调兼顾，做到“两手都要抓，两手都要硬”。

2. 基本原则

根据《条例》第3条的规定，防治大气污染需遵循以下基本原则：一是源头治理、规划先行的原则；二是突出重点、防治结合的原则；三是政府主导、公众参与的原则。

已有实践证明，在大气污染防治上，将工作的着力点仅停留在大气污染治理的末端环节收效甚微，是难以实现既定目标的。溯本求源，从源头控制污染物的排放，再加上末端的综合治理，才是大气污染防治的治本之策。所谓源头治理，就是将对大气污染治理的目光投向大气污染物产生的最初环节和整个产生过程。相比传统的末端治理，源头治理更加科学，更有助于环境目标的实现，也更有利于强化环境成本对资源优化配置的促进作用。已有实践还证明，在大气污染防治问题上，要高度重视规划的重要性，合理规划是防治大气污染的前提、基础与关键。唯有深刻认识规划在大气污染防治中的重要地位和作用，进一步强化规划意识、提高规划水平，坚持规划先行，充分发挥规划的先导作用、主导作用和统筹作用，方能有效推动大气污染防治工作的顺利开展，并最终实现大气污染防治的既定目标。

突出重点、防治结合是在大气污染防治方面经多年摸索、总结而来的宝贵经验之一。唯有抓住重点、精准发力，方能真正找出大气污染的“病因”所在，进而“对症下药”、祛除“病根”。只有做好大气污染预防工作，降低大气污染发生的概率、减轻大气污染的危害，并对大气污染实行综合治理，方能实现大气污染的有效防治。

既要坚持政府主导，又要重视公众参与，是防治大气污染必须要遵循的又一基本原则。一方面，推进大气污染防治是改善民生的当务之急，还人民以蓝天白云是民心所向、民意所在，而人民美好的向往就是党和政府的奋斗目标，对于大气污染防治，政府责无旁贷。每一个公民、每一个家庭、每一个单位都要积极行动起来，切实增强保护环境的思想自觉和行动自觉，从我做起、从点滴做起，“同呼吸、共奋斗”，齐心协力治理污染，共建共享美好家园。另一方面，广大公众是防治大气污染的最终受益者，同时也是防治大气污染的直接参与者。幸福不会从天而降，梦想不会自动成真。因此，一定要加强在此方面的宣传引导，充分发动广大公众，充分调动其积极性、主动性和创造性，让每个人都认识到自己不仅拥有监督环境保护、享受美好环境的权利，同时也负有保护和治理环境的义务，推动其全面参与到大气污染防治工作中来，进而尽快实现大气污染防治的最终目标。

3. 政府职责、部门分工及相关制度举措

正如上面所提到的，对于大气污染防治，政府责无旁贷。《条例》第4条对政府在大气污染防治方面的职责予以了明确规定，即“各级人民政府对本行政区域内的大气环境质量负责”，并具体指出，“县级以上人民政府应当将大气污染防治工作纳入国民经济和社会发展规划，合理规划城镇布局和工业发展布局，优化产业结构和能源结构，加强生态建设，改善大气环境质量”。

对于大气污染防治，政府各相关职能部门一定要密切配合，各司其职、各尽其责，形成合力。为避免政府部门之间推诿扯皮，在明确政府职责的基础上，《条例》还对政府各部门的具体分工予以了明确，细化了政府有关部门的职责，将各项工作落实到具体部门。《条例》第5条第1款规定，“县级以上人民政府环境保护主管部门对本行政区域内的大气污染防治实施统一监督管理”，还对发展和改革、工业和信息化、公安、交通运输、商务、住房和城乡建设、国土资源、城市管理、工商、食品监督、农业、林业、畜牧、渔业、海事等部门在大气污染防治方面的职责进行了明确规定，具体如下：

（1）县级以上人民政府发展和改革、工业和信息化部门负责煤炭消费总量控制，优化产业和能源结构以及布局调整，组织推动工业企业技术改造和升级、落后产能淘汰计划实施，加大清洁能源利用，发展循环经济，制定和完善大气环境保护等相关政策；

（2）县级以上人民政府公安、交通运输、商务等部门对机动车以及非道路移动机械、油气回收治理等实施监督管理；

（3）县级以上人民政府住房和城乡建设、国土资源、交通运输、城市管理、工业和信息化等部门对建筑扬尘、矿山扬尘、道路扬尘、企业料堆场等实施监督管理；

（4）县级以上人民政府城市管理、公安、工商、食品监督、农业等部门对餐饮服务、露天烧烤、原煤散烧、秸秆禁烧等实施监督管理；

（5）县级以上人民政府农业、林业、畜牧等部门对农业生产、畜禽养殖造成的大气污染等实施监督管理；

（6）县级以上人民政府交通运输、渔业部门、海事机构对船舶大气污染物排放实施监督管理。

在明确政府职责及部门分工的基础上，《条例》还对其他相关制度与举措进行了规定：

一是建立了大气环境质量目标责任制和考核评价制度。《条例》第7条明确规定，"本省实行大气环境质量目标责任制和考核评价制度"。具体来说，就是由"省人民政府制定考核奖惩办法，对各设区的市、县（市、区）大气环境质量改善目标、大气污染防治重点任务完成情况实施考核"，并且"考核结果应当向社会公开"。

二是明确了财政保障与信贷支持措施。《条例》第8条不仅规定"县级以上人民政府应当加大对大气污染防治的财政投入，加强大气污染防治资金的监督管理，提高资金使用效益"，而且要求"各级人民政府对开展技术改造、能源替代的企业事业单位和其他生产经营者应当给予扶持和帮助"，并应"鼓励和支持社会资本参与大气污染防治，引导金融机构增加对大气污染防治项目的信贷支持"。

三是明确了对大气污染防治科技研发与应用的推进。《条例》第9条第1款规定，"省、设区的市人民政府应当鼓励和支持大气污染防治科学技术研究，开展对大气污染来源及其变化趋势的分析，编制大气污染物源排放清单，推广和应用先进的防治技术，发挥科学技术在大气污染防治中的支撑作用”。

4. 公众参与

环保事业是一项典型的公众事业。国内外的诸多历史经验均证明，环保问题的发现与解决绝对离不开公众的广泛参与，且制度化的公众参与才是环保根基。为了充分调动广大公众的积极性，推动其参与到大气污染防治工作中来，《条例》还制定了一系列促进措施：

一是规定了公民的大气环境保护责任。《条例》第 6 条第 2 款规定，“公民应当增强大气环境保护意识，采取低碳、节俭、绿色的生活方式，自觉履行大气环境保护责任”。

二是建立了大气污染防治奖励机制。《条例》第 10 条第 1 款规定，“各级人民政府对在防治大气污染、保护和改善大气环境方面成绩显著的单位和个人给予奖励”。

三是确立了公众参与引导推动机制。《条例》第 10 条第 2 款规定，“机关、社会团体、学校、新闻媒体、基层群众性自治组织等，应当加强大气环境保护宣传和教育，普及大气污染防治法律法规和科学知识，提高公众的大气环境保护意识，推动公众参与大气环境保护”。

5. 企事业单位责任

作为排污者，企事业单位责任的承担与落实对于大气污染防治至关重要，《条例》对其作了全面规定：

一是明确了企事业单位的环保责任。《条例》第 6 条第 1 款明确规定，“企业事业单位和其他生产经营者应当遵守法律法规的规定，健全环境保护管理制度，落实岗位责任制，如实向社会公开环境信息，自觉接受环境保护主管部门和其他负有大气环境保护监督管理职责的部门监督管理。加强清洁生产管理，采取有效措施，防止和减少大气污染，对所造成的损害依法承担责任”。

二是规定了政府部门的督导职责。《条例》第 9 条第 2 款规定，“县级以上人民政府有关部门应当引导、服务企业事业单位和其他生产经营者，增强大气环境保护意识，采取有效措施，防止和减少大气污染”。

（二）大气污染防治的规划和标准

作为《条例》的第二章，“大气污染防治的规划和标准”一章不仅对大气污染防治规划和标准的制定作了明确规定，而且也确立了环境承载能力的监测与适用、重点大气污染物排放总量控制、排污权和碳排放权交易、排污许可证管理、第三方治理等制度。

1. 大气污染防治规划的制定

防治大气污染需遵循“规划先行”的基本原则，为避免盲目施治，《条例》对大气污染防治规划的制定进行了明确规定。

根据《条例》第11条第1款的规定，对于“未达到国家大气环境质量标准的设区的市人民政府”，“应当按照国家和本省大气污染防治目标要求和区域大气环境质量状况，制定大气环境质量限期达标规划和大气污染防治年度实施计划，并采取严格的大气污染控制措施，按期达到规定的大气环境质量标准”。并且，该条例第11条第3款规定，“大气环境质量达标规划和大气污染防治年度实施计划以及实施效果应当向社会公开，并适时进行评估、修订”。同时，根据该条例第11条第2款的规定，对于“达到国家大气环境质量标准的设区的市人民政府”，则“应当按照国家和本省要求，制定大气环境质量持续改善措施”。

此外，根据《条例》第21条的规定，“县级以上人民政府应当科学编制并严格实施城市规划，建立有利于大气污染物扩散的城市和区域空间格局，设置和预留区域生态过渡带和生态保护区”；并且，“县级以上人民政府应当按照主体功能区划合理规划工业园区的布局”，其中，“新建产生大气污染物的工业项目，应当严格环境准入，按照有利于减少大气污染物排放、资源循环利用和集中治理的原则，集中安排在工业园区建设”。

2. 大气污染物排放标准的制定

作为对人为污染源排入环境的污染物的浓度或总量所作的限量规定，污染物排放标准的合理与否直接关系环境质量的好坏及环境目标能否实现。对于防治大气污染问题，排污标准的科学制定至关重要。基于此，《条例》第12条第1款对大气污染物排放标准制定问题作出了明确规定，“省人民政府可以对国家大气环境质量标准和污染物排放标准中未作规定的，制定本省地方标准；对国家大气污染物排放标准中已作规定的，可以制定严于国家标准的地方标准，并报国务院环境保护主管部门备案”。此外，第12条第2款规定，省人民政府应“根据大气环境质量标准、主体功能区划和经济技术条件，合理确定本省重点产业发展布局、结构和规模，制定并完善大气环境功能区划”。

3. 环境承载能力的监测与适用制度

作为判断人类社会经济活动与环境是否协调的依据，环境承载能力的准确测定至关重要。《条例》第13条对环境承载能力的监测问题作了直接规定，即“省人民政府应当组织有关部门或者委托专业机构，对大气环境状况进行调查、评价，建立大气环境承载能力监测预警机制”。同时，《条例》第14条对环境承载能力的具体适用亦作出了相应规定，不仅指出“县级以上人民政府应当统筹考虑区域环境资源承载能力，合理确定重点产业和能源结构，制定和推行有利于大气污染防治的经济政策，促进污染企业进行技术改造与产业升级”，而且进一步要求“县级以上人民政府应当优化产业布局，逐步将钢铁、水泥、平板玻璃、化学合成制药、有色金属冶炼、化工等重污染企业搬出城市建成区和生态红线控制区。在完成落实技术改造措施和达到排放污染防治标准要求后，迁入工业园区”。

4. 重点大气污染物排放总量控制制度

作为一种重要的环境管理手段，污染物排放总量控制制度能够通过控制一定时间、区域内排污单位的污染物排放总量，使特定时空范围的环境质量达到一定的目标标准，有助于加强对排污单位的监管，对于污染防治具有良好效果。为更好实现大气污染的有效防治，《条例》确立了重点大气污染物排放总量控制制度。《条例》第15条不仅明确规定“本省实行重点大气污染物排放总量控制制度，逐步削减重点大气污染物排放总量”，而且具体指出，“省人民政府结合经济社会发展水平、环境质量状况、产业结构，将重点大气污染物排放总量控制指标，分解落实到设区的市、县(市)人民政府。设区的市、县(市)人民政府按照公开、公平、公正的原则，将重点大气污染物排放总量控制指标分解落实到排污单位。排污单位不得超过总量控制指标排放大气污染物”。

此外，为更好地贯彻落实这一制度，《条例》第20条还进一步规定，“对超过国家或者本省重点大气污染物排放总量控制指标、未完成国家或者本省确定的大气环境质量目标的地区，省人民政府环境保护主管部门应当暂停审批新增重点大气污染物排放总量的建设项目环境影响评价文件”。

5. 排污权和碳排放权交易制度

改革的核心问题就是正确处理政府与市场的关系问题。党的十八届三中全会指出:“经济体制改革是全面深化改革的重点，核心问题是处理好政府和市场的关系，使市场在资源配置中起决定性作用和更好发挥政府作用。”在大气污染防治问题上，虽仍应坚持政府主导模式，但也应重视市场作用的发挥。2007年以来，国务院有关部门组织包括河北省在内的11个省区市开展排污权有偿使用和交易试点改革，强化了环境容量的稀缺性和环境资源占用有价理念。组织开展排污权有偿使用和交易，促进各污染源间通过货币交换的方式相互调剂排污量，减轻经济活动对环境的负外部性效应，是解决环境污染问题的重要抓手，是生态文明制度创新的一个重大政策实践。2014年1~8月，河北省共开展排污权交易720笔，交易化学需氧量2126.31吨，氨氮233.91吨，二氧化硫2093.18吨，氮氧化物3691.85吨，出让金收入4060.41万元。其中，河北省本级交易22笔，交易化学需氧量83.66吨，氨氮2.88吨，二氧化硫686.35吨，氮氧化物925.25吨，出让金收入761.81万元。11个设区的市中，唐山市交易79笔，出让金收入1175.69万元;邯郸市交易181笔，出让金收入632.86万元;石家庄市交易147笔，出让金收入379.71万元。

《条例》对此有所体现,将实践做法上升为法律的高度。《条例》第16条除对排污权交易制度予以明确规定外,还确立了碳排放权交易制度,即"在严格控制重点大气污染物排放总量、实行排放总量削减计划的前提下,按照有利于总量减少的原则,逐步推行重点大气污染物排污权和碳排放权交易"。所谓排污权交易,是指在一定区域内,在污染物排放总量不超过允许排放量的前提下,内部各污染源之间通过货币交换的方式相互调剂排污量,从而达到减少排污量、保护环境的目的的制度安排。碳排放权交易源自排污权交易,是指以二氧化碳等温室气体排放权为交易对象,进而实现减排、低碳并最终助推环境保护的制度安排。二者都是以市场作用为基础推进环境保护的制度安排,实质是通过市场机制作用实现对企业环保行为的经济补偿。

6. 排污许可证管理制度

所谓排污许可证管理是指凡需要向环境排放各种污染物的单位或个人,都必须事先向生态环境部门办理申领排污许可证手续,经生态环境部门批准后获得排污许可证,方能向环境排放污染物的制度安排。排污许可证管理制度对于大气污染防治具有重要意义,《条例》亦确立了这一制度。《条例》第17条明确规定,"本省实行大气污染物排污许可管理制度","禁止无排污许可证或者不按照排污许可证的规定排放大气污染物";"向大气排放工业废气或者有毒有害大气污染物的企业事业单位、集中供热设施的燃煤热源生产运营单位,以及其他依法实行排污许可管理的单位,应当依法取得排污许可证";"向大气排放污染物的排污单位,应当按照国家和本省规定,设置大气污染物排放口及其标志。除因发生或者可能发生安全生产事故或者突发环境事件需要通过应急排放通道排放大气污染物外,禁止通过其他排放通道排放大气污染物"。

环境监管力量薄弱,环境污染违法行为取证难,已在一定程度上影响了环境执法效果和环境污染问题的有效解决。为加强重点排污单位污染源在线监测工作,《条例》第18条对重点排污单位自动监测问题进行了专门规定,即"向大气排放污染物的重点排污单位,应当按照国家和本省有关规定安装使用大气污染物排放自动监测设备，并与环境保护主管部门的监控设备联网，保证监测设备正常运行并依法公开排放信息。重点排污单位不得破坏、损毁或者擅自拆除、闲置大气污染物排放自动监测设备，不得篡改、伪造监测数据”。

7. 第三方治理制度

所谓环境污染第三方治理，是指排污者通过缴纳或者按照合同约定支付费用，委托具有相应资质的第三方进行污染治理的新模式。第三方治理是推进环保设施建设和运营专业化、产业化的重要途径，是促进环境服务业发展的有效措施。近年来，各地区、有关部门在第三方治理方面进行了积极探索，取得积极成效。《条例》第 19 条对该制度予以明确规定，“鼓励和支持社会资本投入大气环境治理领域，推行大气污染第三方治理，提高治理专业化水平和治理效果。排污单位承担大气污染治理的主体责任，可以委托具有相应资质的第三方，代其运营大气污染防治设施或者实施大气污染治理。接受委托的第三方，应当遵守环境保护法律法规和相关技术标准以及排污企业委托要求，承担约定的污染治理责任”。

（三）大气污染防治措施

《条例》第三章“大气污染防治措施”以“针对问题立法、立法解决问题”为导向，确定了“分类施治”的基本思路，即按照大气污染源性质和特点的差别而采取不同的防治措施，具体规定如下：

1. 燃煤和其他能源污染防治

河北省是用煤大省，燃煤消耗量巨大。针对这一现状，河北省将调整能源结构、削减燃煤总量作为改善大气环境质量的重中之重。《条例》对此作了非常全面并富有针对性的规定，主要规定如下：

一是重点削减工业用煤和民用煤使用量。《条例》第 22 条规定，“省人民政府发展和改革部门应当会同有关部门，根据经济社会发展需求以及区域环境资源承载能力等条件，制定区域煤炭消费总量控制规划和削减目标,逐步降低煤炭在一次能源消费中的比重,重点削减工业用煤和民用煤使用量,实现煤炭消费负增长。设区的市和县(市、区)人民政府应当根据区域煤炭消费总量控制规划和削减目标,制定本级的区域煤炭消费总量控制计划并组织实施”。

二是划定禁燃区。《条例》第 23 条规定,“设区的市人民政府应当根据大气环境质量改善要求,将不低于城市建成区面积百分之八十的范围划定为高污染燃料禁燃区。县(市、区)人民政府可以根据实际情况划定高污染燃料禁燃区范围。禁燃区内不得新建燃烧煤炭、重油、渣油等高污染燃料的设施;现有燃烧高污染燃料的设施,应当限期改用清洁能源;未改用清洁能源替代的高污染燃料设施,应当配套建设先进工艺的脱硫、脱硝、除尘装置或者采取其他措施,控制二氧化硫、氮氧化物和烟尘等排放;仍未达到大气污染物排放标准的,应当停止使用。禁燃区内禁止原煤散烧”。

三是加强煤炭质量管理与锅炉使用管理。《条例》第 24 条规定:一方面,“各级人民政府应当加强煤炭质量管理,禁止生产、进口、运输、销售和使用不符合标准的煤炭,鼓励燃用优质煤炭”;另一方面,“煤炭使用单位应当采用先进洁净煤技术,提高煤炭利用效率,降低大气污染物排放”。《条例》第 25 条规定,“县级以上人民政府应当限期淘汰不符合国家规定规模的燃煤锅炉,加快改造燃煤锅炉和燃煤工业窑炉,推广使用清洁燃料。禁止燃煤锅炉、燃煤工业窑炉、单位使用或者经营性的炉灶等设施排放明显可见黑烟”。为大力推进“拔烟囱”、“煤改气”,仅在 2015 年,河北省便投入资金 7.1 亿元对燃煤锅炉实施提前淘汰和节能环保提升改造。

四是推广热电联产和集中供热。《条例》第 26 条规定,“县级以上人民政府应当统筹规划城市建设,发展热电联产和集中供热。新建项目禁止配套建设自备燃煤电站。除热电联产外,禁止审批新建燃煤发电项目,现有多台燃煤机组装机容量合计达到国家规定要求的,可以按照煤炭等量替代的原则建设为大容量燃煤机组。具备稳定热源的集中供热区域和联片采暖区域内的热力用户，应当使用集中供应的热源，不得建设分散的燃煤供热设施，原有分散的中小型燃煤供热设施应当限期拆除。推广集中供热计量收费，提高供热效率，降低能源消耗”。

五是加强对农村燃煤污染的治理。河北省农村每年冬季燃煤约3000万吨，大部分属原煤散烧，且煤质相对低劣，大部分炉具不符合环保要求，二氧化硫等有毒有害气体采取直排方式进入大气环境造成污染。为有效改善河北省当前农村燃煤污染现状，《条例》第27条专门对农村燃煤污染治理问题进行了规范：第一，要求“推广使用民用清洁燃烧炉具，加快淘汰低效直燃式高污染炉具，严禁生产、销售、使用不符合环保要求的炉具”；第二，要求“加强洁净型煤、优质煤炭的推广使用，实现农村地区洁净型煤配送网点建设全覆盖，严禁使用高硫分和劣质煤炭”；第三，要求“推广太阳能、电能、燃气、沼气、地热等使用，加强农作物秸秆能源化，推进农村清洁能源的替代和开发利用”。

2. 工业污染防治

工业污染是我国环境污染的主要根源。相关数据统计显示，工业污染已占污染总量的70%以上。同时，工业污染也是大气污染的主要根源之一，必须将工业污染治理作为大气污染防治工作的核心内容之一。《条例》对此作了全面规定，主要体现在以下方面：

一是强化落后产能淘汰。《条例》第28条规定，一方面，“省人民政府工业和信息化部门会同省发展和改革、环境保护、质量监督等部门，按照国家淘汰落后生产工艺设备和产品指导目录，提出本省淘汰落后生产工艺、设备和产品目录，报省人民政府批准后实施”；另一方面，“企业事业单位和其他生产经营者应当在规定期限内，淘汰列入前款名录的生产工艺、设备和产品”。

二是严格控制污染工业项目。《条例》第29条规定，“根据国家产业政策，严格控制新建、改建、扩建钢铁、水泥、平板玻璃、化学合成制药、有色金属冶炼、化工等工业项目。现有大气重污染工业项目应当按照国家和本省有关规定开展清洁生产审核”。

三是明确差别收费政策。《条例》第 30 条规定,“对产能严重过剩行业、大气重污染企业,实行阶梯排污收费、差别信贷、差别水价、惩罚性电价”。

四是强化对有毒有害大气污染物、挥发性有机物废气、有毒有害气体、可燃性气体的控制。《条例》第 31 条规定,“在生产经营过程中产生有毒有害大气污染物的,排污单位应当安装收集净化装置或者采取其他措施,达到国家和本省规定的排放标准。禁止直接排放有毒有害大气污染物”。第 33 条规定,“产生含挥发性有机物废气的生产和服务活动,应当在密闭空间或者设备中进行,并按照规定安装、使用污染防治设施;无法密闭的,应当采取措施减少废气排放。禁止在人口集中地区从事露天喷漆、喷涂、喷砂、制作玻璃钢以及其他散发有毒有害气体的作业”。第 34 条规定,“工业生产、垃圾填埋或者其他活动产生的可燃性气体应当回收利用,不具备回收利用条件的,应当采取污染防治措施。可燃性气体回收利用装置不能正常作业的,应当及时修复或者更新。在回收利用装置不能正常作业期间确需排放可燃性气体的,应当将排放的可燃性气体充分燃烧或者采取其他控制措施,并向所在地人民政府环境保护主管部门报告,按照要求限期修复或者更新”。

五是加强物料管理。《条例》第 35 条规定,“工业涂装企业应当使用低挥发性有机物含量的涂料,并建立台账,记录生产原料、辅料的使用量、废弃量、去向以及挥发性有机物含量……石油、化工、制药、印刷等产生挥发性有机物的工业企业,在生产过程中应当采取收集、处理等措施,确保达标排放”。第 36 条规定,“石油、化工以及其他生产和使用有机溶剂的单位,应当建立泄漏检测与修复制度,对管道、设备进行日常维护、维修,及时收集处理泄露物料。新建储油库、储气库、加油加气站以及新登记油罐车、气罐车,应当按照国家标准配套安装油气回收系统并正常使用;已建储油库、储气库、加油加气站以及在用油罐车、气罐车,应当按照国家规定的标准和期限完成油气回收综合治理”。

3. 扬尘污染防治

作为大气的开放性污染源之一，扬尘不仅会污染环境，而且对人体健康也极为有害，容易诱发支气管炎、肺癌等疾病。对于扬尘污染防治问题，《条例》进行了全面规定，主要体现在以下方面：

一是明确了施工企业和建设单位责任。《条例》第 37 条规定，“从事各类工程建设等施工活动以及物料运输、堆放和其他产生扬尘污染物的建设单位和施工单位，应当向所在地人民政府负责监督管理扬尘污染防治的主管部门备案，并采取措施防止产生扬尘污染”。

二是细化了施工扬尘的环节管理。《条例》第 38 条第 1 款明确规定，“建设单位应当将施工扬尘污染防治费用纳入工程预算，并在施工合同中明确施工单位扬尘污染防治责任，施工单位应当制定具体施工扬尘污染防治方案并负责实施”。该条第 2 款则对施工扬尘的各个环节管理进行了细化规定，包括：“开工前，在施工现场周边设置围挡并进行维护；暂未开工的建设用地，对裸露地面进行覆盖；超过三个月未开工的，应当采取临时绿化等防尘措施”；“在施工现场出入口公示施工现场负责人、环保监督员、扬尘污染控制措施、举报电话等信息”；“在施工现场出口处设置车辆冲洗设施并配套设置排水、泥浆沉淀设施，施工车辆不得带泥上路行驶，施工现场道路以及出口周边的道路不得存留建筑垃圾和泥土”；“施工现场出入口、主要道路、加工区等采取硬化处理措施”；“在施工工地内堆放水泥、灰土、砂石等易产生扬尘污染的物料，以及工地堆存的建筑垃圾、工程渣土、建筑土方应当采取遮盖、密闭或者其他抑尘措施”；“装卸和运输渣土、砂石、建筑垃圾等易产生扬尘污染物料的，应当采取完全密闭措施”；“出现重污染天气状况时，施工单位应当停止土石方作业、拆除工程以及其他可能产生扬尘污染的施工建设行为”。

三是加强了对矿山、料堆场、城镇道路扬尘以及裸露农田和农村荒地扬尘的管理。《条例》第 39 条规定，“矿产资源开采、加工企业应当采用减尘工艺、技术和设备，采取洒水喷淋、运输道路硬化等抑尘措施，落实矿山生态恢复有关规定”。第 40 条规定，“企业料堆场应当按照有关规定进行封闭，不能封闭的应当安装防尘设施或者采取其他抑尘措施。装卸易产生扬尘的物料时，应当采取密闭或者喷淋等抑尘措施。垃圾填埋场、建筑垃圾以及渣土消纳场，应当按照相关标准和要求采取抑尘措施”。第41条规定，“城镇道路应当使用低尘机械化湿式清扫作业方式，进行降尘或者冲洗；采用人工方式清扫的，应当符合作业规范，减少扬尘。运输渣土、砂石、建筑垃圾等易产生扬尘污染物料的车辆应当密闭，物料不得沿途散落或者飞扬，并按照规定路线行驶”。第42条规定，“各级人民政府应当积极推动对裸露农田和农村荒地的治理，防治扬尘污染。县级以上人民政府住房和城乡建设、城市管理、水利等部门按照职责分别对市政河道以及河道沿线、公共用地的裸露地面以及其他城镇裸露地面，进行绿化或者透水铺装，减轻扬尘污染”。

4. 机动车船和非道路移动机械污染防治

机动车船和非道路移动机械废气排放也是大气污染的重要来源。对于机动车船和非道路移动机械污染的防治，《条例》作了较为全面的规定，主要体现在以下方面：

一是严格排放标准执行。《条例》第43条规定，“在用机动车船和非道路移动机械污染物排放，执行国家和本省规定的阶段性机动车船和非道路移动机械污染物排放标准”。第44条规定，“新购置机动车应当符合本省污染物排放标准，或者经国家认可的检测机构检测确认达到本省新购置机动车污染物排放标准，方可在本省办理注册登记或者转入手续”。第45条规定，“在用机动车应当按照国家和本省有关规定定期进行机动车污染物排放检验，经检验合格方可上道路行驶。未经检验合格的，公安机关交通管理部门不得核发安全技术检验合格标志。县级以上人民政府环境保护主管部门可以在机动车集中停放地、维修地对在用机动车的大气污染物排放状况进行监督抽测，机动车集中停放地、维修地管理部门应当予以配合。县级以上人民政府环境保护主管部门对在道路上行驶的机动车的污染物排放状况，在不影响正常通行的情况下可以通过遥感监测等手段进行监督抽测，公安机关交通管理部门应当予以配合”。第 46 条规定，“机动车和非道路移动机械所有者或者使用者，被告知排放大气污染物超过标准的，应当及时进行维修，经检验合格后方可使用”。

二是推进低碳交通，倡导绿色出行。《条例》第 47 条规定，“设区的市人民政府应当优化城市功能和布局，实施公共交通优先发展规划，合理控制燃油机动车保有量，推广新能源机动车，建设相应的充电站（桩）、加气站等基础设施，新建居民住宅小区停车位应当建设相应的充电设施；鼓励和支持公共交通、出租车、环境卫生、邮政、快递等行业用车和公务用车率先使用新能源机动车。县级以上人民政府应当加强城市步行和自行车交通系统建设，引导公众绿色、低碳出行。县级以上人民政府有关部门应当制定高排放在用机动车、非道路移动机械治理方案并组织实施，鼓励高排放机动车和非道路移动机械提前报废”。第 49 条第 2 款规定，“船舶靠港后应当优先使用岸电。新建码头应当规划、设计和建设岸基供电设施；已建成的码头应当逐步实施岸基供电设施改造”。

三是加强燃油使用管理。《条例》第 48 条规定，“本省严格执行在用机动车检验方法和排放限值，配套供应合格的车用燃油，推动区域机动车排放污染监管协同。禁止生产、进口、销售、使用不符合国家标准和京津冀区域使用要求的车用燃料”。

5. 其他污染防治

在其他污染防治方面，《条例》主要对露天焚烧、餐饮油烟等污染防治问题作了规定。

《条例》第 50 条规定，“禁止露天焚烧秸秆、落叶、枯草等产生烟尘污染的物质，以及电子废弃物、油毡、橡胶、塑料、皮革、沥青、垃圾等产生有毒有害、恶臭或者强烈异味气体的物质”。

《条例》第 51 条规定，“向大气排放汞、铅、铬、镉、类金属砷等污染物的企业事业单位和其他生产经营者，应当依照国家和本省相关标准要求，采取有效措施，减少污染物排放”。

《条例》第 52 条规定，“向大气排放二噁英等持久性有机污染物或者从事废弃物焚烧活动的企业事业单位和其他生产经营者，应当采取减少大气污染物排放的技术和工艺，安装废气收集净化装置，确保大气污染物排放达到标准要求”。

《条例》第53条规定，“任何单位和个人不得在所在地人民政府划定的禁止区域内露天烧烤食品。禁止在下列场所新建、改建、扩建排放油烟的饮食服务项目：（一）居民住宅楼等非商用建筑；（二）未设立配套规划专用烟道的商住综合楼；（三）商住综合楼内与居住层相邻的楼层。排放油烟的餐饮服务和经营场所，应当按照要求安装并正常使用油烟净化设施，确保油烟达标排放”。

《条例》第54条规定，“县级以上人民政府园林绿化部门应当采用高效、低毒、低残留农药防治园林病虫害，并合理安排施药时间。县级以上人民政府农业主管部门应当指导农业生产经营者科学合理施用农药、化肥等，降低大气污染物排放量。从事畜禽养殖、屠宰生产经营活动的单位和个人，应当采取有效措施，防止周边环境受到污染。学校、医院、居民区等人口集中区域，禁止设置畜禽养殖场、屠宰场”。

《条例》第55条规定，“设区的市人民政府根据实际需要规定烟花爆竹禁售、禁放或者限售、限放的区域和时间，逐步扩大烟花爆竹的禁止燃放区域，严格限制燃放时间、品种，减少烟花爆竹燃放污染。各级人民政府应当引导公民采取文明低碳方式举办婚庆、庆典和祭祀活动，减少燃放烟花爆竹和祭祀烧纸产生的污染”。

（四）重污染天气应对

为有效应对重污染天气，《条例》第四章“重污染天气应对”除正式建立了重污染天气监测预警和应急处置机制外，还对应急预警发布单位、应急措施、应急响应等问题作了详细规定，主要体现在以下方面：

1. 建立重污染天气监测预警和应急处置机制

《条例》第56条规定，“县级以上人民政府应当建立重污染天气监测预警和应急处置机制，编制重污染天气应急预案，向上一级人民政府环境保护主管部门备案，并向社会公布。大气污染物排放重点企业应当根据重污染天气应急预案编制重污染天气应急响应操作方案”。

2. 明确应急预警发布单位

《条例》第57条规定，“省、设区的市人民政府环境保护主管部门应当会同气象等有关部门建立重污染天气预警和会商机制，提高大气环境质量预报和监测水平。可能发生重污染天气的，应当及时向所在地人民政府报告。设区的市人民政府统一发布预警信息，其他任何单位和个人不得擅自向社会发布”。

3. 全面规定应急措施

《条例》第58条规定，“县级以上人民政府应当依据重污染天气的预警级别，按照规定程序，及时启动应急预案，通过媒体向社会发布重污染天气预警信息，实施下列应急响应措施：（一）责令有关企业停产或者限产、限排；（二）规定限制部分机动车行驶的区域和时段；（三）禁止燃放烟花爆竹；（四）停止或者限制建设工地易产生扬尘的施工作业；（五）禁止露天烧烤；（六）国家和本省规定的其他应急响应措施。企业事业单位和其他生产经营者、公民应当配合政府及其有关部门采取的重污染天气应急响应措施”。

4. 完善应急响应机制

《条例》第59条规定，“预警信息发布后，设区的市人民政府及其有关部门应当通过电视、广播、网络、短信等告知公众采取健康防护措施。根据重污染天气应急响应级别，可以减免公众乘坐公共交通工具费用，有关单位应当停止举办露天群体性活动；幼儿园和中小学校应当减少或者停止户外活动，必要时可以停课”。

《条例》第60条规定，“县级以上人民政府应当编制突发大气污染事件应急预案，在突发可能影响公众健康和环境安全大气污染事件时，采取应急措施。企业事业单位应当按照国家有关规定制定大气污染突发环境事件应急预案，报所在地人民政府环境保护主管部门和有关部门备案。在发生或者可能发生大气污染突发环境事件时，企业事业单位应当立即采取措施控制污染扩大，及时向可能受到危害的单位和居民通报，并向所在地人民政府环境保护主管部门和有关部门报告。所在地人民政府环境保护主管部门应当及时对突发环境事件产生的大气污染物进行监测，并向社会公布监测信息”。

（五）重点区域联合防治

《京津冀协同发展规划纲要》《大气污染防治行动计划》《京津冀及周边地区落实大气污染防治行动计划实施细则》等均对加强区域协作、联防联控环境污染问题作出了明确规定。2008 年北京奥运会、2010 年上海世界博览会、2010 年广州亚运会等空气质量保障实践亦表明，坚持区域联防联控，实行省际联合、部门联动、上下齐动，是解决区域环境问题、确保目标城市空气质量的行之有效的措施。目前，大气污染已成为区域性共同面对的重大问题，雾霾当中任何城市都不能独善其身。为加强区域大气污染联防联控联治，增强防治效果，《条例》第五章“重点区域联合防治”紧紧围绕京津冀协同发展国家战略，结合河北特殊区位，对大气污染重点区域联合防治予以系统性规范，主要体现在以下方面：

1. 建立大气污染防治协调机制

《条例》第 61 条第 1 款规定，“省人民政府应当与北京市、天津市以及其他相邻省、自治区人民政府建立大气污染防治协调机制，定期协商大气污染防治重大事项，按照统一规划、统一标准、统一监测、统一防治措施的要求，开展大气污染联合防治，落实大气污染防治目标责任”。同时，该条第 2 款、第 3 款进一步规定，“省人民政府有关部门在实施产业转移的承接与合作时，应当严格执行国家和本省有关产业结构调整规定和准入标准，统筹考虑与北京市、天津市以及其他相邻省、自治区大气污染防治的协调”；“有关设区的市人民政府对北京市、天津市大气污染防治项目专项资金应当专款专用，不得截留、挪用”。例如，为加大防治力度，2015 年京津冀建立了大气污染联防联治机制，京津两市分别对口帮扶河北省廊坊、保定、唐山、沧州四市，并给予8.6亿元的资金支持，而对该专项资金的使用作出明确规定十分必要。

2. 建立大气污染预警联动应急响应和跨界污染处置机制

《条例》第62条规定，“省人民政府环境保护主管部门应当与北京市、天津市以及其他相邻省、自治区人民政府环境保护主管部门建立大气污染预警联动应急响应机制，统一重污染天气预警分级标准，加强区域预警联动和监测信息共享，开展联合执法、环评会商，促进大气污染防治联防联控，通报可能造成跨界大气影响的重大污染事故，协调跨界大气污染纠纷”。

3. 推进大气污染防治科研合作

《条例》第63条规定，“省人民政府有关部门应当加强与北京市、天津市以及其他相邻省、自治区人民政府有关部门的大气污染防治科研合作，组织开展区域大气污染成因、溯源和防治政策、标准、措施等重大问题的联合科研，提高区域大气污染防治水平”。

4. 强化重点区域大气污染协同防治

《条例》第64条规定，“省人民政府环境保护主管部门会同有关设区的市人民政府，制定重点区域大气污染防治规划，明确协同控制目标，提出重点防治任务和措施，促进区域大气环境质量改善”。

（六）监督检查

为确保相关规定得以全面贯彻、大气污染防治目标得以有效实现，《条例》第六章对于监督检查问题作了全面、系统的规定，主要体现在以下方面：

1. 明确了人民代表大会及其常委会的监督权

《条例》第65条规定，一方面，“县级以上人民政府每年在向本级人民代表大会或者其常务委员会报告环境质量状况和环境保护目标完成情况时，应当报告大气环境质量限期达标规划执行情况，依法接受监督，并向社会公开”；另一方面，“县级以上人民代表大会常务委员会应当采取执法检查、质询、询问、代表视察等方式，加强大气污染防治监督”。

2. 全面规定了政府及相关部门的监督检查权

《条例》第66条规定，“县级以上人民政府及其环境保护主管部门应当监督检查下级人民政府及其有关部门履行大气污染防治职责情况，并进行综合考核，考核结果及时向社会公开”。第69条规定，“县级以上人民政府环境保护主管部门和其他有关部门有权对管辖范围内的排污单位进行现场检查。被检查单位应当如实反映情况。县级以上人民政府环境保护主管部门和其他有关部门对违反法律法规规定排放大气污染物，造成或者可能造成严重大气污染，或者有关证据可能灭失或者被隐匿的，可以对企业事业单位和其他生产经营者的有关设施、设备、物品依法采取查封、扣押等行政强制措施”。

3. 建立了环保失职约谈制度

《条例》第67条规定，“省人民政府环境保护主管部门会同有关部门，对超过重点大气污染物排放总量控制指标或者未完成大气环境质量改善目标的地区，约谈当地人民政府的主要负责人。约谈情况应当向社会公开”。

4. 确立了生态环境损害责任终身追究制

《条例》第68条规定，“实行生态环境损害责任终身追究制，对在落实大气环境保护监督管理责任过程中不履职、不当履职、违法履职，导致产生严重后果和恶劣影响的责任单位和责任人依法依规进行责任追究”。

5. 完善了环境信息共享与公开机制

《条例》第70条第2款规定，“县级以上人民政府环境保护主管部门和其他有关部门应当加强大气污染防治信息化建设，逐步完善环境监测、污染源监控、监督管理信息系统，实现大气污染防治监督和管理的信息共享”。第71条规定，“县级以上人民政府环境保护主管部门应当发布本行政区域环境大气质量实时监测数据，依法公开重点污染源大气污染物排放监测结果、突发大气污染环境事件等信息。大气污染物重点排污单位应当依法向社会如实公开自动监测数据等有关环境信息,接受公众监督”。

6. 设立了大气污染防治不良记录制度

《条例》第 73 条规定,“县级以上人民政府应当建立大气污染防治不良记录制度,将违反大气污染防治法律法规,并拒不改正的企业事业单位和其他生产经营者列入不良记录名单,向社会公布。当事人对被列入不良记录名单有异议的,有权依法提起行政复议或者行政诉讼。当事人履行相关义务或者改正违法行为的,经县级以上人民政府确认,应当将其从不良记录名单中删除”。

7. 细化了环境污染行为举报监督机制

《条例》第 74 条规定,“县级以上人民政府环境保护主管部门或者其他负有大气环境保护监督管理职责的部门应当公布举报电话、电子邮箱等,方便公民、法人和其他组织举报。接到举报的部门应当及时处理。举报线索经查证属实的,有关部门应当按照规定对举报人给予奖励。县级以上人民政府环境保护主管部门或者其他负有大气环境保护监督管理职责的部门应当对举报人的相关信息予以保密,维护举报人的合法权益”。

8. 确认了环境公益诉讼制度

《条例》第 75 条规定,“对破坏大气环境,损害社会公共利益的行为,法律规定的机关和社会组织,可以依照法律法规的有关规定提起公益诉讼”。

9. 创新了行政司法衔接机制

《条例》第 76 条规定,“县级以上人民政府环境保护等部门应当加强与人民法院、人民检察院、公安机关的配合,健全大气污染案件行政执法和刑事司法衔接机制,完善联席会议、信息共享、案情通报、案件移送制度”。

(七)法律责任

法律责任不仅能够确保法律义务的有效履行,而且能够纠正法律义务的违反,没有法律责任的合理设定,法律规则将失去适用的基石。为确保大气污染防治相关制度的贯彻落实、真正发挥作用,《条例》第七章对于法律责任问题作了全面、合理的规定,设定了最严格的法律责任,强化责任追究,加大处罚力度,主要规定如下:

1. 监管者的法律责任

《条例》第 77 条规定,“各级人民政府、县级以上人民政府环境保护主管部门和其他负有大气环境保护监督管理职责的部门有下列行为之一的,由其上级主管部门或者监察机关责令改正,对直接负责的主管人员和其他直接责任人员依法给予处分;构成犯罪的,依法追究刑事责任:(一)违反法律法规、主体功能区定位、生态环境保护规划等盲目决策,致使大气环境遭受破坏的;(二)在职责范围内对严重大气污染事件处置不力导致严重后果的;(三)违反规定核发排污许可证的;(四)应当依法公开大气环境信息而未公开的;(五)篡改、伪造或者指使篡改、伪造监测数据的;(六)对环境违法行为进行包庇的;(七)截留、挪用大气污染防治专项资金的;(八)对举报不及时查处或者泄露举报人相关信息的;(九)应当移送公安机关立案侦查的大气污染案件不移送的;(十)其他滥用职权、玩忽职守、徇私舞弊的。县级以上人民政府主要负责人任期内,区域大气环境质量持续恶化的,应当追究行政责任;造成生态环境严重破坏的,应当引咎辞职或者由其主管部门责令辞职”。

2. 违规排污的法律责任

《条例》第 78 条规定,“违反本条例规定,有下列行为之一的,由县级以上人民政府环境保护主管部门责令停止排污或者限制生产、停产整治,并处十万元以上三十万元以下罚款;情节较重的,并处三十万元以上一百万元以下罚款;情节严重的,报经有批准权的人民政府批准,责令停业、关闭。受到罚款处罚,被责令改正,拒不改正的,可以自责令改正之日的次日起,按照原处罚数额按日连续处罚:(一)未依法取得排污许可证排放大气污染物的;(二)超过大气污染物排放标准或者超过重点大气污染物排放总量控制指标排放大气污染物的;(三)通过偷排、偷放等逃避监管的方式排放大气污染物的”。

3. 妨害排污监测的法律责任

《条例》第 79 条规定，“违反本条例规定，有下列行为之一的，由县级以上人民政府环境保护主管部门责令限期改正，处二万元以上五万元以下罚款；情节较重的，处五万元以上十万元以下罚款；情节严重的，处十万元以上二十万元以下罚款；拒不改正的，责令停产整治：（一）破坏、损毁或者擅自拆除、闲置大气污染物排放自动监测设备的；（二）未按照规定安装大气污染物排放自动监测、监控等设备或者未按照规定与环境保护主管部门的监控设备联网，并保证监测设备正常运行的；（三）重点排污单位自动监测数据不公开或者篡改、伪造数据的；（四）未按照规定设置大气污染物排放口的”。

4. 违规生产、销售不达标产品的法律责任

《条例》第 80 条规定，“违反本条例规定，有下列行为之一的，由县级以上人民政府质量监督、工商等部门按照职责责令改正，没收原材料、产品和违法所得，并处货值金额一倍以上三倍以下的罚款：（一）销售未达到质量标准煤炭的；（二）生产、销售挥发性有机物含量不符合质量标准或者要求的原材料和产品的；（三）生产、销售不符合质量标准和要求的机动车和非道路移动机械用燃料的；（四）在禁燃区内销售高污染燃料的”。

5. 特殊环境违法行为的法律责任

《条例》第七章还针对特殊环境违法行为作出了规定，以下试举几例：第一，《条例》第 81 条规定，“违反本条例规定，单位燃用不符合质量标准的煤炭的，由县级以上人民政府环境保护主管部门责令改正，处货值金额一倍以上三倍以下的罚款”。第二，《条例》第 82 条规定，“违反本条例规定，生产、销售不符合环保要求民用燃烧炉具的，由县级以上人民政府质量监督、工商等部门根据各自职责责令改正，处货值金额一倍以上三倍以下的罚款”。第三，《条例》第 85 条规定，“违反本条例规定，运输渣土、砂石、建筑垃圾等易产生扬尘污染物料车辆，未采取密闭或者

其他措施防止物料遗撒的,由县级以上地方人民政府确定的监督管理部门责令改正,处二千元以上五千元以下罚款;情节严重的,处五千元以上二万元以下罚款;拒不改正的,不得上道路行驶"。第四,《条例》第87条规定,"违反本条例规定,露天焚烧秸秆、落叶、枯草等产生烟尘污染的物质,在禁止燃放区域或者重污染天气应急响应时燃放烟花爆竹,或者在人口集中地区对树木、花草喷洒剧毒、高毒农药的,由县级以上人民政府确定的监督管理部门责令改正,并可以处五百元以上二千元以下罚款"。第五,《条例》第88条规定,"违反本条例规定,在当地人民政府划定的禁止区域内露天烧烤食品的,由设区的市、县(市、区)人民政府确定的主管部门责令改正,没收烧烤工具和违法所得,并处五百元以上一千五百元以下罚款;情节较重的,并处一千五百元以上五千元以下罚款;情节严重的,处五千元以上二万元以下罚款"。

第九章　地方协同立法：以京津冀为例

一、京津冀协同立法背景阐释

京津冀协同发展是习近平总书记亲自谋划、亲自推动的重大国家战略，是以习近平同志为核心的党中央在新时代作出的具有全局性和战略性的重大改革决策和战略部署，是统筹推进“五位一体”总体布局、协调推进“四个全面”战略布局和贯彻落实新发展理念的伟大实践。推动京津冀协同发展，对解决区域发展不平衡、不协调问题，具有重要的实践价值和示范意义；对实现“两个一百年”奋斗目标和中华民族伟大复兴的中国梦，具有重大现实意义和深远历史意义。

“凡属重大改革都要于法有据。”2014 年 2 月，习近平总书记在中央全面深化改革领导小组第二次会议上强调，“在整个改革过程中，都要高度重视运用法治思维和法治方式，发挥法治的引领和推动作用，加强对相关立法工作的协调，确保在法治轨道上推进改革”[1]。党的十八届四中全会所通过的《中共中央关于全面推进依

---

〔1〕《把抓落实作为推进改革工作的重点　真抓实干蹄疾步稳务求实效》，载《光明日报》2014 年 3 月 1 日，第 1 版。参见 http://epaper. gmw. cn/gmrb/html/2014-03/01/nw. D110000gmrb_20140301_2－01. htm? div = －1。

法治国若干重大问题的决定》明确规定,要“实现立法和改革决策相衔接,做到重大改革于法有据、立法主动适应改革和经济社会发展需要”,要“坚持立法先行,发挥立法的引领和推动作用”。在全面依法治国的今天,贯彻落实京津冀协同发展这一重大国家战略,应当在法治理念指引之下实施、在法制框架内推进。2015 年 4 月,中共中央政治局审议通过的《京津冀协同发展规划纲要》明确提出,“要做好立法、修法工作,用法治手段保障京津冀协同发展的顶层设计和重大决策的落实”。因此,要有效发挥立法的引领和推动作用,积极推进京津冀协同立法,让法律为京津冀协同发展保驾护航。

二、京津冀协同立法历程回顾

(一)京津冀协同立法之提出

2014 年 2 月 26 日,习近平总书记在北京主持召开座谈会,专题听取京津冀协同发展工作汇报,发表重要讲话,就推进京津冀协同发展提出七点要求,将京津冀协同发展正式明确为重大国家战略。为落实习近平总书记关于实现京津冀协同发展这一重大国家战略的指示与要求,2014 年 3 月 27 日,河北省委、省政府召开了京津冀协同发展工作会议,会议对河北省推进京津冀协同发展工作做了全面安排和部署。根据这次会议上河北省委关于推进京津冀协同发展的精神,河北省人大常委会提出要做好京津冀协同发展进程中的法制协调和对接工作,为加快推动京津冀一体化协同发展提供有力的法律支持和法治保障。会后,河北省人大常委会立即启动了支撑和保障京津冀协同发展的协同立法工作,率先与北京市、天津市人大常委会沟通、谋划京津冀协同立法问题。河北省人大常委会关于开展京津冀协同立法的倡议得到了北京市和天津市人大常委会的热烈回应和一致赞同,三方很快形成了立法协调和对接模式的初步意向,并对开展京津冀协同立法的重要性与必要性取得了高度一致,京津冀协同立法由此得以正式提出。

2014 年 5 月至 8 月,京津冀三省市人大常委会和法制工作机构继续协商协同立法事宜,并在制订调整年度立法计划、制定地方性法规的过程中,尝试开展立法协同实践。2014 年 9 月下旬,京津冀三省市人大常委会有关负责同志,在赴上海市参加第二十次全国地方立法研讨会期间,再次就协同立法问题开展深层磋商和研讨。同年,河北省人大常委会法工委还在坚持问题导向、改革引领、创新驱动原则的基础上起草了《关于围绕京津冀协同发展做好区域立法的实施方案》,其分别征求了北京市、天津市人大常委会的意见,得到了两市的积极响应。经多次磋商和深入交流,京津冀三省市人大常委会和法制工作机构达成共识,商定采取三方轮流主办的方式,建立京津冀协同立法工作联席会议制度。

(二)京津冀协同立法之破题

2015 年 3 月,首次京津冀协同立法工作会议在天津市召开,三省市人大常委会和法制工作机构的有关负责人参会,在此次会议上一致通过了由天津市人大法制工作部门起草并与京冀两省市人大法制工作部门共同修改完成的《关于加强京津冀人大协同立法的若干意见》(以下简称《若干意见》)。之后,京津冀三省市人大常委会陆续依法审议通过了该意见。《若干意见》的通过统一了京津冀三省市协同立法的目标愿景,初步搭建了协同立法的基本框架,标志着京津冀协同立法的正式破题,京津冀协同立法由此实现了从理论设想到落地实施的华丽转身。

《若干意见》共包括三方面内容:(1)对京津冀协同立法的迫切性和基本要求进行了规定。《若干意见》不仅指出"加强京津冀协同立法,是整合区域立法资源优势、增强地方立法总体实效、推动区域协同发展的迫切要求",而且要求"京津冀地方立法工作,要认真落实中央要求,按照优势互补、互利共赢、区域一体的原则,以区域基础设施一体化和大气、水污染联防联控作为优先领域,以产业结构优化升级和实现创新驱动发展作为重点,把协同立法的功夫主要下在联动上,努力实现良性互动、协同发展"。(2)对京津冀协同立法需要共同推进的几项工作进行了明确规定,包括加强立法沟通协商和信息共享、构建协同立法机制、加强重大立法项目联合攻关、加强地方立法理论研究协作、加强立法工作经验和立法成果的交流与共享等。(3)对京津冀协同立法保障机制的构建进行了规定,一是要建立立法干部学习培训交流机制,二是要建立健全京津冀协同立法保障机制。《若干意见》的制定与通过,标志着扣好了推进京津冀协同立法的“第一粒扣子”,意义重大。

(三)京津冀协同立法之推进

2016年2月,第二次京津冀协同立法工作会议在北京市召开,除对包括交通一体化、生态环境保护、产业转型升级等领域在内的立法规划协同事项进行研究外,还对北京市人大常委会委托中国城市规划设计研究院规划研究中心所完成的《推进京津冀协同发展首都城市立法问题研究》这一研究报告进行了研讨。这是探索引入第三方科研机构提供智力支持以更好推动协同立法工作的首次尝试,意义重大。该研究报告主要包括三个部分:第一部分是对《京津冀协同发展规划纲要》等文件精神的解读和北京市突出问题的梳理;第二部分是对国际首都治理案例的比较分析;第三部分是立法项目建议,从四个方面提出了46项立法项目建议。

在2016年,协同立法项目的成功落地是京津冀协同立法工作所取得的另一项重要成果,以《河北省大气污染防治条例》和《天津市水污染防治条例》的制定为典型代表。2016年1月13日河北省第十二届人民代表大会第四次会议所通过的《河北省大气污染防治条例》,协同立法的色彩浓厚。该条例不仅在制定过程中充分征求了京津两市人大常委会的意见,而且在内容上进行了专门性规定,其第五章“重点区域联合防治”对大气污染京津冀协同防治问题进行了全面规定。2016年1月29日天津市第十六届人民代表大会第四次会议所通过的《天津市水污染防治条例》在制定过程中,也通过征求意见的方式实现了协同立法,京冀两省市人大常委会共提出了50余项完善建议,且其第八章以专章形式对“区域水污染防治协作”进行了全面规定。

（四）京津冀协同立法之拓展

2017年2月，第三次京津冀协同立法工作会议在石家庄市召开，在此次会议上不仅讨论通过了《京津冀人大立法项目协同办法》（以下简称《项目协同办法》），还对2017年度三省市协同立法项目进行了选定。《项目协同办法》适用于京津冀协同立法项目的立项、起草、调研、修改、审议、实施、清理等工作，对立法项目的协同方式、协同原则、选定要求、协同机制、起草方式、联合攻关、立法协商、通报会商、施行日期、宣传解释、立法后评估、组织协调等问题进行了全面规定，对协同立法项目的实施提出了更为明确、更为具体、更具可操作性的规定，初步搭建起协同立法的基本制度框架。《项目协同办法》的通过标志着京津冀人大立法项目协同机制的正式确立，协同立法工作因此获得实质性突破，进入拓展实施阶段，实现了从松散到紧密、从单一到统筹、从口头到制度的巨大转变。此外，此次会议还对河北省人大常委会委托河北大学完成的《京津冀协同立法研究报告》进行了研讨，该报告对京津冀协同立法的意义进行了全面阐释，对京津冀协同立法进展予以系统梳理并进行客观评价，对京津冀协同立法领域确定与项目厘定进行了深入探讨。

2017年9月，第四次京津冀协同立法工作会议在天津市召开，会议讨论通过了《京津冀人大法制工作机构联系办法》（以下简称《机构联系办法》），并听取了天津市人大常委会委托南开大学完成的《京津冀协同发展立法引领与保障研究报告》。《机构联系办法》对协同立法工作联系主体及职责、联系沟通方式、机构联席会议及议题、协同立法项目协调推进、立法草案意见征求、立法信息经验成果共享、立法工作信息交流沟通、理论研究协作及成果共享、干部培训学习交流等问题进行了明确规定，以制度形式确立了三地常态化的法制工作机构联系机制，为协同立法的顺利实施提供了有力制度支持，标志着京津冀人大法制工作机构间的工作协同机制的正式确立，对于建立健全长效化、制度化的京津冀人大法制工作机构联系机制、进一步加强京津冀人大协同立法工作具有重要意义。该办法与此前通过的《若干意见》《项目协同办法》共同构成了系统的京津冀人大协同立法工作制度。

(五)京津冀协同立法之深化

2018 年 7 月,第五次京津冀协同立法工作会议在北京市召开,会议就京津冀三省市人大立法规划和年度立法计划编制情况进行了充分沟通,讨论通过了《京津冀人大立法项目协同实施细则》(以下简称《实施细则》)。《实施细则》对协同立法项目选取、项目协同方式、项目沟通协调、协同立法项目确定、项目协同实施方案、项目协同保障、共性问题研究、法规清理协同等问题进行了全面规定。《实施细则》的通过对加强京津冀人大立法项目协同实施工作、提高京津冀三地人大立法项目协同实效具有重要意义,进一步推动了京津冀协同立法制度体系的完善,标志着京津冀协同立法走向深入。此外,会议还对环境保护、机动车污染防治等协同立法项目及其工作方案进行了深入研讨。

2018 年 8 月,京津冀三地人大法制工作机构联席会议在石家庄市召开。这次会议由北京市人大常委会法制办提议,河北省人大常委会法制工作委员会承办,会议主题是讨论研究“机动车和非道路移动机械排气污染防治”立法项目协同工作。会议对标准统一、“同车不同罚”、部门职责划分、违法成本、数据采集和共享、车油路统筹等关涉机动车污染防治的重点、难点和焦点问题深入交换了意见,并就下一步协同工作安排进行了有效沟通。此次联席会议是京津冀协同立法工作进行 4 年多来,首次专门就具体立法项目协同召开会议以推进全面协同立法工作,并且邀请了政府有关部门参加会议,具有开创性的意义,是京津冀立法项目协同新的里程碑,标志着京津冀协同立法迈出了由机制制度建设向具体立法项目协同的实质性步伐。

2019 年 8 月,第六次京津冀协同立法工作会议在石家庄市召开,北京、天津、河北三地研究讨论了机动车和非道路移动机械排气污染防治条例协同立法有关事宜,对下一步协同立法作出部署安排,商定三地将条例草案提交2020年年初召开的三地省级人民代表大会审议表决。

2020年9月,第七次京津冀协同立法工作会议在天津市召开,会议深入学习贯彻习近平总书记关于京津冀协同发展的重要讲话精神和关于强化公共卫生法治保障的重要论述,交流了强化公共卫生法治保障立法修法工作计划及工作推进情况,讨论并原则通过了《京津冀人大关于协同推进强化公共卫生法治保障立法修法工作的意见(讨论稿)》,交流了协同开展机动车和非道路移动机械排放污染防治条例执法检查工作情况。

2021年6月,第八次京津冀协同立法工作会议在北京市召开,会议听取了三地关于《京津冀人大常委会关于协同推进强化公共卫生法治保障立法修法工作的意见》的推进落实情况,研究通过了《京津冀三地人大常委会关于协同推进冬奥会法治保障工作的意见》。

2022年8月,第九次京津冀协同立法工作会议在张家口市召开,会议回顾了京津冀协同立法的发展历程和取得的成绩,研究讨论了河北省(北京市、天津市)人民代表大会常务委员会《关于京津冀协同推进大运河文化保护传承利用的决定(草案建议稿)》,并就进一步做好协同立法工作形成共识。

三、京津冀协同立法成果梳理

(一)建立合作平台,奠定京津冀协同立法坚实基础

理论和实践均证明,实现协同发展是京津冀区域合作的未来方向和必然要求,而平台建设则是协同发展的基础,京津冀协同立法亦是如此。京津冀三省市人大和法制工作机构在三省市党委的领导下勇于实践、积极探索,建立起了京津冀协同立法工作会议这一重要合作平台。自2015年在天津市召开第一次京津冀协同立法工作会议以来,京津冀协同立法工作会议已经连续召开多次。京津冀协同立法工作会议议题广泛,涉及京津冀协同立法制度建设、立法规划计划协同、协同立法项目选定及推进等重大事项,而京津冀三省市人大常委会领导的直接参与、充

分沟通则有效确保了所议决定的高效落实和所涉问题的妥善解决。除协同立法工作会议外，在协同立法实践中，还建立了由京津冀三省市人大法制工作机构参加的联席会议制度。2017 年第四次京津冀协同立法工作会议所通过的《京津冀人大法制工作机构联系办法》明确规定，京津冀三省市人大法制工作机构（包括法制委员会和常委会法制工作机构）“是推进京津冀人大立法工作协同的综合部门，在本省市人大常委会主任会议领导下，协调人大各专门委员会和常委会工作机构共同做好京津冀立法协同各项工作”，所涉议题包括：（1）沟通三省市立法工作的情况，提出需要提交京津冀协同立法工作座谈会讨论的重点议题；（2）总结三省市本年度立法工作协同的实施情况和协同立法项目落实情况，拟定提交京津冀协同立法工作座谈会讨论的立法协同工作报告；（3）交流下一年度立法计划的总体思路，相互通报立法计划项目的初步考虑，研究提交京津冀协同立法工作座谈会讨论的协同立法项目建议；（4）沟通交流三省市法制工作机构的立法、规范性文件审查监督等工作的经验和体会；（5）交流探讨三省市地方立法干部培训等队伍建设的经验和共同关心的有关问题；（6）其他需要共同协商的议题。

在京津冀三省市人大常委会和法制工作机构的积极推动和不断完善下，京津冀协同立法工作会议、京津冀人大法制工作机构联席会议已步入正轨，取得了丰硕成果，成为京津冀协同立法的重要合作平台，为京津冀协同立法的顺利开展奠定了坚实基础，推动京津冀协同立法朝着更加成熟和完善的方向不断发展。相关理论研究认为，京津冀协同立法的显著特点就在于，其以京津冀协同立法工作会议为纽带，技术性地解决了三省市立法权“并行”的难题，同时又以分别提请批准的方式赋予协同立法规范的法律效果，借此共同制定了多个立法协同文件，探索确立了顺畅有效的协同立法机制。这既是京津冀协同立法的重要创新点，也是促成立法协同的重要原因。[1]

---

〔1〕 参见梁平、律磊：《京津冀协同立法：立法技术、机制构建与模式创新》，载《河北大学学报（哲学社会科学版）》2019 年第 2 期。

(二)强化制度建设,搭建京津冀协同立法“四梁八柱”

制度对行为具有重要意义,其具有指引、规范、保障、约束行为等重要功能,因此,制度建设至关重要,是确保相关工作得以顺利开展的关键所在。对京津冀协同立法而言,其创新性决定了制度建设的尤为关键。京津冀三省市人大常委会对此有着清楚认识并予以高度重视,从京津冀协同立法伊始,就致力于推动京津冀协同立法制度建设,并在第一次京津冀协同立法工作会议上讨论通过了《关于加强京津冀人大协同立法的若干意见》。该意见从多个方面对京津冀协同立法机制建设进行了规定,包括:(1)构建与协同发展相互适应、相互支撑、相互促进的协同立法机制。通过“着力建立区域立法协同机制和制度平台,形成相对统一的区域制度框架和实施细则”,以“实现区域内制度融合、利益整合和整体利益最大化”。主要内容如下:一是在维护法制统一的前提下,整合地方立法资源,发挥地方立法组织协调的能动作用,破除狭隘的行政划界和地方保护主义,促进和确保京津冀地方性法规和谐一致。二是着眼于三地之间在产业转移、区域治理、区域公共产品供给等方面诸多利益的协调,以及中央与地方、经济发展与环境保护、当前利益与长远利益等关系的协调,对区域内不同主体的利益作出权衡,坚持公平正义、积极作为,主动融入、求同存异。三是就三地立法在现有内容设置和制度构建上所涉及的普遍问题与重点领域,坚持从实际出发,深入实践、加强探讨,有序规制、择优选定,高度融合、谋求一致,在相互协同中谋求共赢。(2)建立立法干部学习培训交流机制。增强立法干部的政治业务素质“是提高京津冀协同立法质量和水平的关键”,因此,“要把加强三地人大立法干部学习培训交流作为重点,共同培养造就一支适应新时期地方立法要求的立法干部队伍”。具体来说,一要“建立京津冀人大立法干部学习培训交流互动机制,三地间要主动相互提供立法干部学习培训年度计划安排,可以联合举办专题培训,也可以采取网上直播等方式相互开放培训内容”;二要“建立青年立法干部定期互访互学交流机制,就共同关心的问题进行交流研讨”；三要“利用移动互联网手段，建立京津冀立法微信群，及时交流各地立法信息，分享地方立法的智慧和成果”。(3)建立健全京津冀协同立法保障机制。一方面，三省市人大常委会委员要在人力、物力、财力等方面对协同立法工作予以保障；另一方面，三省市人大应当各自指定一位人大常委会主任会议成员负责协同立法工作，并由人大法制工作机构采取三方轮流负责的方式具体承办落实。

第三次京津冀协同立法工作会议上所讨论通过的《项目协同办法》对京津冀协同立法制度建设作了进一步规定，提出要“进一步深化和完善京津冀协同立法会商机制和信息共享机制”，以“加强立法项目的协商沟通，共享有关参考资料、主要制度安排等重要立法信息”。第四次京津冀协同立法工作会议上所通过的《机构联系办法》则通过明确京津冀三省市人大法制工作机构职责，对京津冀协同立法沟通协商机制进行了全面系统规定。

(三)创新协同模式，推动京津冀协同立法走向深入

协同立法的关键和目标在于推动立法、落实项目。京津冀三省市人大及其常委会勇于担当、积极作为，坚持把协同立法落在项目上，谋划和推出了一批协同立法项目，推动京津冀协同立法结出累累硕果，以《河北省大气污染防治条例》《天津市生态环境保护条例》《北京市城乡规划条例》等为代表的多项协同立法项目获得高票通过，并已产生良好经济社会效果。更为重要的是，京津冀三省市人大积极探索、大胆实践，成功创新了协同立法模式，实现了由立法领域、立法规(计)划、立法项目到立法起草、立法内容、立法进度的全面协同：

1. 立法领域协同

于协同立法而言，立法领域的准确界定至关重要，其直接关系到协同立法效果，甚至直接影响到协同立法能否实现。《京津冀协同发展规划纲要》明确指出，“推动京津冀协同发展是一个重大国家战略，核心是有序疏解北京非首都功能，要在京津冀交通一体化、生态环境保护、产业

升级转移等重点领域率先取得突破”。这一论断为京津冀协同立法领域的准确界定提供了关键指引和根本遵循。第三次京津冀协同立法工作会议所通过的《项目协同办法》明确规定,“京津冀三方应当按照《京津冀协同发展规划纲要》的要求,围绕有序疏解北京非首都功能这一核心,在交通一体化、生态环保、产业升级转移等重点领域,选择关联度高的重要立法项目进行协同”。由此实现了京津冀立法领域的有效协同,进而为京津冀协同立法的顺利推进奠定了坚实基础。

2. 立法规(计)划协同

所谓立法规划,是指立法主体根据立法预期的指向和结果,在法定权限内依照一定的原则和程序所编制的关于立法目标、措施和步骤的部署与安排;所谓立法计划,又称立法年度计划,是指立法主体在立法规划的基础上依据法定权限与程序所制定的一个年度内关于立法项目的选取与安排,是立法规划的年度任务分解和进一步落实。从性质上讲,立法规(计)划是立法主体对经过预测与研究的立法项目进行的通盘考虑、总体设计,是通过一定的程序和形式对一定时间内的立法工作所作出的统筹安排。立法规(计)划的主要任务和目的在于使立法工作有计划、有步骤、有目的地进行,从而实现立法工作的有序化、科学化、系统化,意义重大。立法规(计)划的功能突出体现为:一方面,有助于确保立法工作有条不紊地进行,做到统筹安排、明确重点、集中力量,充分提高立法机关的工作效率,实现有计划、有步骤地推进立改废释工作;另一方面,有助于确保法律体系的和谐一致,避免互相矛盾、互不衔接和盲目立法等现象。立法规(计)划的编制是立法工作有序进行的前提,立法规(计)划的实施对于加强立法计划性、提高立法质量有着十分重要的意义和十分明显的作用。编制和实施立法规(计)划是党领导立法工作的重要形式,也是人大发挥立法主导作用的重要抓手,有利于增强立法工作的统筹性、协调性、科学性,是建设中国特色社会主义法治体系的重要经验。鉴于立法规(计)划的重要性,2015 年修正的《立法法》,不仅进一步健全了人大主导立法工作的体制机制,而且专门增加了立法规

(计)划的内容，以加强对立法工作的统筹安排，[1]将立法规(计)划作为保障和促进立法质量提升、以立法引领改革的重要环节和实现方式。

对京津冀协同立法而言，立法规(计)划协同至关重要，是京津冀协同立法的重要前提和基础，直接关系到京津冀协同立法的发展方向和总体部署，只有从规(计)划上统一起来，才能保证京津冀协同立法的有序推进。京津冀三省市人大高度重视立法规(计)划的协同。《项目协同办法》第5条明确规定，“京津冀三方在拟定五年立法规划或者年度立法计划时，应当将涉及京津冀协同发展重点领域的立法项目优先安排，并且分别提出需要三方协同的立法建议项目”，“三方应当相互通报立法规划或者计划内容”。此外，立法规(计)划的沟通与协调也是历年来京津冀协同立法工作会议的重要议题。

3. 立法项目协同

立法项目的落地是推进京津冀协同立法的直接目标所在。京津冀三省市人大对此高度重视，已经确立了以《河北省道路运输条例》《天津市公路管理条例》等为代表的多个协同立法项目并成功落地，取得了良好的经济社会效果。为确保立法项目的有效协同，京津冀三省市人大在制度保障层面做了大量工作和有益探索，突出表现为《项目协同办法》和《实施细则》的制定与通过。《项目协同办法》对立法项目的协同方式、协同原则、协同要求、协同程序、协同机制等问题进行了全面规定。例如，《项目协同办法》第3条明确规定，“立法项目协同采取紧密型协作方式”，同时应当“坚持协同发展、互利共赢，求同存异、优势互补，重点突破、成果共享的原则”。《实施细则》则对立法项目协同作了进一步规范，主要体现在以下方面：(1)明确了协同立法项目选取规则，即“三地人大每年从推动京津冀协同发展大局需要出发，结合立法规划、年度立法计划，认真选取主题相同或相近、进度安排基本一致的立法项目，进

[1] 2023年3月13日第十四届全国人民代表大会第一次会议修正通过的《立法法》第56条第1款规定：“全国人民代表大会常务委员会通过立法规划和年度立法计划、专项立法计划等形式，加强对立法工作的统筹安排……”

行立法项目协同,共同开展立法共性问题研究,共同形成解决方案”。(2)完善了立法项目协同模式,即“立法项目实施工作,根据三地人大立法规划、年度立法计划项目安排的实际情况,可以三地协同,也可以两地协同”,“两地协同的,第三方可以利用自身资源优势,支持立法项目协同工作”。(3)健全了立法项目协同机制,即“立法项目协同相关方可以建立常委会主管领导、法制工作机构负责人、立法项目小组三级沟通协调机制,加强立法项目协同实施工作”。(4)强化了立法项目协同保障,即“立法协同项目一经确定,三地人大常委会及其法制工作机构应当从组织领导、工作安排、工作力量等方面优先予以保障,有序、高效、高质量地推进立法项目协同工作取得实效”。

4. 立法起草协同

作为立法程序的重要步骤,立法起草对京津冀协同立法的推进亦十分重要,是将协同立法项目转换为真实协同法规的关键环节,直接影响到京津冀协同立法效果。京津冀三省市人大高度重视立法起草的协同。《项目协同办法》对此予以重点规定:(1)关于起草方式。协同立法项目的起草可以采取多种方式进行:一是一方起草,其他两方密切配合;二是联合起草、协同修改;三是三方商定基本原则,分别起草。(2)关于起草过程。“拟定协同立法项目草案,三方可以同步调研、同步论证、同步修改,对涉及的难点、重点、焦点问题进行联合攻关。”(3)关于草案调整。“协同立法项目草案涉及重大体制和重大政策调整的,京津冀三方分别报同级党委决策”,“需要相互协调的,在报同级党委之前可以进行立法协商”。京津冀在立法起草环节的协同效果十分明显,《天津市水污染防治条例》《河北省水污染防治条例》等协同立法项目正是得益于立法起草的有效协同而获高票通过,并取得了良好经济社会效果。

5. 立法内容协同

在立法起草协同的基础上,京津冀三省市人大积极探索、勇于实践,进一步推动协同模式的创新——立法内容协同的实现。京津冀的立法内容协同体现在很多方面:(1)章节设置的协同。以大气污染防治立法为例,《天津市大气污染防治条例》和《河北省大气污染防治条例》都专门设置一章以对京津冀区域大气污染协同防治进行规定。(2)主体制度设计的协同。以水污染防治立法为例,《北京市水污染防治条例》《天津市水污染防治条例》《河北省水污染防治条例》都对饮用水水源保护、水污染事故预防与处置等主体制度进行了重点规定,并实现了设计上的协同。(3)法律责任设定的协同。为解决“同事不同罚”的问题,进一步提高地方性法规的权威和公信力,京津冀三省市人大在法律责任设定上也尽可能保持一致,实现了法律责任设定的协同。以水污染防治立法为例,对企业事业单位(和其他生产经营者)未按照规定制定水污染事故的应急方案的,《北京市水污染防治条例》《河北省水污染防治条例》均规定由生态环境部门责令改正;情节严重的,处2万元以上10万元以下的罚款。在立法内容协同问题上,京津冀三省市人大在找准区域立法关键问题的基础上,在协同中区分三省市特有问题,在区分中体现立法内容的一致性与协同性,有效促进了优势互补、互利共赢、区域一体目标的实现。立法内容的协同极大推动了京津冀协同立法进程,使京津冀协同立法水平得到了显著提升。

6. 立法进度协同

进入2018年后,京津冀协同立法再进一步,朝着立法进度协同的方向不断深化,这以机动车和非道路移动机械排气污染防治立法为显著代表。自2018年7月第五次京津冀协同立法工作会议将机动车和非道路移动机械排气污染防治立法确定为协同立法项目后,京津冀三省市人大常委会和法制工作机构密切合作、深入交流,多次召开会议就机动车和非道路移动机械排气污染防治立法所涉问题进行研讨,对重点难点问题联合攻关,对法规草案内容共同修改,目前已取得如下阶段性成果:(1)法规草案名称相同,均为“机动车和非道路移动机械排气污染防治条例”。(2)法规草案体例结构相同、章名相同,均为6章,分别是:第一章“总则”,第二章“预防和控制”,第三章“使用、检验和维护”,第四章“区域协同”,第五章“法律责任”,第六章“附则”。(3)法规草案对立法目的、适用范围的规定一致。(4)法规草案对部分基本概念、基本原则、法律责任的规定趋同。(5)法规草案关于信息共享、征信制度、能源结构调整、燃料要求、记分制管理、维修企业管理和规范、共同搭建京津冀超标车辆数据平台等规范和制度的规定,也将尽可能一致或趋同。更具创新意义的是,在京津冀三省市人大常委会领导的支持下,三省市就该条例的审议节奏、出台时间形成共识,全力推动立法进度协同的实现。2020年1月11日河北省第十三届人民代表大会第三次会议审议通过《河北省机动车和非道路移动机械排放污染防治条例》,2020年1月17日北京市第十五届人民代表大会第三次会议审议通过《北京市机动车和非道路移动机械排放污染防治条例》,2020年1月18日天津市第十七届人民代表大会第三次会议审议通过《天津市机动车和非道路移动机械排放污染防治条例》,上述三部条例于2020年5月1日起同步施行。这极大提高了机动车和非道路移动机械排气污染防治这一协同立法项目的社会影响力和经济社会效果,同时也意味着京津冀协同立法进入了一个新的发展阶段。

此外,京津冀三省市人大还推动了法规清理的协同。为顺应京津冀协同发展要求,三省市人大着手对不适应、不合拍、相冲突的现行有效法规开展清理工作,并不断推进清理工作常态化。一方面,建立动态监督长效机制,对不符合京津冀协同发展要求、阻碍京津冀协同发展进程的法规做到及时发现,并进行信息交流共享,推动共同研究;另一方面,建立动态清理长效机制,三地针对发现的问题统一进行修改,对三地都涉及的问题条款进行协同清理,做到步调一致,尽最大可能确保三地法规的一致性、协同性和可操作性。

四、京津冀协同立法经验总结

(一)深入学习贯彻习近平新时代中国特色社会主义思想

思想是一个人的灵魂,也是一个政党、一个国家、一个民族的灵魂。思想兴则国家兴,思想强则国家强;思想乱则国家乱,思想亡则国家亡。

作为全党全国人民的思想旗帜、精神灵魂、行动纲领，习近平新时代中国特色社会主义思想对中国特色社会主义事业发展具有划时代意义。[1]习近平新时代中国特色社会主义思想内涵十分丰富，涵盖了经济、政治、法治、科技、文化、教育、民生、民族、宗教、社会、生态文明、国家安全、国防和军队、“一国两制”和祖国统一、统一战线、外交、党的建设等各方面。

京津冀三省市人大及其常委会高举习近平新时代中国特色社会主义思想伟大旗帜，把学习贯彻习近平新时代中国特色社会主义思想作为首要政治任务，深刻领会这一思想的科学体系、精神实质、实践要求，特别是深入学习贯彻习近平总书记关于坚持和完善人民代表大会制度的重要思想、习近平法治思想和习近平生态文明思想，并用以指导京津冀协同立法工作、推进京津冀协同立法实践。这是京津冀协同立法实践最宝贵的经验，也是协同立法得以不断深入、实现持续创新的关键所在。

（二）紧密跟随京津冀协同发展重大国家战略实施进程

2014 年 2 月 26 日，习近平总书记在北京主持召开座谈会，专题听取京津冀协同发展工作汇报，明确将实现京津冀协同发展作为重大国家战略，强调“要坚持优势互补、互利共赢、扎实推进，加快走出一条科学持续的协同发展路子来”。习近平总书记就推进京津冀协同发展重大国家战略实施，提出了加强顶层设计、加大对协同发展的推动、加快推进产业对接协作、调整优化城市布局和空间结构、扩大环境容量生态空间、构建现代化交通网络系统、加快推进市场一体化进程等“七个着力”明确要求，作出一系列重要指示，为京津冀协同发展指明了前进方向、提供了根本遵循。

实现京津冀协同发展这个伟大目标，需要推进区域内经济、社会、文化等各项事业全面进步，而法治是重要保障。京津冀三省市人大及其常

---

[1] 参见袁曙宏：《把学习贯彻习近平新时代中国特色社会主义思想不断引向深入》，载人民网，http://theory.people.com.cn/n1/2018/0702/c40531－30100205.html。

委会讲政治、促大局，深入学习贯彻习近平总书记关于京津冀协同发展的重要批示指示精神，紧密跟随京津冀协同发展重大国家战略实施进程，始终坚持把推动京津冀协同发展作为各项工作的重中之重，坚定不移地推进京津冀人大立法协同各项工作，及时回应协同发展实践需求，积极开展协同立法工作，不断推出协同立法精品、持续创新协同立法模式，助力京津冀协同发展重大国家战略落地实施。

(三)积极争取全国人大常委会法工委对协同立法的指导支持

作为一项极具创新性和挑战性的工作，京津冀协同立法之所以能够取得今天的成绩，离不开全国人大常委会法工委的理论指导和大力支持。例如，2017 年 9 月召开的第四次京津冀协同立法工作会议得到了全国人大的高度重视。会前，天津市人大常委会专程派员到全国人大汇报会议准备情况，全国人大常委会法工委主任沈春耀同志对会议内容给予了充分肯定，并派副主任张勇同志出席会议。张勇同志在会上高度评价了京津冀协同立法工作，认为京津冀三省市人大常委会自觉坚持党的领导，主动增强协同意识，大力推动立法工作协同，制定了加强协同立法的制度办法，定期召开立法工作会议，完善了法制工作机构合作、重要立法项目工作协同、立法信息通报交流、立法干部合作培训等机制，从立法层面保障了京津冀协同发展重大国家战略的贯彻实施，探索出的区域性立法工作新模式符合我国国情和立法体制；希望三省市在新的起点上，坚持理念先行、创新先行、项目先行，进一步深化区域协同立法，更好发挥立法的引领推动作用；全国人大常委会法工委要认真研究涉及全国人大立法的项目建议，与三省市共同做好京津冀协同发展的立法引领与保障工作。2018 年 9 月第二十四次全国地方立法工作座谈会上，沈春耀主任在讲话中对京津冀三省市加强区域协同立法，建立完善区域协同立法工作机制的做法，给予了充分肯定。京津冀协同立法现有成绩的取得离不开全国人大常委会法工委对协同立法工作的肯定、指导和支持，这是推动协同立法不断走向深入的重要经验。

（四）始终坚持三省市党委对协同立法工作的坚强领导

《中共中央关于全面推进依法治国若干重大问题的决定》强调指出，“党的领导是全面推进依法治国、加快建设社会主义法治国家最根本的保证。必须加强和改进党对法治工作的领导，把党的领导贯彻到全面推进依法治国全过程”。习近平总书记在《关于〈中共中央关于全面推进依法治国若干重大问题的决定〉的说明》中进一步指出，“党和法治的关系是法治建设的核心问题。全面推进依法治国这件大事能不能办好，最关键的是方向是不是正确、政治保证是不是坚强有力，具体讲就是要坚持党的领导，坚持中国特色社会主义制度，贯彻中国特色社会主义法治理论。党的领导是中国特色社会主义最本质的特征，是社会主义法治最根本的保证”。

沧海横流显砥柱，万山磅礴看主峰。坚持党的领导，是社会主义法治的根本要求，是党和国家的根本所在、命脉所在，是全国各族人民的利益所系、幸福所系，是全面推进依法治国的题中应有之义。党的领导和社会主义法治是一致的，社会主义法治必须坚持党的领导，党的领导必须依靠社会主义法治。把坚持党的领导、人民当家作主、依法治国有机统一起来是我国社会主义法治建设的一条基本经验。2016 年印发的《中共中央关于加强党领导立法工作的意见》明确指出，地方党委主要负责人在落实党领导立法工作时要做到“重点立法工作亲自过问、重要立法项目亲自推进、重大立法问题亲自协调”。[1] 京津冀协同立法始终坚持党委对协同立法工作的坚强领导，夯实协同立法的政治基础，加强协同立法的组织保障。三省市党委对协同立法工作给予高度重视和全力支持，谋划确定协同立法的总体思路和重点任务，支持推动协同立法制度创新，统筹协调协同立法的工作安排。始终坚持三省市党委的坚强领导是开展协同立法所必须遵循的重大政治原则，同时也是推动协同立

[1] 李店标：《坚持和完善党领导立法》，载光明网，https://m.gmw.cn/baijia/2023-01/04/36277255.html。

法不断取得新成绩的根本保证。

（五）充分发挥三省市人大在协同立法领域的主导作用

党的十九大报告强调，“人民代表大会制度是坚持党的领导、人民当家作主、依法治国有机统一的根本政治制度安排，必须长期坚持、不断完善……发挥人大及其常委会在立法工作中的主导作用”。京津冀三省市人大及其常委会主动作为、精诚协作和开拓创新，准确厘定协同立法领域、充分沟通立法规（计）划、科学选定立法项目、全面推进立法起草协同、深入论证立法内容协同、努力实现立法进度协同，严格遵循立法规律，着力提高立法质量，努力使每一个协同立法项目都体现客观规律、适应社会发展、反映人民意志、得到人民拥护。协同立法工作的持续推进和成绩的不断取得体现了京津冀三省市人大高度的政治自觉，彰显了更大的政治担当，是京津冀三省市人大适应时代形势的要求而展现的新姿态、实施的新作为。充分发挥三省市人大在协同立法领域的主导作用是确保京津冀协同立法不断深入的重要经验。

（六）探索引入三省市科研机构对协同立法的智力支持

党的十八届四中全会指出，“健全立法机关主导、社会各方有序参与立法的途径和方式”是“深入推进科学立法、民主立法”的关键环节所在。其中，引入科研机构对立法的智力支持，包括“探索委托第三方起草法律法规草案”等方式，是实现科学立法、提高立法水平的重要途径。在京津冀协同立法实践中，三省市人大及其常委会充分认识到协同立法的创新性以及借助“外脑”的必要性，积极引入包括南开大学、河北大学以及中国城市规划设计研究院等在内的科研机构为协同立法提供必要智力支持。这一积极探索不仅为京津冀协同立法提供了强大的理论支撑、有效助推了协同立法进程、显著提高了协同立法水平，而且极大地促进了理论与实务的深入交流，推动协同立法理论研究走向深入，取得了以《京津冀协同立法研究报告》《推进京津冀协同发展首都城市立法问题研究》《京津冀协同发展立法引领与保障研究报告》等为代表的系列理论研究成果。

五、京津冀协同立法进路探讨

（一）推进模式创新，完善立法体系

立法模式的合理选取对法律制度的科学创建和法治系统的良好运行具有重要意义。理论研究认为，对京津冀协同发展的立法引领而言，应当确立国家专门立法、地方协同立法和地方单行立法相结合的“三位一体”立法模式。国家专门立法是指由国家立法机关针对事关京津冀协同发展全局的战略性、结构性、宏观性和原则性的问题作出规定；地方协同立法是指由京津冀三地的地方立法机关针对它们之间带有区域性、关联性和共同性的问题作出规定；地方单行立法是指由京津冀三地的立法机构针对自身在区域协同发展过程中所面临的特殊问题作出规定。三者之间，国家专门立法是基础，地方协同立法是深化，地方单行立法是细化。“三位一体”立法模式要求在京津冀协同立法中，既要有面对京津冀协同发展全局的综合立法，又要有针对某个具体方面的个别单项立法，从而形成点面相结合、一般原则和具体步骤相结合、宏观调控和微观调节相结合、法律制度的灵活性与可操作性相统一的，适应京津冀协同发展需要的区域法律制度体系。

“三位一体”立法模式能够很好地协调综合立法与单项立法的关系，有助于建立适应京津冀协同发展需要的区域法律制度体系。但实践与理论往往并不能同步，而是保持了一定距离，京津冀协同立法亦是如此。京津冀三省市间的地方协同立法取得了重大突破，三省市地方单行立法也成果喜人，但关于京津冀协同发展的国家专门立法尚未破题。京津冀三省市立法机关和研究机构所提出的包括首都法、京津冀协同发展促进法、京津冀区域规划法、京津冀区域大气污染防治特别应对法、京津冀区域生态补偿法、京津冀促进产业集群发展法、京津冀区域环境保护条例等立法建议，虽获得了国家立法机关的关注，但并未进入国家立法

程序。其原因不难理解，对于国家立法机关而言，针对促进区域协同发展而实施的专项立法尚属新生事物，唯有具备成熟的经济社会条件及理论方案，方可能启动正式立法程序。从过往经验来看，亦能得到印证。西部大开发〔1〕和东北振兴〔2〕两大国家区域发展重大战略早在20世纪末和21世纪初就已分别确立，多年以来，制定西部开发促进法、东北振兴（促进）法的呼声也一直不断，但时至今日仍未进入国家立法程序。

可以预见的是，在未来很长一段时间内，国家层面很可能不会出台以京津冀协同发展促进法为代表的京津冀协同发展基本法，但在个别领域制定关涉京津冀协同发展的专项立法还是有可能的。其中，最有可能进入国家立法程序的是《海河保护法》。2016年，习近平总书记在重庆主持召开推动长江经济带发展座谈会时指出，推动长江经济带发展是一项国家级重大区域发展战略；〔3〕2018年4月26日，习近平总书记在武汉主持召开深入推动长江经济带发展座谈会并发表重要讲话时指出，推动长江经济带发展是党中央作出的重大决策，是关系国家发展全局的重大战略。〔4〕 2020年12月26日第十三届全国人民代表大会常务委员会第二十四次会议通过《长江保护法》，旨在加强长江流域生态环境保护和修复，促进资源合理高效利用，保障生态安全，实现人与自然和谐共生、中华民族永续发展。因此，为确保京津冀的协同发展，非常有必要对

〔1〕 1999年9月，中共十五届四中全会通过的《中共中央关于国有企业改革和发展若干重大问题的决定》明确提出：国家要实施西部大开发战略。1999年11月，中共中央、国务院召开经济工作会议，部署2000年工作时把实施西部大开发战略作为一个重要的方面。

〔2〕 2003年10月，中共中央、国务院下发《关于实施东北地区等老工业基地振兴战略的若干意见》（中发〔2003〕11号，以下简称11号文件），标志着实施振兴东北地区等老工业基地战略正式启动。2003年12月2日，国务院做出成立振兴东北地区等老工业基地领导小组的决定（国发〔2003〕28号），并确定下设办公室，具体承担领导小组的日常工作。

〔3〕 参见《习近平在推动长江经济带发展座谈会上强调　走生态优先绿色发展之路　让中华民族母亲河永葆生机活力》，载中国政府网，https://www.gov.cn/guowuyuan/2016-01/07/content_5031289.htm。

〔4〕 参见《习近平主持召开深入推动长江经济带发展座谈会并发表重要讲话》，载中国政府网，https://www.gov.cn/xinwen/2018-04/26/content_5286185.htm#1。

海河保护进行国家立法。并且，从长江保护立法的进展来看，海河保护法进入国家立法程序的可能性非常之大。此外，《太湖流域管理条例》和《淮河流域水污染防治暂行条例》的制定也说明，制定《海河保护法》既非常必要又切实可行。一旦《海河保护法》成功落地，则意味着“三位一体”立法模式得以全面落实，而国家立法的引领与保障必将有助于促进京津冀协同发展立法保障体系的完善，并最终助推京津冀协同发展走向深入。

人大立法与政府立法双轨并行是我国立法体制的一个显著特征，但从已有实践来看，京津冀协同立法呈现出人大主导的突出特点，与黑吉辽等其他区域协同立法存在显著不同。实践证明，人大主导的京津冀地方协同立法模式是成功的，无论是平台、制度还是立法项目，都取得了丰硕成果。未来，这一模式应当继续坚持下去，三省市人大及其常委会仍应当在协同立法领域发挥主导作用。在此基础上，三省市人大常委会应当与三省市政府就立法规（计）划进行有效沟通、密切合作，将涉及京津冀协同层面的立法项目交由人大常委会与其他两地进行协同立法。此外，鉴于河北省 11 个设区的市已经取得立法权，河北省人大常委会还应当对设区的市的人大立法进行有效指导，使三省市层面的协同立法得到有效落实并产生乘数效应，发挥更大作用。

（二）拓展协同领域，强化立法保障

2014 年习近平总书记在北京主持召开京津冀协同发展专题座谈会时，就京津冀协同发展提出了包括加快推进产业对接协作、扩大环境容量生态空间、构建现代化交通网络系统等在内的 7 点具体要求；2015 年中央政治局审议通过的《京津冀协同发展规划纲要》提出，京津冀协同发展要“推进交通、生态环保、产业三个重点领域率先突破”。之所以要选择交通、生态环保、产业三个重点领域率先突破，其原因在于，该三大领域不仅符合协同发展总体目标的要求，而且是当前促进京津冀协同发展急需解决、具备一定条件且取得共识的领域。交通一体化是京津冀协

同发展的基础和条件;生态环境保护既是重要的民生问题,也是京津冀可持续发展的重要保障;产业协同发展则是京津冀协同发展的实体内容和关键支撑。同时,交通、生态环保、产业三大领域突破也面临严峻挑战:管理体制机制和法规、规范、标准不协调以及资金需求量大是交通一体化的主要障碍所在;责任和义务缺乏明确划分、联防联控的协同机制尚未完全建立是生态环境保护所面临的主要困难;产业协同发展则受行政分割的管理体制及三地之间在发展水平、基础设施、公共服务和商业环境等方面的较大差距羁绊。基于此,交通、生态环保、产业这三大率先突破领域应成为京津冀协同立法的重点所在。

京津冀三省市人大及其常委会在三省市党委的坚强领导下将生态环保、产业、交通确立为协同立法重点领域,着力推动协同立法工作开展,并取得了丰硕成果:在生态环保领域,实现了大气污染防治、水污染防治立法、机动车污染防治立法的协同;在交通领域,实现了道路运输与公路管理立法的协同;在产业领域,实现了科技成果转化立法的协同。

京津冀协同发展是一个系统性工程,其绝不限于交通、生态环保、产业这三大率先突破领域,而且率先突破领域协同发展的推进需以其他方面的改革为基础。与京津冀协同发展日渐深入相适应的是,京津冀协同立法也应当围绕疏解北京非首都功能这一核心任务拓展协同立法领域,将教育、医疗、社保、文化、体育等领域的协同事宜纳入立法范畴,围绕京津冀教育合作、京津冀医疗卫生协作、京津冀社会保障衔接、京津冀文化体育交流等事项选定立法项目,强化京津冀协同发展立法保障,助力京津冀协同发展走向深入。但需要指出的是,交通、生态环保、产业等仍是京津冀协同立法的重点所在,未来仍然需要围绕这三大重点领域深挖协同立法项目,提升协同立法水平。

(三)扩大公众参与,提升立法水平

2019 年 2 月 25 日,习近平总书记主持召开中央全面依法治国委员会第二次会议并发表重要讲话,指出“改革开放 40 年的经验告诉我们,

做好改革发展稳定各项工作离不开法治，改革开放越深入越要强调法治”；“发展要高质量，立法也要高质量”；“要以立法高质量发展保障和促进经济持续健康发展”。[1] 习近平总书记在《关于〈中共中央关于全面推进依法治国若干重大问题的决定〉的说明》中指出，“推进科学立法、民主立法，是提高立法质量的根本途径……民主立法的核心在于为了人民、依靠人民。要完善科学立法、民主立法机制，创新公众参与立法方式，广泛听取各方面意见和建议”。

随着京津冀协同发展程度的不断深入、水平的持续提升，其必然需要高质量的立法予以保障和推动。提升京津冀协同立法水平的关键在于坚持并践行科学立法、民主立法。其中，推进民主立法的关键在于，要坚持立法公开原则，将公开原则贯穿于立法全过程。立法公开的基本要求有二：一是要扩大立法的公众参与程度，不断健全立法机关与社会公众的沟通机制，使立法机关了解公众的关注点和利益诉求；二是要健全法律法规草案公开征求意见和公众意见采纳情况反馈机制，广泛凝聚社会共识，扩大公民对立法的有序参与，广纳民意、博采民智，以增强公众与法律的亲密感。对京津冀协同立法而言，必须要遵循民主立法的根本要求，秉持立法公开的基本原则，完善公众参与机制、扩大公众参与程度、提升公众参与水平，确保协同立法满足公众合理利益诉求，实现规范制定与凝聚共识、达成民意的过程同步，助推协同立法水平不断提升，以更好地为京津冀协同发展提供法制保障。此外，还应当充分发挥科研机构、专家学者的专业优势，为协同立法提供必要智力支持，实现科学立法、民主立法，提高协同立法的针对性和适用性，扩大协同立法的经济社会效果。

（四）加强效果评估，提高立法质量

2013 年 2 月 23 日，在十八届中央政治局第四次集体学习时，习近平

[1] 参见《习近平主持召开中央全面依法治国委员会第二次会议并发表重要讲话》，载中国政府网，https://www.gov.cn/xinwen/2019-02/25/content_5368422.htm?cid=303。

总书记指出,“人民群众对立法的期盼,已经不是有没有,而是好不好、管用不管用、能不能解决实际问题”,“越是强调法治,越是要提高立法质量”。[1] 理论和实践均证明,加强立法后评估是提高立法质量的重要手段。开展立法后评估的主要目的在于,适时掌握法律法规的制定质量和实施效果,进而促进立法质量的提高。立法后评估意义重大,其有助于检验立法是否得到普遍遵守与执行、是否达到预期立法目的以及是否适应社会发展的需要,还可以检验立法在实施过程中所产生的经济社会效益,检验立法中各项制度和程序规定是否合理、可行,发现其在实施过程中存在的主要问题。立法后评估旨在对现行立法作出全面的、科学的评价,进而为法规的立、改、废、释提供可靠依据。鉴于立法后评估的重要意义,《京津冀人大立法项目协同办法》第 15 条明确规定,“协同立法项目施行一段时间后,京津冀三方各自组织立法后评估的,评估结果应当通报其他两方;确需废止或者修改的,三方可以共同会商研究”。

法律的生命力在于实施。立法质量好不好,归根到底还要看其适用情况,看其是否经受得住实践的考验,能否达到预期的目的。京津冀协同立法已然落地并结出累累硕果,为有效掌握制定法规的立法质量和实施效果,极有必要开展立法后评估工作,通过评估总结立法经验,为协同立法工作的顺利开展提供借鉴和指导,进而促进京津冀协同立法质量的提高,实现由形式协同向实质协同的转变升华。最后,需要强调说明的是,随着协同立法工作的逐步深化、协同立法项目的日渐增多,立法后评估应当定位于常态化工作,通过加强立法效果的科学评估,以有效提高协同立法质量。

[1] 《习近平谈依法治国》,载人民网,http://theory.people.com.cn/n1/2016/0817/c49150-28642089.html。

参考文献

一、著作类

1. 中共中央文献研究室编:《十八大以来重要文献选编》(上),中央文献出版社 2014 年版。
2. 董皞主编:《地方立法教程》,中国政法大学出版社 2020 年版。
3. 封丽霞:《中央与地方立法关系法治化研究》,北京大学出版社 2008 年版。
4. 付子堂:《法律功能论》,中国政法大学出版社 1999 年版。
5. 付子堂主编:《中国地方立法报告(2018)》,社会科学文献出版社 2018 年版。
6. 付子堂主编:《中国地方立法报告(2019)》,社会科学文献出版社 2020 年版。
7. 付子堂主编:《中国地方立法报告(2020)》,社会科学文献出版社 2021 年版。
8. 胡戎恩:《中国地方立法研究》,法律出版社 2018 年版。
9. 李高协:《地方立法工作研究》,甘肃人民出版社 2015 年版。
10. 李光恩:《地方立法的说明理由制度研究》,西南财经大学出版社 2020 年版。
11. 李克杰:《设区的市地方立法:理论探讨与实证研究》,中国政法大学出版社 2018 年版。
12. 刘小妹:《省级地方立法研究报告——地方立法双重功能的实现》,中国社会科学出版社 2016 年版。

13. 孟庆瑜主编:《地方立法与国家治理现代化》,法律出版社 2016 年版。
14. 孟庆瑜、陆洲主编:《京津冀协同发展与地方立法问题研究》,法律出版社 2019 年版。
15. 孟庆瑜等:《地方立法与法治政府建设——基于河北省的研究视角》,知识产权出版社 2019 年版。
16. 苗壮:《地方立法能力评估指标体系研究》,法律出版社 2022 年版。
17. 彭振:《地方立法的理论与实务——以自治区政府立法为视角》,武汉大学出版社 2022 年版。
18. 全国人大常委会法制工作委员会国家法室编著:《中华人民共和国立法法释义》,法律出版社 2015 年版。
19. 饶艾等:《地方立法公众参与机制研究》,四川大学出版社 2020 年版。
20. 石佑启等:《地方立法学》(第 2 版),高等教育出版社 2019 年版。
21. 田成有:《立良法——地方立法的困局与突围》,法律出版社 2019 年版。
22. 吴大英等:《中国社会主义立法问题》,群众出版社 1984 年版。
23. 吴钦殿:《地方立法专题研究——以我国设区的市地方立法为视角》,中国法制出版社 2018 年版。
24. 吴玉姣:《地方立法谦抑论》,知识产权出版社 2020 年版。
25. 谢勇主编:《地方立法学》,法律出版社 2019 年版。
26. 姚明:《地方立法协作研究》,中国法制出版社 2019 年版。
27. 张文显主编:《法理学》,高等教育出版社 2018 年版。
28. 郑毅:《设区的市级地方立法权的改革与实施》,法律出版社 2020 年版。
29. 中国社会科学院语言研究所词典编辑室编:《现代汉语词典》(第 5 版),商务印书馆 2005 年版。
30. 中国社会科学院语言研究所词典编辑室编:《现代汉语词典》,商务印书馆 2022 年版。
31. 周旺生:《立法论》,北京大学出版社 1994 年版。
32. 周旺生:《立法学》(第 2 版),法律出版社 2009 年版。
33. 周祖成、张印主编:《地方立法文本与实施效果研究》,中国法制出版社 2018 年版。
34. 朱景文、沈国明主编:《地方立法的理论与实践(2018 年辑)》,法律出版社

2019 年版。
35. 朱景文、沈国明主编:《地方立法的理论与实践(2017 年辑)》,法律出版社 2018 年版。
36. 朱景文、沈国明主编:《地方立法的理论与实践(2016 年辑)》,法律出版社 2017 年版。
37. 朱力宇、叶传星主编:《立法学》(第 4 版),中国人民大学出版社 2015 年版。
38. 朱最新、黄涛涛、刘浩:《地方立法评估理论与实务研究》,法律出版社 2020 年版。

二、期刊论文类

1.《各地掀起数据立法热潮　数字经济立下规矩谋未来》,载《信息系统工程》2022 年第 4 期。
2. 曹瀚予:《论新时期地方立法评估的科学化》,载《理论导刊》2019 年第 2 期。
3. 陈家刚:《程序民主的实践——中国地方立法听证规则的比较研究》,载《南京社会科学》2004 年第 3 期。
4. 陈建新、谭瑟:《浅谈设区的市地方性法规审查批准制度的完善》,载《人大研究》2018 年第 3 期。
5. 陈俊荣、魏红征:《地方立法后评估框架性体系探析》,载《地方立法研究》2018 年第 1 期。
6. 陈伟斌:《地方立法评估的立法模式与制度构建》,载《法学杂志》2016 年第 6 期。
7. 邓佑文、吕林静:《良法视角下设区的市立法质量的提升》,载《浙江师范大学学报(社会科学版)》2018 年第 6 期。
8. 地方立法框架下的立法评估研究课题组:《地方立法评估的特点与原则探析》,载《沈阳干部学刊》2010 年第 3 期。
9. 杜承秀、朱云生:《地方立法评估的实践审视与制度完善》,载《地方立法研究》2018 年第 1 期。
10. 付子堂:《社会学视野中的法律功能问题》,载《郑州大学学报(哲学社会科学版)》1999 年第 5 期。
11. 高绍林:《地方立法的地位、特点和基本原则》,载《天津人大》2013 年第 9 期。

12. 葛胜亮:《浅谈完善地方立法听证制度》,载《人大研究》2012 年第 6 期。
13. 公丕潜:《营商环境的法治意涵与优化路径——以〈黑龙江省优化营商环境条例〉为参照》,载《哈尔滨商业大学学报(社会科学版)》2020 年第 4 期。
14. 何波:《数字经济法律政策与立法展望》,载《中国电信业》2018 年第 11 期。
15. 何晓明:《地方立法民主化进程的回顾与展望》,载《人大研究》2005 年第 7 期。
16. 胡光志、苟学珍:《数字经济的地方法治试验:理论阐释与实践路径》,载《重庆大学学报(社会科学版)》2022 年第 6 期。
17. 黄骥:《法治护航数字经济行稳致远》,载《浙江人大》2022 年第 Z1 期。
18. [美]J. 威尔逊:《功能分析介绍》,罗述勇译,载《国外社会科学》1986 年第 10 期。
19. 李丹:《地方立法前评估浅论》,载《人大研究》2014 年第 4 期。
20. 李飞:《加强和改进省(区)人大常委会对设区的市立法工作的审批指导》,载《中国人大》2020 年第 2 期。
21. 李海峰:《我国地方立法后评估制度刍议》,载《山东工会论坛》2017 年第 5 期。
22. 李良渠:《防止地方立法乱象　完善地方立法机制——设区的市行使地方立法权亟须注意和重视的几个问题》,载《人民之声》2016 年第 9 期。
23. 李敏、李睿:《江苏省设区市立法的现状、问题及对策》,载《淮海工学院学报(人文社会科学版)》2017 年第 7 期。
24. 李涛:《国家治理现代化的改革动力与法治路径》,载《广东社会科学》2021 年第 2 期。
25. 梁平、律磊:《京津冀协同立法:立法技术、机制构建与模式创新》,载《河北大学学报(哲学社会科学版)》2019 年第 2 期。
26. 马发明:《从立法听证的实践看听证立法所要解决的主要问题》,载《中国人大》2004 年第 15 期。
27. 马俊:《设区的市开展地方立法面临的挑战及其应对》,载《重庆理工大学学报(社会科学)》2018 年第 3 期。
28. 马英娟:《论地方立法的基本原则》,载《河北大学成人教育学院学报》2000 年第 4 期。
29. 秦丛丛:《设区的市行使地方立法权研究——以滨州市为例》,载《大连海事大学学报(社会科学版)》2017 年第 4 期。

30. 饶世权:《论公众参与视阈中的地方立法听证制度》,载《湖北社会科学》2013年第10期。
31. 任兰:《设区的市地方立法实践分析》,载《中共山西省委党校学报》2018年第4期。
32. 任兰:《设区的市地方立法:实践·问题·对策——以安徽省蚌埠市为例》,载《中共云南省委党校学报》2018年第5期。
33. 申卫星:《"十四五"数字经济高质量发展需要法治护航》,载《中国经贸导刊》2022年第3期。
34. 宋丽颖、刘源:《制度性公共品概念、特征及其政策含义——基于理论与实践的双重思考》,载《财政研究》2014年第3期。
35. 宋烁:《论设区的市立法权限范围》,载《青海社会科学》2017年第2期。
36. 孙良胜、李艳中:《立法赋权于设区的市——从背景、理论到实践的探究》,载《岭南学刊》2016年第1期。
37. 田玉麒:《地方人大立法听证制度:功能定位、实践经验与发展趋向——基于上海市人大立法听证实践的政治学分析》,载《河北法学》2016年第7期。
38. 汪俊英:《关于设区的市立法权的若干思考》,载《学习论坛》2016年第3期。
39. 王柏荣:《地方立法评估标准探微——功能、路径与框架》,载《中国社会科学院研究生院学报》2015年第6期。
40. 王春业:《论赋予设区市的地方立法权》,载《北京行政学院学报》2015年第3期。
41. 王春业:《设区的市地方立法权运行现状之考察》,载《北京行政学院学报》2016年第6期。
42. 王世涛、罗云涛:《设区的市立法权的实践反思与制度完善——以辽宁省设区的市立法权为例》,载《山东行政学院学报》2020年第2期。
43. 王锡明:《地方立法后评估程序研究》,载《人大研究》2011年第10期。
44. 魏玲、马艳君:《地方立法前评估:评估什么和如何评估》,载《人大研究》2020年第4期。
45. 翁列恩、齐胤植等:《我国法治化营商环境建设的问题与优化路径》,载《中共天津市委党校学报》2021年第1期。
46. 吴洁:《在法治下推进改革　在改革中完善法治》,载《红旗文稿》2019年第

5 期。
47. 习近平:《加快建设社会主义法治国家》,载《求是》2015 年第 1 期。
48. 谢桂山、白利寅:《设区的市地方立法权的制度逻辑、现实困境与法治完善路径》,载《法学论坛》2017 年第 3 期。
49.《完善立法,推动数字经济高质量发展》,载《信息系统工程》2021 年第 11 期。
50. 徐少锦:《中国古代的商业道德》,载《哲学动态》1997 年第 10 期。
51. 薛洁:《关于地方立法权主体扩张的反思》,载《内蒙古财经大学学报》2017 年第 4 期。
52. 闫然、马潇:《设区的市地方立法大数据分析报告(2018)》,载《地方立法研究》2019 年第 6 期。
53. 依琰:《央地联动　数字经济立法加速推进》,载《中国商界》2022 年第 6 期。
54. 余跃进:《设区的市行使地方立法权的几点思考》,载《人大研究》2015 年第 10 期。
55. 曾文忠、李鼎君:《设区的市人大的立法边界研究》,载《领导科学论坛》2021 年第 5 期。
56. 曾猋:《论〈立法法〉修改背景下地方立法权的扩容》,载《东莞理工学院学报》2017 年第 4 期。
57. 张淑芳:《地方立法客体的选择条件及基本范畴研究》,载《法律科学(西北政法大学学报)》2015 年第 1 期。
58. 张文显:《构建智能社会的法律秩序》,载《东方法学》2020 年第 5 期。
59. 韦柏:《分析与研讨:设区的市地方立法的现状、问题与对策——以山东省为例》,载《山东青年政治学院学报》2019 年第 5 期。

三、报纸类

1. 金观平:《加快数字经济立法步伐》,载《经济日报》2022 年 3 月 27 日,第 1 版。
2. 胡建兵:《立法优化营商环境　更好激发市场主体活力》,载《中国商报》2019 年 10 月 25 日,第 2 版。
3. 邱德坤:《加快数字经济立法与协同治理》,载《上海证券报》2022 年 3 月 10 日,第 8 版。
4. 王敬波:《坚持改革和法治相统一相协调》,载《光明日报》2021 年 2 月 23 日,第

11 版。

5. 殷泓:《法治护航数字经济高质量发展》,载《光明日报》2021 年 9 月 29 日,第 7 版。

6. 曾庆辉:《以高质量立法推动地方治理现代化》,载《中国社会科学报》2022 年 2 月 22 日,A08 版。

7. 赵姗:《立法先行　激发数字经济发展新动能》,载《中国经济时报》2022 年 2 月 18 日,第 1 版。

8. 郑洁、成吉:《数字经济赋能高质量发展》,载《中国社会科学报》2022 年 11 月 10 日,A01 版。

9. 周连宇:《优化营商环境立法人应有新作为》,载《营口日报》2021 年 10 月 14 日,第 7 版。

四、网络文献类

1. 周仕兴、王瑾雯:《2021 年柳州螺蛳粉销售收入超 500 亿元》,载光明网,https://m. gmw. cn/baijia/2022 - 01/20/1302771735. html。

2.《5 年新赋予 273 个设区的市地方立法权　提高立法精细化》,载光明网,https://m. gmw. cn/baijia/2020 - 11/10/34354096. html。

3.《二十国集团数字经济发展与合作倡议》,载中国网信网,http://www. cac. gov. cn/2016 - 09/29/c_1119648520. htm。

4.《国务院关于印发"十四五"数字经济发展规划的通知》,载中国政府网,http://www. gov. cn/zhengce/zhengceku/2022 - 01/12/content_5667817. htm。

5.《科学立法、民主立法、依法立法的理论与实践》,载中国人大网 2021 年 8 月 24 日,http://www. npc. gov. cn/npc/dzlfxzgcl70nlflc/202108/8c0d06ee73ca46abb79847846189358b. shtml。

6.《社会主义法治国家的基本要求》,载人民网,http://theory. people. com. cn/n/2015/0401/c395162 - 26784301. html。

7.《数字经济及其核心产业统计分类(2021)》,载中国政府网,http://www. gov. cn/gongbao/content/2021/content_5625996. htm。

8. 王政:《我国数字经济规模超 45 万亿元》,载中国政府网,http://www. gov. cn/xinwen/2022 - 07/03/content_5699000. htm。

9. 李克强:《政府工作报告——2018 年 3 月 5 日在第十三届全国人民代表大会第一次会议上》,载中国政府网 2018 年 3 月 6 日,http://www.gov.cn/zhuanti/2018lh/2018zfgzbg/zfgzbg.htm。

10. 李泓冰:《优化营商环境正其时》,载人民网,http://opinion.people.com.cn/n1/2018/0306/c1003-29850495.html。

11. 李若兰:《全民守法筑牢法治社会根基》,载中国共产党新闻网,http://theory.people.com.cn/n1/2018/0326/c40531-29888172.html。

12. 吉林省人大常委会:《发挥地方立法作用,推进地方治理方式转变和治理能力提升》,载中国人大网 2019 年 11 月 19 日,http://www.npc.gov.cn/npc/d25cqgdflfgzzth008/201911/e0324e85d77040418ac5b98d2afcc744.shtml。

13. 吴昇:《不断优化营商环境 为市场主体添活力》,载新华网,http://www.xinhuanet.com/comments/2018-03/06/c_1122494080.htm。

14. 习近平:《决胜全面建成小康社会 夺取新时代中国特色社会主义伟大胜利——在中国共产党第十九次全国代表大会上的报告》,载共产党员网,https://www.12371.cn/2017/10/27/ARTI1509103656574313.shtml。

15. 习近平:《高举中国特色社会主义伟大旗帜 为全面建设社会主义现代化国家而团结奋斗——在中国共产党第二十次全国代表大会上的报告》,载新华网,http://www.news.cn/politics/cpc20/2022-10/25/c_1129079429.htm。

16. 袁曙宏:《把学习贯彻习近平新时代中国特色社会主义思想不断引向深入》,载人民网,http://theory.people.com.cn/n1/2018/0702/c40531-30100205.html。

17. 张媛:《地方立法可首先试行立法前评估》,载中国共产党新闻网,http://theory.people.com.cn/n/2013/0131/c49150-20384817.html。

18. 浙江省人大常委会法制工作委员会:《公众参与立法若干问题研究》,载中国人大网,http://www.npc.gov.cn/zgrdw/npc/lfzt/rlyw/2017-09/13/content_2028849.htm。

19. 朱宁宁:《为中国式现代化提供有力法治保障》,载中国人大网 2023 年 3 月 6 日,http://www.npc.gov.cn/npc/c30834/202303/90d78fccebab49088efed5e560c36249.shtml。